魏晉南北朝磚畫墓研究

内容提要

本书对于魏晋南北朝时期的壁画墓进行了综合研究。书中所讨论的壁画取其广义，不仅包括彩绘壁画，还包括如模印画像砖壁画等使用其他材料和技术制作的壁面装饰，此外还附带讨论了装饰有画像的葬具。

上编在全面占有材料的基础上，对魏晋南北朝壁画墓进行了分区与分期，将其分为东北地区、西北地区、南方地区、中原地区四个大区，根据资料的情况，有的大区再分为若干小区，在此基础上对有些地区的壁画墓进行分期，建立起这一时期壁画墓的基本时空框架。

下编选取典型材料，对相关问题进一步加以分析。包括以河西地区魏晋壁画墓为例，讨论不同区域间文化的互动关系；通过分析邺城地区东魏北齐壁画墓的特征，提出"邺城规制"的概念，以考察汉唐之间壁画墓的过渡性特征；从南北朝竹林七贤与荣启期画像入手，探讨壁画图像所具有的象征意义及其在墓葬中的功能；以青州傅家北齐画像石为例，观察外来文化影响下内地丧葬美术所发生的变化。本书注重对于一些新的方法加以探索和尝试。

增订版加入《北朝葬具孝子图的形式与意义》及《前朝楷模　后世之范》两文，并补记了 2002 年以后出土的新材料。

作者简介

郑岩　生于山东安丘。先后就读于山东大学历史系考古专业、中国社会科学院研究生院考古系。1988年至2003年在山东省博物馆工作。2003年至今任中央美术学院教授。曾为芝加哥大学美术史系访问学者、华盛顿国家美术馆高级视觉艺术研究中心客座高级研究员、哈佛大学美术与建筑史系访问学者。

主要著作有《魏晋南北朝壁画墓研究》（2002）、《中国表情——文物所见古代中国人的风貌》（2004）、《山东佛教史迹——神通寺龙虎塔与小龙虎塔》（与刘善沂等合著，2005）、《中国美术考古学概论》（与杨泓合著，2008）、《庵上坊——口述、文字和图像》（与汪悦进合著，2008）、《从考古学到美术史——郑岩自选集》（2012）、《逝者的面具——汉唐墓葬艺术研究》（2013）等。

魏晋南北朝壁画墓研究

（增订版）

郑岩 ＼ 著

文物出版社

图书在版编目（CIP）数据

魏晋南北朝壁画墓研究／郑岩著．—增订本．—
北京：文物出版社，2016.10（2021.1 重印）
ISBN 978 – 7 – 5010 – 4777 – 2

Ⅰ．①魏…　Ⅱ．①郑…　Ⅲ．①壁画墓 – 研究 – 中国 –
魏晋南北朝时代　Ⅳ．①K878.84

中国版本图书馆 CIP 数据核字（2016）第 227058 号

魏晋南北朝壁画墓研究（增订版）

著　　者：郑　岩

题　　签：蒋维崧
责任编辑：李　红　周燕林
再版编辑：谷　雨
装帧设计：肖　晓
责任校对：孙　蕾
责任印制：张　丽

出版发行：文物出版社
社　　址：北京市东直门内北小街 2 号楼
邮　　编：100007
网　　址：http：//www.wenwu.com
邮　　箱：web@ wenwu.com
经　　销：新华书店
印　　刷：北京京都六环印刷厂
开　　本：710mm × 1000mm　1/16
印　　张：22.25
版　　次：2016 年 10 月第 1 版
印　　次：2021 年 1 月第 4 次印刷
书　　号：ISBN 978 – 7 – 5010 – 4777 – 2
定　　价：110.00 元

序 一

郑岩的博士论文即将出版,值得祝贺。

魏晋南北朝壁画墓的考古发现,主要在 20 世纪 50 年代以后。记得 1956 年宿白先生指导我写学年论文《高句丽壁画石墓》时,只知道新中国成立前在西北地区零星发现过魏晋时期的壁画墓,新中国成立以后虽然在河北望都、山东梁山、辽宁辽阳等地有多项关于汉代墓室壁画的重要考古发现,但那时仍缺乏关于魏晋南北朝壁画墓的发掘资料,仅知洛阳探墓工人传出有北魏墓志的大冢内四壁画"怪兽",由于无法详知,颇为遗憾。此后逐渐在河北、陕西等省发现北朝时期的壁画墓,但资料较零星。直到 60 年代以后,才在河西走廊和辽东半岛等地区发现魏晋十六国时期的壁画墓,在江南发现南朝时期的壁画(拼嵌砖画)墓。在河北、山西、河南、山东、陕西、宁夏等省区更不断有关于北朝晚期壁画墓的重要考古发现,其中东魏—北齐时期的壁画墓,主要发现于邺城遗址附近和太原附近,前者如东魏茹茹公主闾叱地连墓、北齐左丞相文昭王高润墓和佚名的磁县湾漳大墓,后者最重要的是北齐右丞相东安王娄叡墓。西魏—北周时期的壁画墓,主要发现于长安城遗址附近和原州(今宁夏固原)地区,壁画保存完好的是北周李贤墓。还在这一时期的石棺椁壁上及棺床背屏上发现彩绘或浮雕、线刻的画像,有些带有异域色彩,如北周安伽墓。以上资料虽然多未出版正式考古报告,但都发表了考古简报,因此已有可能进行概括的综合分析。虽然国内外有些学者,对汉魏南北朝壁画墓进行过初步的综合分析,以及概括的分区和时代特征的探讨，遗憾的是一直缺乏以考古学方法较全面的分区分期研究。但是全面的分区分期研究又是对魏晋南北朝壁画墓深入研究的基础，因此这一欠缺就更令人遗憾。

郑岩在山东大学学习时曾师从刘敦愿先生研习美术考古，毕业后还曾短期赴美进行有关美术史的研习活动，在此基础上经过他在中国社会科学院研究生院考古系三年的努力，尽可能地收集了已公开披露的有关考古资料及中外博物馆藏品，并进行全面梳理。他的博士论文重新诠释了有关"壁画"的概念，对魏晋南北朝壁画墓进行分区和分期的初步研究。完成这项对基本材料的分析研究，建立了魏晋南北朝壁画墓的时空框架，不仅为其进一步的研究工作奠定了基础，同时也为其他的研究者提供了方便，这是很有意义的事。

在分区和分期研究建立的时空框架的基础上，郑岩对各区的壁画墓进行分析，并选择一些有条件深入探研的具体问题，作了进一步的研究。比如对不同区域的文化互动关系的讨论，对一些流行的壁画题材象征含义的解读，对域外文化影响导致内地丧葬美术发生变化的观察等。特别是在着重分析了东魏—北齐时邺城地区规格较高的一组壁画墓的基本特征后，提出了"邺城规制"的概念，指出汉唐之间墓室壁画的过渡性特征，以及对隋唐墓室壁画的影响。他的上述心得，也是学者阅读本书应特别注意的章节。

但是目前对魏晋南北朝壁画墓进行更全面深入的研究，还存在很大的困难，特别在基本资料方面，几乎所有重要的壁画墓的正式考古发掘报告均未发表，仅据简报实难深入研究。我们热切期望发掘那些重要壁画墓的考古学者能早日发表报告，以将他们的工作成果真正展现在世人面前。

2002 年 6 月 24 日

序　二

　　郑岩先生《魏晋南北朝壁画墓研究》一书是他在杨泓先生指导下、以在中国社会科学院考古研究所完成的博士论文的基础上修改而成的，据我所知是目前为止对壁画墓这一专题考古和文献材料最详尽的整理、综合和讨论。他在以往学者研究成果的基础上探索了对考古材料进行文化解释的可能性和具体方法，所做的尝试和提出的观点对这一领域的进一步研究有比较重要的意义。

　　本书第一部分对壁画墓考古材料进行基本整理，所使用的方法是在分区的基础上进行分类和分期。考虑到魏晋南北朝时期中国的特殊政治和社会状况，特别是一元王朝中心的消失和地方文化的相对独立性，这种以地域为基本框架的梳理方法是合理的，与具体考古材料的内涵也是吻合的。在对考古材料的具体分析上，这一部分所使用的基本分类和分期依据是墓葬建筑，特别是墓葬形制。有的地区（如河西、南京地区以及河北－河南－山西）具有特定时期内比较丰富的遗存，所做的分期就更为系统和可靠。

　　本书第二部分为个案分析，研究重心也从墓葬类型转移到对壁画的历史考察。著者的基本解释方法是把墓葬壁画作为墓葬建筑的一个有机组成部分，而非独立的绘画作品。这一命题是书中两个部分的联系点，同时也成为进一步探讨当时墓葬礼制和生死观念等问题的基础。每项个案的范围、性质和提出的问题不同，所要求的具体研究方法也不同。在第一个案例中，通过比较河西魏晋墓葬壁画与汉代墓葬壁画及两者所反映的思想观念，讨论了中国文化传统内部的时、空传递和延伸。第二案例则集中于一个特定地区和时期，探讨了"邺城规制"壁画墓在东魏北齐时期的出现和发展，是中国壁画墓发展史中的一个重要环节。第三案例所研究的是墓葬壁画图像的意义，通过分析与当时流行的竹林七贤和荣启期画像有关的各种例证，提出在特殊文化和礼仪环境中理解定型化图像的必要性。第四例与第一例呼应，讨论中外文化交流和互动的问题。特别值得提出的是，所研究的山东青州傅家出土的一组画像为了解当时"粉本"的跨地域、跨文化流传和使用提供了可贵证据。

　　本书的资料性和学术性都很强，特别是在方法论的自觉性上有所突破。所引用的考古资料和研究文献也相当全面。我很希望这本书能够公开出版，为更多研究者注意和使用。

巫鸿

2002 年于芝加哥

目 录

插图目录

引　论

　　魏晋南北朝处在强大的汉帝国崩溃之后和繁荣的隋唐王朝到来之前，是中国由统一陷入分裂，同时又为新的统一积累各种条件的时期。这时期各民族所建立的政权一一分立，频繁的战争带来人口大规模的迁徙，不同民族的文化互相融合，与域外交流进一步加强，多元化的思想观念彼此激荡，文学艺术处于转型的关口。这段继往开来的历史长达三个多世纪，错综复杂，波澜壮阔，不仅见于文献记载，而且反映在丰富的考古资料中。

　　魏晋南北朝考古学的研究是中国历史考古学的重要组成部分。在历年田野考古工作中，壁画墓的调查与发掘是一项重要内容①。壁画墓分布地域广泛，等级差别明

---

① 目前考古学论著中所使用的"壁画"一词，多指在壁面的笔绘彩色图像，而以其他的材料和技术手段制作的壁面装饰，大多另加定名，一般不包括在"壁画"的范畴内，如画像石、画像砖、模印拼镶砖画、线刻画等。这些名称的使用并不十分严格，如许多考古报告所使用的"画像砖"概念涵义不完全一致，有的指有模印或雕刻画像的砖，有的又指有彩绘画像的砖。前者一般不被看作"壁画"，而后者往往被视为"壁画"的一种形式。线刻画也被看作画像石的一种形式。这些名称大致反映了对于壁面图像装饰的一种分类方式，其分类标准主要是材料和技术。这种分类合理的一面是，使用不同材料和技术所创作的壁面装饰往往分布在不同的区域，有着自身的文化传统，因此可以进行相对独立的研究；但另一方面，这种分类也存在一些问题。

　　首先，这种分类方式并不符合考古遗存名称原有的意义。通常被排除在"壁画"之外的画像石在汉代就称为"画"。画像石的概念沿用了金石学家的定名，最初的定名即来自汉代碑铭中提到的"画"字，如宋人洪适《隶释》卷十六在著录山东嘉祥东汉武氏祠画像题记时，提到武梁碑中"雕文刻画，

显，图像内容多样，包含有丰富的信息，可以加深我们对于魏晋南北朝历史和古代

罗列成行，虑骋技巧，委蛇有章"一句，曰："似是谓此画也，故予以武梁祠堂画像名之。"（洪适：《隶释 隶续》，页168～169，北京，中华书局，1985年）；又山东苍山东汉元嘉元年（151年）画像石墓题记亦称墓中画像为"画"（山东省博物馆、山东省文物考古研究所：《山东汉画像石选集》，页42，济南，齐鲁书社，1982年）。

其次，按照对壁画概念旧有的理解进行研究，往往容易忽视不同类型壁面装饰之间原有的联系。从图像内容方面看，不同的材料和技术手段之间没有严格的界限。许多画像石表面还在雕刻之后施以彩绘，如新近发现的陕西神木大保当汉墓和四川三台郪江柏林坡东汉1号崖墓画像石上就发现有鲜艳的色彩（韩伟主编：《陕西神木大保当汉彩绘画像石》，重庆，重庆出版社，2000年；钟治：《汉代繁华一穴中——四川三台郪江崖墓群发现彩绘壁画墓》，《中国文物报》2000年11月29日，4版）。南朝墓葬中的模印画像砖也常在表面施加彩绘，邓县学庄南朝墓还同时使用了画像砖和彩绘壁画两种装饰形式，"显示二者当时被人们视为同一艺术门类"（杨泓：《美术考古半世纪——中国美术考古发现史》，页94，北京，文物出版社，1997年）。从技术方面来看，不同材料的壁面装饰之间也常常互相产生影响，早在20世纪40年代，美国学者费慰梅在研究汉画像石技法时，就详细讨论了汉画像石雕刻的技术渊源，并将其分为模仿绘画和模仿模印砖两大类，指出汉代画像石中的线刻是对绘画的模仿，凹面刻可能是对模印砖技术的模仿，其说至今仍具有启发性（Wilma Fairbank, "A Structural Key to Han Mural Art," *Harvard Journal of Asiatic Studies*, 7, no. 1, April 1942, pp. 52 – 88; reprinted in Wilma Fairbank, *Adventures in Retrieval*, pp. 87 – 140, Cambridge, Mass, Harvard University Press, 1972）。一种题材，既可以用彩绘的方式表现，也可以用雕刻的手段表现。河南密县打虎亭的两座东汉墓，其1号墓以画像石装饰，2号墓以彩绘或墨绘的壁画装饰，两座墓不但建筑结构极为相近，而且相对应的各部位内容也基本一致，似乎是出自同一班工匠之手（河南省文物研究所：《密县打虎亭汉墓》，页357～358，北京，文物出版社，1993年）。而南朝大型的模印拼镶砖画像突破了砖面的界限，与彩绘壁画的构图无异。

美术家所理解的壁画并不仅仅指彩绘壁画，如李化吉认为，壁画即"装饰壁面的画。包括用绘制、雕塑及其他造型或工艺手段，在天然或人工壁面（主要是建筑物内外表面）上制作的画"。他根据"制作和技法"将壁画分为"绘画型"和"绘画工艺型"两大类，前者以手绘方式完成，后者借助工艺制作手段体现（李化吉：《壁画》，中国大百科全书总编辑委员会《美术》编辑委员会、中国大百科全书出版社编辑部编：《中国大百科全书·美术Ⅰ》，页81～82，北京，中国大百科全书出版社，1991年）。这样，诸如画像石、模印画像砖等壁面装饰形式，因为同样具有绘画的特征，也应列入壁画的范畴之中，大致属于"绘画工艺型"。这一由创作实践所得出的概念，对于古代壁画的研究而言，也比较接近事实。在实际研究中，也有学者突破了材料和技术的限制，如将南朝拼镶砖画视为壁画的一种特殊形式，与北朝墓葬壁画进行综合比较，有利于研究的深入（杨泓：《南北朝墓的壁画和拼镶砖画》，中国社会科学院考古研究所编著：《中国考古学论丛——中国社会科学院考古研究所建所40年纪念》，页429～437，北京，文物出版社，1993年）。

基于上述认识，本书中"壁画"取其广义，指各种形式的壁面装饰，如石线刻、砖雕、模印砖、彩绘画像等都包括在本书讨论的范围内；但石线刻、砖雕、模印砖、彩绘画像等仍作为"子概念"继续使用。

美术史的认识，具有重要的价值。在开展田野工作的同时，学术界对于相关问题进行探讨，解决了许多重要问题，同时也展现出许多需要继续深入的方面。在此基础上，本书试图对魏晋南北朝壁画墓进行初步的综合研究。

在进入正式的讨论之前，需回顾和检讨一下魏晋南北朝壁画墓发现与研究的历史，并对本书的研究方法作些说明。

（一）魏晋南北朝壁画墓发现与研究的简要回顾[①]

魏晋南北朝壁画墓的发现可以追溯到 20 世纪初，至今已有八十多年的历史。在这一过程中，就某一区域或某一从事考古工作的机构而言，这些壁画墓的调查与发掘有时是有计划地进行的；但就全国范围讲，并未有计划地开展系统的调查、发掘和整理工作，许多墓葬的发现和清理带有很大的偶然性，有关研究课题的设置也缺乏目标明确的规划。在回顾这段历史的时候，难以确定某种标准来对其进行分期，而根据现代政治史的分期来框定考古发现史也没有实际意义，因此，我们只按照年代的顺序对一些重要的发现略加回顾。

1915 年，英国籍考古学家斯坦因（Marc Aurel Stein）盗掘新疆阿斯塔那墓地时，就曾发现 4 座十六国时期的壁画墓。这是魏晋南北朝壁画墓的首次发现。1918 年，日本学者在辽宁辽阳太子河畔迎水寺发掘一座大型的汉魏壁画墓。抗日战争期间，

另外还有两个与具体材料相关的问题需要说明。一是关于"壁"的界定，即壁画的载体。一般说来，墓葬壁画的载体是墓葬建筑各个部分的表面，而不包括器具的壁面。但是在许多北朝墓葬的棺、椁、棺床上也装饰有画像，这些画像虽然可能有其自身的发展脉络，但其内容和形式与装饰在墓室建筑表面的画像也有着密切的联系。实际上，许多葬具的形制和图像都说明古人往往将这些盛放尸体的器具看作一种建筑，如北魏宁懋石室、隋代虞弘石棺都被制作为殿堂的形式，许多匣式的棺上也刻画出门窗，因此，我们在讨论墓葬建筑壁面的画像时，也附带讨论一些葬具上的画像。

二是关于"画"的界定。大致而言，本书所讨论的各种壁画以构图较为复杂的图像为主，而南方地区砖室墓中大量使用的以花卉和几何图案为主的花纹砖，相对说来内容较为简单，不作为本书讨论的重点。当然花纹砖与画像砖并没有严格的界限，同样具有装饰墓室的作用，因此这一界定某种意义上只是为了行文与操作的方便。

① 本节所涉及的资料在本书上编"分区与分期"中还要进行更为详细的介绍，所以此处一般不注明资料出处。

浙江上虞东关曾出土东晋"太宁壁画墓"。1941～1944年，驹井和爱等人又陆续发掘了辽阳南林子、玉皇庙墓。1944年，西北科学考察团在甘肃敦煌佛爷庙湾墓地发掘了十几座魏晋墓，其中发现的翟宗盈墓墓门上有门楼式照墙、雕砌斗栱和门阙，并嵌有彩绘画像砖。这些发现大都没有发表完整的报告。早年的考古发现还包括洛阳等地在盗墓时出土的装饰画像的北魏石棺和石棺床，这些葬具与同出的墓志和其他随葬品大量流散于海外。

20世纪50年代，考古发现的魏晋南北朝壁画墓数量大为增加，如辽宁辽阳三道壕窑业二厂1、2号墓、辽阳上王家村墓、甘肃酒泉下河清1号墓等，都是比较重要的发现。特别是1958年在河南邓县学庄发现的一座南朝墓，墓室内装饰画像砖，券门绘有彩绘壁画，内容丰富，引起学术界广泛的重视。

1960年，在南京西善桥宫山北麓发掘了镶嵌竹林七贤与荣启期像砖画的南朝大墓，此后，装饰拼镶砖画的大墓陆续又有新的发现，包括南京西善桥油坊村大墓、丹阳胡桥鹤仙坳大墓、丹阳建山金家村大墓和胡桥吴家村大墓等，除了竹林七贤与荣启期拼镶砖画外，还有日月、狮子、龙、虎和仪仗等内容，为研究南朝陵墓制度和美术史提供了全新的资料。这一时期比较重要的发现还有1963年清理的云南昭通后海子东晋太元十□年（386～394年）霍承嗣墓。该墓是南方地区惟一保存完好的彩绘壁画墓葬。1965年在辽宁北票西官营子清理的北燕冯素弗墓，也保留有壁画残迹。

20世纪70年代发现的魏晋南北朝壁画墓数量较多。东北地区重要的发现有朝阳北庙村1号和大平房1号北燕墓葬。1972～1979年，在甘肃嘉峪关新城墓群先后发掘了8座曹魏到西晋时期的壁画墓，资料比较系统。1977年发掘的丁家闸5号墓规模较大，可能属于西凉或北凉时期。新疆吐鲁番地区1975年又发现5座北凉时期的壁画墓，内容风格与河西地区的壁画墓有密切的联系。中原地区比较引人注目的发现是一批北朝壁画墓，包括河南洛阳北向阳村北魏孝昌二年（526年）元乂墓、山西寿阳贾家庄北齐河清元年（562年）库狄迴洛墓、河北磁县东陈村北齐天统三年（567年）尧峻墓、磁县东槐树村武平七年（576年）高润墓等。这些墓葬都不同程度地保存有壁画。最为难得的是1978～1979年在河北磁县大冢营村发掘的东魏武定八年（550年）闾叱地连墓。该墓较完整地保存了墓道、甬道及墓室内的壁画。洛阳

地区北魏带线刻画像的葬具也陆续有新的发现。与此同时，南方地区又清理了一些
中型的画像砖墓，包括江苏镇江池南山东晋隆安二年（398年）墓、常州戚家村南朝
墓、南京铁心桥王家洼南朝墓等，使得南方地区的壁画墓资料更为丰富。

　　20世纪80年代，北朝壁画墓的材料继续增加。1979~1981年发掘的山西太原王
郭村北齐武平元年（570年）娄叡墓是一座高等级的大型壁画墓，出土壁画内容丰
富，技法高超，可以代表北齐绘画较高的水平。1987~1989年发掘的河北磁县湾漳
大墓规模空前，墓道有宏大的仪仗壁画，据推测为帝陵。20世纪80年代清理的洛阳
孟津北陈村北魏晋泰二年（即太昌元年，532年）王温墓、山东济南马家庄北齐武平
二年（571年）□道贵墓、山东临朐冶源海浮山北齐天保二年（551年）崔芬墓、济
南东八里洼北齐墓、太原南郊热电厂北齐墓等，也出土了保存较好的壁画。1983年
宁夏固原深沟村天和四年（569年）李贤墓的发现，则填补了北周壁画墓的空白。此
外，辽宁朝阳袁台子北燕壁画墓、湖北襄阳贾家冲南朝墓、敦煌佛爷庙湾133号壁画
墓，也是比较重要的发现。1986~1990年在咸阳机场清理的北周墓中也有一批壁画
墓，但壁画保存不够完好。

　　1993年发掘的宁夏固原县王涝坝村北周保定五年（565年）宇文猛墓发现有壁
画残迹。1996年在固原大堡村发掘的建德四年（575年）田弘墓所保存的壁画数量
仅次于李贤墓。1993年在内蒙古和林格尔三道营发现的北魏壁画墓属于迁洛之前的
遗存，保存有20余平方米的壁画，填补了北魏早期壁画墓的空白。20世纪90年代
敦煌佛爷庙湾墓地继续有新的发现，1992年该墓地发现有带题记的画像砖，1995年
又发现西晋壁画墓5座。1997年山西大同智家堡发现的北魏早期石椁内也有色彩鲜
艳的壁画。

　　2000年，大同雁北师院北魏太和元年（477年）宋绍祖墓出土的石椁内外有浮
雕和彩绘壁画，是北魏早期壁画难得的材料。同年发掘的陕西西安北郊炕底寨北周
大象元年（579年）安伽墓是一座在汉地任职的粟特人的墓葬，该墓除了发现部分壁
画外，还出土了加彩贴金的浮雕画像石棺床，为研究中外文化交流提供了重要的
资料。

　　综括以上考古发现可以看到，一方面，魏晋南北朝壁画墓资料的积累已较为丰
富，可以初步反映出这一时期壁画墓的基本特征；另一方面，一些时段和地区还存

在缺环，许多墓葬中的壁画保存状况不好。上述考古发现大都发表了简报，少数重要的墓地或墓葬出版了发掘报告专集，另外所出版的一些印刷精良的图录，图版清晰，也有一定的参考价值。但遗憾的是许多重要的墓葬在发掘后十余年甚至数十年，材料仍没有完整发表，影响了研究工作的深入。

由于上述材料大都是近几十年来的新发现，因此相关的研究工作还没有充分展开。前贤的研究主要涉及墓葬年代与墓主、壁画题材、墓葬个案、资料综论和艺术价值等方面。

断代是考古学研究的基础工作，这类研究的成果主要体现在考古报告和简报中。在田野资料发表以后，学者们也会对此类问题展开讨论。由于早年可资比较的材料较少，一些墓葬断代可能会出现偏差。如甘肃嘉峪关新城画像砖墓简报发表时，曾将其年代定为东汉，但后来在编写正式报告时改定为魏晋①。山东苍山元嘉元年画像石墓的年代在发表报告时曾误定为刘宋文帝元嘉元年（424 年），后认定为东汉元嘉元年（151 年）②。邓县画像砖墓原报道曾将其年代定为北朝③，通过对墓葬形制、彩绘壁画、画像砖、陶俑以及墨书铭记的分析，又将该墓定为南朝墓④。此外关于南京西善桥宫山大墓、江苏常州戚家村画像砖墓的年代也有一些讨论⑤。关于墓主的讨论

① 嘉峪关市文物清理小组：《嘉峪关汉画像砖墓》，《文物》1972 年 12 期，页 24 ~ 41；甘肃省文物队、甘肃省博物馆、嘉峪关市文物管理所：《嘉峪关壁画墓发掘报告》，北京，文物出版社，1985 年。

② 山东省博物馆、苍山县文化馆：《山东苍山元嘉元年画像石墓》，《考古》1975 年 2 期，页 124 ~ 134；方鹏钧、张勋燎：《山东苍山元嘉元年画像石题记的时代和有关问题的讨论》，《考古》1980 年 3 期，页 271 ~ 278；李发林：《山东汉画像石研究》，页 68 ~ 77，济南，齐鲁书社，1982 年；孙机：《苍山元嘉元年画像石与题记》，杨泓、孙机：《寻常的精致》，页 268 ~ 275，沈阳，辽宁教育出版社，1996 年。但此类断代的错误仍时有所见，如 1996 年清理的山东滕州夏楼画像石墓报告的断代就值得商榷。该墓因为出土了元康九年（299 年）纪年的陶俑，简报作者将其年代误定为西晋时期。实际上从墓葬形制和画像石风格来看，该墓应为东汉时期所建而被后人再次利用。滕州市文化局、滕州市博物馆：《山东滕州市西晋元康九年墓》，《考古》1999 年 12 期，页 38 ~ 44。

③ 陈大章：《河南邓县发现北朝七色彩绘画象砖墓》，《文物参考资料》1958 年 6 期，页 55。

④ 柳涵（杨泓）：《邓县画像砖墓的时代和研究》，《考古》1958 年 5 期，页 255 ~ 261、263。

⑤ 关于南京西善桥宫山大墓年代的不同意见的介绍，见本书第四部分。常州戚家村画像砖墓发掘报告将关于该墓的不同意见列出，见常州市博物馆《常州南郊戚家村画像砖墓》，《文物》1979 年 3 期，页 37、38。在发掘简报发表的同时，林树中就该墓的年代等问题发表专文，认为常州墓年代距南朝不远，下限定在初唐。林树中：《常州画像砖墓的年代与画像砖艺术》，《文物》1979 年 3 期，页 42 ~ 45、48。

主要集中在几座大型的壁画墓，如南京、丹阳一带装饰竹林七贤与荣启期模印砖壁画的大墓和河北磁县北朝湾漳大墓等，都有专文考证其墓主，并且取得了一些比较一致的认识。随着新材料的积累，墓葬年代和墓主等问题的研究仍需继续推进。

目前壁画题材研究的主要方法是文献与图像资料的互证以及对题材的分类。通过文献与图像资料的比较，一方面可以解决壁画的内容问题；另一方面还可以探讨物质文化和社会生活史等方面的一些问题，其中后一方面的研究成果尤为突出。另外，对竹林七贤与荣启期等壁画的研究，还涉及思想史和不同地区间文化关系等问题，充分显示出壁画图像的史料价值。但是，也有部分文章在对壁画的细节进行考证时，往往忽视了壁画的整体组合关系，无法解释题材在墓葬中的意义。在壁画与社会历史的联系上，有时也过于简单。对壁画的题材进行分类，有利于从整体上进行把握壁画的内容。但有的分类缺乏目的性，仅从直观的印象着手进行生硬的划分，反而会切断了壁画之间原有的联系，使得壁画的整体内容更加扑朔迷离。关于题材研究中所存在的问题，下文将结合具体的材料作进一步的评论。

墓葬个案的研究主要集中在壁画保存比较完好的几座大中型墓葬，如邓县学庄墓、娄叡墓、李贤墓、湾漳墓等，特别是由《文物》月刊配合简报发表所组织的专家笔谈，不同的研究者从各自角度对同一座墓葬进行分析，有益于问题的深入。国外学者在这一方面比较重要的成果有朱安诺（Annette L. Juliano）的专著《邓县：一座重要的六朝墓葬》等①。由于系统发表的完整资料较少，这方面的研究还没有充分展开。

综合研究既有对某一地域范围内或某一时段内壁画墓的归纳讨论，也有与同时期无壁画墓葬的比较分析。1983 年，宿白从墓主人官职、墓室规模、葬具、帷帐、壁画等方面入手，将娄叡墓与河北、山西地区的其他的几座墓葬进行了比较，对于

---

① Annette L. Juliano, *Teng - hsien: An Important Six Dynasties Tomb*, Ascona, Switzerland, Artibus Asiae Publishers, 1980. 该书前几部分讨论邓县学庄墓的形制、随葬品、画像主题、风格和图像学，后几部分讨论墓葬的年代、邓县画像砖在复原六朝绘画风格问题上的意义，对邓县学庄墓在六朝世俗美术研究中的价值进行了评价，其中特别注意了邓县画像砖在中国山水画发展史上的意义和在南北文化交流中的地位。

北齐大型墓葬的等级规格有了具体的了解①。同年，町田章综合南京地区发现的模印砖壁画的材料，对南齐帝陵进行系统的研究，涉及壁画的比较、墓葬形制和制度、神道石刻等内容，提出了一些比较重要的见解②。

　　1984 年出版的《新中国的考古发现和研究》中"魏晋南北朝墓葬的发掘"一节③和1986 年出版的《中国大百科全书·考古学》中"魏晋北朝墓葬"④、"吴晋南朝墓葬"⑤ 等词条对魏晋南北朝壁画墓的资料进行了系统的归纳梳理，1985 年冯普仁对南朝墓葬进行了类型分析与分期⑥，1986 年刘彦军对十六国和北朝时期北方墓葬的形制进行了类型学研究⑦，1987 年张小舟将北方魏晋十六国墓葬分为中原、西北和东北三个区域，结合墓葬形制、壁画、随葬品的特征分别予以分期⑧，1992 年苏哲讨论了东魏北齐壁画墓的等级差别与地域特征⑨，2000 年杨效俊对东魏、北齐墓葬进行了综合研究⑩。这些成果，为这时期壁画墓的研究提供了背景基础。1987 年町田章在对东亚各国古代壁画墓的综合研究中，比较全面地汇集了当时已经发表的魏晋南北朝壁画墓的材料，并加以简要介绍⑪。这些材料包括南方地区的各种画像砖墓，并收集了北魏画像漆棺、石棺和屏风画作为补充。这种取材的角度是值得肯定的。1989 年汤池在《中国美术全集》"墓室壁画"卷中发表《汉魏南北朝的墓室壁画》一文，对魏晋南北朝墓葬壁画按照时代和地域的顺序进行综述，并且注意到这些墓

① 宿白：《太原北齐娄叡墓参观记》，《文物》1983 年 10 期，页 24～26。
② 町田章著，劳继译：《南齐帝陵考》，《东南文化》第 2 辑，页 43～63，南京，江苏古籍出版社，1987 年。
③ 中国社会科学院考古研究所：《新中国的考古发现和研究》，页 521～541，杨泓、段鹏琦执笔，北京，文物出版社，1984 年。
④ 杨泓：《魏晋北朝墓葬》，中国大百科全书总编辑委员会《考古学》编辑委员会、中国大百科全书出版社编辑部编：《中国大百科全书·考古学》，页 543、544，北京，中国大百科全书出版社，1986 年。
⑤ 罗宗真：《吴晋南朝墓葬》，《中国大百科全书·考古学》，页 550～551。
⑥ 冯普仁：《南朝墓葬的类型与分期》，《考古》1985 年 3 期，页 269～278。
⑦ 刘彦军：《简论五胡十六国和北朝时期的北方墓葬》，《中原文物》1986 年 3 期，页 100～106。该文的资料不够全面，当时已经发表的酒泉丁家闸 5 号墓等重要材料没有收入。
⑧ 张小舟：《北方地区魏晋十六国墓葬的分区与分期》，《考古学报》1987 年 1 期，页 19～43。
⑨ 蘇哲：《東魏北齊壁画墓的等級差別與地域性》，《博古研究》第 4 號，頁 1～26，1992 年 10 月。
⑩ 杨效俊：《東魏、北齊墓葬的考古学研究》，《考古与文物》2000 年 5 期，页 68～88。
⑪ 町田章：《古代東アジアの装飾墓》，頁 190～210，京都，同朋舍，1987 年。

葬的时代和地域差异①。1991 年曾布川宽对南朝帝陵石兽进行图像学的排比，推定了这些石刻年代关系，并根据文献比定其墓主②。1993 年杨泓发表《南北朝的壁画和拼镶砖画》，对南北朝时期墓葬壁画的内容、布局，以及所反映的问题进行了分析。2000 年苏哲对北周壁画墓的资料进行了综述③。此外，有较多美术通史和专史著作也对这一时期的壁画墓进行了介绍④。

魏晋南北朝墓葬壁画的出土为研究这一时期绘画艺术提供了丰富的资料，引发了对其艺术价值的讨论，这些讨论主要集中在绘画风格方面。除了各种简报、报告中的论述外，有学者专门就邓县学庄墓、嘉峪关魏晋墓、竹林七贤与荣启期砖画等重要的发现加以探讨。1990 年司白乐（Audrey Spiro）以竹林七贤与荣启期砖画为主要材料，专题探讨了中国古代肖像画的问题⑤。此外，许多学者还对竹林七贤与荣启期砖画和娄叡墓壁画的作者问题进行了探讨。关于竹林七贤与荣启期砖画的粉本作者，目前有顾恺之⑥、陆探微⑦、戴逵⑧、画师集体创作⑨等几种观点。有的研究者认为娄叡墓壁画的作者为杨子华⑩。也有学者对这一时期绘画题材与风格的文化背景进

① 宿白主编：《中国美术全集·绘画编 12·墓室壁画》，页 9～15，北京，文物出版社，1989 年。
② 曾布川宽：《南朝帝陵の石獸と磚畫》，页 230～231，《東方学報》第 63 號，1991 年，页 115～263。
③ 原州联合考古队：《北周田弘墓——原州联合考古队发掘调查报告 2》，页 123，东京，勉诚出版，2000 年。
④ 此类著作较多，不一一列举。
⑤ Audrey Spiro, *Contemplating the Ancients*, Berkeley, University of California Press, 1990.
⑥ 南京博物院、南京市文物保管委员会：《南京西善桥南朝墓及其砖刻壁画》，《文物》1960 年 8、9 期合刊，页 42。
⑦ 林树中：《江苏丹阳南齐陵墓砖印壁画探讨》，《文物》1977 年 1 期，页 71～72。
⑧ 金维诺：《我国古代杰出的雕塑家戴逵和戴顒》，金维诺：《中国美术史论集》，页 83～89，北京，人民美术出版社，1981 年。
⑨ 南京博物院：《试谈"竹林七贤及荣启期"砖印壁画问题》，《文物》1980 年 2 期，页 20～21。
⑩ 此说见史树青《从娄叡墓壁画看北齐画家手笔》，《文物》1983 年 10 期，页 29～30；史树青：《娄叡墓壁画及作者考订》，《中国艺术》创刊号，页 22，北京，人民美术出版社，1985 年。宿白也认为："此墓壁画或得诏特许杨子华挥毫，也非不可能的事。"宿白：《太原北齐娄叡墓参观记》，页 27。金维诺的观点较为谨慎，指出娄叡墓壁画"可能出自宫廷画家之手，甚或有当时画圣杨子华起样的可能。但是没有确实依据，也不必以设想当作事实。""它既代表了北齐这一时代的主要风格，也能在一定程度上展示当时名画家杨子华的影响。"金维诺：《北齐绘画遗珍》，《中国艺术》创刊号，页 18～21。

行了讨论，如 1974 年梁庄爱论（Ellen Johnston Laing）就竹林七贤题材探讨了玄学对绘画的影响①。通过这些研究，目前对于魏晋南北朝绘画艺术的认识与以前相比较，已经有了很大的进展。但同时应当看到，也有少数文章论及壁画的艺术价值时，多为泛泛赞美之辞而缺乏具体深入的分析。

对于魏晋南北朝考古学资料的研究在西方主要属于美术史的范畴。近几年来，魏晋南北朝美术史的研究受到西方学术界的关注，如由美国芝加哥大学美术史系发起，中美多个学术机构联合主办的"汉唐之间的艺术与考古"大型合作项目召开了三次讨论会，收获颇丰②。随着资料的不断丰富和中外学术交流的进一步开展，魏晋南北朝壁画墓的研究也会推进到一个新的阶段。

（二）关于本书取材和研究方法的说明

本书分为上编和下编，上编在全面占有材料的基础上，对材料进行初步归纳、综合，以求建立基本的时空框架。下编选择有代表性的个案作解剖、分析，试图进一步开掘考古学材料的文化史价值。上编和下编在研究方法上有较大的不同。

分区与分期是考古学研究的基础工作，通过这项工作，可以对材料获得比较整体的认识，搞清楚这一时期壁画墓发展演变的基本脉络和普遍规律。如果没有这一过程的研究，其他问题的研究就会缺乏根基，无法深入。

宿白曾将魏晋南北朝考古学文化分为中原地区、南方地区、东北地区、北方地区、新疆地区，以及青藏高原和四川西部六个区域③，反映了魏晋南北朝考古学文化的基本空间关系。根据目前所发现的材料，笔者在这一分区的基础上略做调整，将壁画墓分为中原地区、南方地区、东北地区和西北地区。中原地区指淮河以北燕山

① Ellen Johnston Laing, "Neo – Taoism and the 'Seven Sages of the Bamboo Grove' in Chinese Painting," *Artibus Asiae*, 36 (1974), pp. 5 – 54.

② 该项目第一、二次讨论会分别于 1999 年 10 月和 2000 年 7 月在芝加哥大学和北京大学召开，论文已结集出版，见巫鸿主编《汉唐之间的宗教艺术与考古》，北京，文物出版社，2000 年；巫鸿主编《汉唐之间文化艺术的互动与交融》，北京，文物出版社，2001 年。第三次会议于 2001 年 10 月在芝加哥大学召开，主题为世俗艺术和物质文化。

③ 宿白：《三国两晋南北朝考古》，《中国大百科全书·考古学》，页 418～429。

以南的黄河中下游为中心的区域，这一地区所发现的壁画墓以北朝壁画墓为主；东北地区指辽河以东的区域，主要的发现为魏晋、"三燕"和高句丽壁画墓；西北地区主要包括河西走廊到新疆吐鲁番一带，所发现的壁画墓主要属魏晋与"五凉"时期；南方地区指淮河以南的广大区域，其壁画墓资料以南京地区东晋南朝墓较为系统，其他东晋南朝壁画墓的资料一并附于该区。

在上述分区的基础上，根据不同的情况，有的地区进一步分为小区。西南地区所发现的蜀汉时期的画像砖、画像石墓虽有比较明显的地域特点，但由于目前资料还不够丰富，暂不予讨论。中国东北地区的高句丽壁画墓应当与朝鲜半岛北部的高句丽壁画墓进行同一的研究，限于篇幅和体例，也暂不包括在本书所研究的范围内，只是在必要时才引证一些高句丽墓的材料作为旁证。

学者们曾分别对魏晋北朝墓葬和吴晋南朝墓进行分期①。由于各地区考古学文化的发展不平衡，壁画墓的盛衰与演变也不同步。本书的分期基本上是在分区的基础上进行的，而不将全国的资料进行同一的分期。有些小的区域内的墓葬，由于前后延续时间较短，资料有限，目前还难以看出前后的差别，则暂不予以分期。

魏晋南北朝不仅是一个政权分治的时期，同时也是一个不同地区文化交融的时期。在上编没有列出专门的章节讨论各区域的关系，而留在下编讨论这一问题。

地层学和类型学的形成是中国近代考古学成熟的重要标志。对于早期考古学文化的分期与分区研究而言，考古地层学和考古类型学是主要的方法。但是这些方法的试验与形成主要建立在史前和商周考古学材料的基础上，而壁画墓是性质比较特殊的历史考古学材料，原有的考古学方法如何运用，是值得深入思考的问题。在魏晋南北朝壁画的发掘中所遇到的地层问题相对比较简单②，已发表的考古报告较少介绍墓葬的地层现象，对于这些墓葬年代的判定一般不以地层学的资料作为主要依据，而类型学作为归纳整理基础资料的基本方法在运用时也会遇到新的问题。

类型学的首要作用是确定遗迹和遗物的相对年代，目前所发现的壁画墓许多出

---

① 杨泓：《魏晋北朝墓葬》；罗宗真：《吴晋南朝墓葬》，分别见《中国大百科全书·考古学》，页 543 ~ 544，550 ~ 551。

② 这并不意味着历史时期墓葬的发掘不存在地层学的问题，如墓葬的营建过程、合葬墓的第二次入葬问题等，都应当通过对地层关系的揭露来解决，但目前这一方面的田野工作还不够理想。

土有纪年明确的墓志等材料，不需要过分依赖类型学的排比结果。但是利用类型学的分类方法，并结合出土的文字材料，可以较准确地认识墓葬地区间的异同、等级的差别、前后时代的变化等问题。本书的类型分析主要局限于墓葬形制的分析。限于篇幅和体例，笔者没有将有壁画的墓葬与没有壁画的墓葬进行同一的分析，对于什么样的墓葬有壁画，什么样的墓葬没有壁画，壁画墓与无壁画墓葬在形制、随葬品以及相关的观念等方面有什么关系之类的问题，未能加以深入探讨，这些问题希望留待今后进一步研究。

从理论上讲，"人类制造的物品，只要有一定的形体，都可以用类型学方法来探索其形态变化过程"①，这当然也包括图像在内。但是图像的复杂程度远高于一般的器物，在实际的操作中会遇到许多困难。例如，我们在研究陶器时，可以从陶质、陶色、制作方法、器形、装饰等方面入手进行分类，而壁画图像则涉及更多的因素，仅就风格而言，材料、技术、粉本的使用方式②、作坊的传统、作者等等因素，都会对图像风格产生作用，而影响主题选择的因素就更为复杂。有的文章往往从图像的直观印象入手分类，例如将墓葬中复杂的图像简单地分为人物类、动物类、植物类等，这样的分类局限于表面的形式，忽视了对于主题的分析，同时将墓葬中完整有序的图像组合肢解得十分零碎，无法把握整套图像的意义。有的考古报告在介绍壁画时，习惯以"幅"计算数量，而画幅的分割又比较随意，对画像的命名带有较强的主观色彩。这样的方法，受到金石学和博物馆收藏编目方法的影响，无法作为类型学研究的基础。信立祥在其新著《汉代画像石综合研究》一书中对画像石题材内容分类方法进行了反思，认为对画像石题材内容进行直观分类方法，忽略了画像内容与其所属建筑之间应有的关系，完全无视画像的配置规律，人为地割断了各类题

① 俞伟超：《关于"考古类型学"的问题》，俞伟超：《考古学是什么——俞伟超考古学理论文选》，页63，北京，中国社会科学出版社，1996年。

② 李清泉指出：广义的粉本概念指的是画稿。《唐朝名画录》中所记"明皇天宝中忽思蜀道嘉陵江水，遂假吴生（道子）驿驷，令往写貌。及回日，帝问其状，奏曰：'臣无粉本，并记在心。'"吴所言"粉本"，意即一般的画稿。又，清方薰：《山静居论画》上："画稿谓粉本者，古人于墨稿上，加描粉笔，用时扑入缣素，依粉痕落墨，故名之也。"发现于敦煌第17窟的晚唐至五代时期的千佛粉本，则沿墨线作针孔，此系粉本的又一种形态。本书中"粉本"一词，取李氏所述之广义，指上述各种形式的画稿。李清泉：《论宣化辽墓壁画创作的有关问题》，山东大学考古学系编：《刘敦愿先生纪念文集》，页501，济南，山东大学出版社，1998年。

材内容画像之间有机的内在联系，因此不可能从整体上正确地理解和把握汉画像石的题材内容①。这一认识在方法论上是正确的。

对于壁画图像的研究之所以难以简单地套用类型学方法，还在于这些图像与严格意义上的宗教图像有很大的不同。以佛教造像为例，根据对若干佛像的实测资料，我们完全有可能对其作类型学的分析，其原因是佛教造像有比较严格的造型规范可依，如清代工布查布翻译的《造像量度经》就是这种规范的反映②，所以类型学的研究有可能揭示出造像内在的联系。但是丧葬观念并不是严格意义上的宗教，不存在完全固定的、系统的理论和礼仪规范，尽管墓葬壁画的绘制有时可能有制度方面的约束，却不存在一套必须严格遵循的造型范式，因此类型学的研究往往无从着手。

美术品除了其外在的形态，还比较直接地、敏感地反映人们的思想观念，而精神文化的问题是类型学无法加以把握的。一些看似相同的形式，往往包含着不同的内容，例如笔者谈到，山东青州傅家北齐画像石中一幅画像和太原虞弘石棺上一幅画像的构图非常接近，但两者却表现了截然不同的主题；许多图像的背后往往蕴涵着象征意义，而只有理解了这种象征意义，才能了解图像在墓葬中的文化价值，如南北朝墓葬中高士题材就存在这样的问题。

笔者并不否认壁画图像形态之间存在着一定的规律，但是这些规律需要结合文献和其他的方法进行探索，与其说简单地套用"型"、"式"划分的形式，将类型学研究看作一种目的，倒不如将对类型学的理解融入对历史问题的探讨中③。基于以上认识，在上编暂不对图像做类型学的排比，而将有关图像的分析放在下编进行。

本书下编注重对一些具体问题做更细致的探讨，所提出的问题和所涉及的材料彼此也有很大的差别，大到一个区域、一个时段，小到一座墓葬、一种题材，这些具体的问题都在不同程度上涉及这一时期历史学和考古学总体的背景，所以彼此之

① 信立祥：《汉代画像石综合研究》，页59，北京，文物出版社，2000年。
② 宿白：《敦煌七讲》之七，《佛像的实测和〈造像量度经〉》，未发表。
③ 徐苹芳在谈到历史考古学中的类型学研究时指出："中国历史考古学在运用类型学时也显然与史前考古学有所不同，历史时期的社会文化是极其复杂的，类型学的排比有时并不反映它们的真正内在联系，我们必须把考古发现的遗迹遗物置于大的历史环境之内，按照不同对象，分别予以解释。"徐苹芳：《中国石窟寺考古学的创建历程——读宿白先生〈中国石窟寺研究〉》，《文物》1998年2期，页61。

间并不是绝对孤立的。

第五部分讨论河西地区的魏晋壁画墓。这一地区在"永嘉之乱"后扮演了中原文化转移与保存者的角色，曾被史学家们所关注，因此以河西壁画墓为例来考察魏晋南北朝时期地区之间文化的关系，具有典型意义。第六部分在研究邺城地区东魏北齐壁画墓时，着重从宏观角度考察这些墓葬在整个中国古代壁画墓发展史中的地位，注意到社会阶级在这一过程中的意义。这两部分所使用的资料相对比较集中，但仍属于宏观研究。

图像的探索是壁画墓研究中难度最大的一环，本书的第七、八两部分试图对图像的题材和形式加以讨论，为了使论述能有一定的深度，所选择问题比较微观，以减小"受力面"，加大"压强"。研究的目的除了解决材料本身所包含的问题，还试图对传统的思路进行检讨，摸索一些具有可操作性的新方法。其中第七部分选取竹林七贤与荣启期壁画进行解剖，因为这批著名的材料曾为许多研究者共同关注，正可借以做学术史的反思。同时这类题材还具有思想史的意义，有可能因此触及考古发现的视觉材料在精神文化研究中的价值。第八部分涉及中外文化交流问题，这是魏晋南北朝历史研究中不能忽视的一个重要方面。

此外，这些问题的选择也兼顾了时代和地区，第五部分的材料为西北地区的魏晋墓，第六部分的材料为中原北朝墓，第七部分的材料主要是南方地区的南朝墓，第八部分取材于北朝山东地区。下编各部分所提出的一些问题也可以针对于其他的材料展开，如各区域的关系，当然不限于西北地区与中原之间；图像象征意义也不只是存在于竹林七贤与荣启期画像中。我之所以选择这些材料，是因为它们具有一定的典型性。随着将来材料的进一步丰富，这些试验性的讨论，还可以继续扩展和深入下去。

壁画墓作为历史考古学的材料，在研究中必须与历史背景进行联系，着力通过对这些材料的分析，从一个特殊的角度来探讨历史问题。这些问题有的是文献研究中早已出现的，更多的则可能是通过对考古材料的分析新提出的。历史时期考古学的研究与历史背景的结合，决不意味着我们可以简单地套用通过文献研究得出的结论，用教条来代替对考古学材料具体细致的分析；相反，我们应当在对历史背景获得基本认识的基础上，充分认识到材料的特性，提出新的问题，并通过实验，努力探索研究这些材料的方法。

考古发现的图像材料，是历史现象的载体，所以常常被用来研究古代的物质文化①，但艺术品同时又是人们精神活动的物化形式。如果我们试图正面地研究图像，就必然涉及壁画的主题，而对主题的研究必然涉及图像在观念上的意义，因此我们无法回避这些材料在研究精神文化方面的价值。

本书对于壁画主题的理解建立在这样一个简单的事实上：这些壁画是古人为埋葬死者而修造的墓葬的一部分，几乎一切题材都要围绕墓葬设计者的主观意愿来选择和组织，因此它首先反映的是当时的丧葬观念。这些画面当然脱离不了社会经济、政治、文化的背景，但是壁画对于其历史背景的反映并不是主动的、直接的。换言之，壁画设计者、制作者不是要通过这些画面向今天的学者们传达当时的历史信息，而是为了奉死送终。虽然我们可以在壁画中发现一些社会史的材料，但对于这些材料必须从整体上加以把握，认识到这些以艺术方式表现的内容并不完全等于现实社会生活本身，而是在特定的主观目的制约下创作的，必须进行具体的分析。

对于魏晋南北朝丧葬观念的考古学研究，目前的基础还比较薄弱。一个最大的问题是文献中缺乏对于这一时期墓葬状况的直接记载，也不能直接搬用考古类型学的方法，因此必须在方法论上有意识地进行一些新的尝试。这一部分的讨论以壁画的图像作为最主要的内容，但是并不单纯是绘画史的讨论。正如本书的主题词为"壁画墓"，而不只是"墓葬壁画"一样，笔者强调将壁画图像看作墓葬的一个组成部分，不能绝对孤立地进行研究，必须与墓葬结构、随葬品，甚至地上的建筑结合起来讨论（当然，由于许多墓葬的资料不够完整，有时这种讨论在具体操作时还比较困难）。同时，还必须注意到图像的构图结构，探索粉本之间的关系等绘画创作的一些基本问题。对于题材的研究，应打破内容与形式绝对的分割，而更多地考虑内容与形式之间内在的联系。

考古学研究的理想在于根据实物材料复原历史，所关心的首先是具体的历史事实而不是一般性的原理与法则，其论证过程必须具有实证性，避免落入纯粹的假设与推理。本书不涉及审美等方面的理论问题，在对图像的描述中也尽量避免使用具有明显主观色彩的语言。

---

① 　如沈从文《中国古代服饰研究》（香港，商务印书馆，1981 年）、孙机《汉代物质文化资料图说》（北京，文物出版社，1991 年）等就是这一方面成功的著作。

上编　分区与分期

一 东北地区

东北地区魏晋南北朝时期的壁画墓，除辽宁桓仁和吉林集安两地同时代的高句丽墓外，主要集中在今辽东的辽阳和辽西大凌河流域朝阳、北票一带，年代在曹魏至十六国时期。

辽阳在秦汉以后是辽东郡治襄平城的所在地，曹魏时公孙氏割据辽东，局势较为稳定，未受到战乱的侵扰，壁画墓在继承传统的基础上得以继续发展。从东汉晚期到西晋时期，这一带的壁画墓前后联系密切，自成系统，因此我们在研究中应突破朝代的局限，将东汉晚期的壁画墓与魏晋时期的壁画墓一同进行分析[①]。

辽西地区所发现的壁画墓主要是慕容鲜卑"三燕"政权的遗存。337 年慕容皝在大棘城建立前燕，342 年又迁都龙城。后燕（384～407 年）、北燕（407～436 年）也相继定都龙城。根据文献记载和考古调查的材料判断，大棘城应在今朝阳市东北北票境内的大凌河谷地；龙城即唐柳城，在今朝阳市[②]。该地区 4 世纪至 5 世纪中叶的壁画墓从多个方面表现出汉文化与少数民族文化交融的特征。

---

① 东北其他地区所发现的东汉壁画墓不予讨论。

② 田立坤：《鲜卑文化源流的考古学考察》，吉林大学考古学系编：《青果集——吉林大学考古专业成立二十周年考古论文集》，页 361，北京，知识出版社，1993 年。

（一）辽阳地区的东汉魏晋壁画墓

辽阳地区东汉魏晋壁画墓主要发现在今辽阳北郊和东南郊，资料已发表的墓葬近 20 座，主要有 1918 年发掘的迎水寺墓①、1943 年发现的北园 1 号墓②、1944 年发现的棒台子 1 号墓③、20 世纪 40 年代初清理的南林子墓④、1951 年发现的三道壕第四窑场墓（车骑墓）⑤、1953 年发现的三道壕窑业第二现场令支令张氏墓⑥、1955 年清理的三道壕窑业工厂第二取土区 1、2 号墓⑦、1957 年清理的棒台子 2 号墓⑧、1957 年清理的南雪梅 1 号墓⑨、1958 年清理的上王家村墓⑩、1959 年发现的北园 2 号墓⑪、1974 年清理的三道壕 3 号墓⑫、1975 年发现的鹅房 1 号墓⑬、1983 年清理的东门里墓⑭、1986 年清理的北园 3 号墓⑮和 1995 年清理的南环街墓⑯等。

---

① 八木奘三郎：《满洲考古学》，页 287 ~ 326，东京，冈书院，1928 年。书中只发表了该墓壁画的草图，不知其详。

② 李文信：《辽阳北园壁画古墓记略》，《国立沈阳博物馆筹备委员会汇刊》1 期，页 122 ~ 163，1947 年；驹井和爱：《遼陽発見の漢代墳墓》，《中国考古学研究》，页 119 ~ 128，东京，世界社，1952 年；Wilma Fairbank and Kitano Masao（北野正男），"Han Mural Paintings in the Pei – yuan Tomb at Liao – yang, South Manchuria," *Artibus Asiae*, 17, no. 3/4 (1954), pp. 238 – 264; reprinted in Wilma Fairbank, *Adventures in Retrieval*, Cambridge, Massachusetts, Harvard University Press, 1972, pp. 143 – 180.

③ 李文信：《辽阳发现的三座壁画古墓》，《文物参考资料》1955 年 5 期，页 15 ~ 28。

④ 原田淑人：《遼陽南林子の壁画石墳》，《国华》692 号，页 105 ~ 109，1943 年 4 月。

⑤ 李文信：《辽阳发现的三座壁画古墓》，页 28 ~ 34。

⑥ 李文信：《辽阳发现的三座壁画古墓》，页 34 ~ 42。

⑦ 沈新：《辽阳市北郊新发现两座壁画古墓》，《文物参考资料》1955 年 7 期，页 152 ~ 154；东北博物馆：《辽阳三道壕两座壁画墓的清理工作简报》，《文物参考资料》1955 年 12 期，页 49 ~ 58。

⑧ 王增新：《辽阳市棒台子二号壁画墓》，《考古》1960 年 1 期，页 20 ~ 23。

⑨ 王增新：《辽宁辽阳县南雪梅村壁画墓及石墓》，《考古》1960 年 1 期，页 16 ~ 19。

⑩ 李庆发：《辽阳上王家村晋代壁画墓清理简报》，《文物》1959 年 7 期，页 60 ~ 62。

⑪ 辽阳市文物管理所：《辽阳发现三座壁画墓》，《考古》1980 年 1 期，页 58、65。

⑫ 辽阳市文物管理所：《辽阳发现三座壁画墓》，页 56、57。

⑬ 辽阳市文物管理所：《辽阳发现三座壁画墓》，页 57、58。

⑭ 辽宁省博物馆冯永谦、韩宝兴、刘忠诚，辽阳博物馆邹宝库、柳川、肖世星：《辽阳旧城东门里东汉壁画墓发掘报告》，《文物》1985 年 6 期，页 25 ~ 42。

⑮ 宿白主编：《中国美术全集·绘画编 12·墓室壁画》图版 28、29 说明，北京，文物出版社，1989 年。

⑯ 辽宁省文物考古研究所：《辽宁辽阳南环街壁画墓》，《北方文物》1998 年 3 期，页 22 ~ 25。

这些墓葬封土多已不存，墓穴较浅，墓室均用石板和石条构筑，以白灰构缝，平顶。壁画直接画在石面上，主要使用黑、白、朱、绿、黄、赭等色。有的画面先用白粉铺地，但不另加白灰层。流行多人合葬，使用多套随葬品。较大的墓葬可能为家族合葬。根据规模和形制，这些墓葬可以分为四型（图1）。

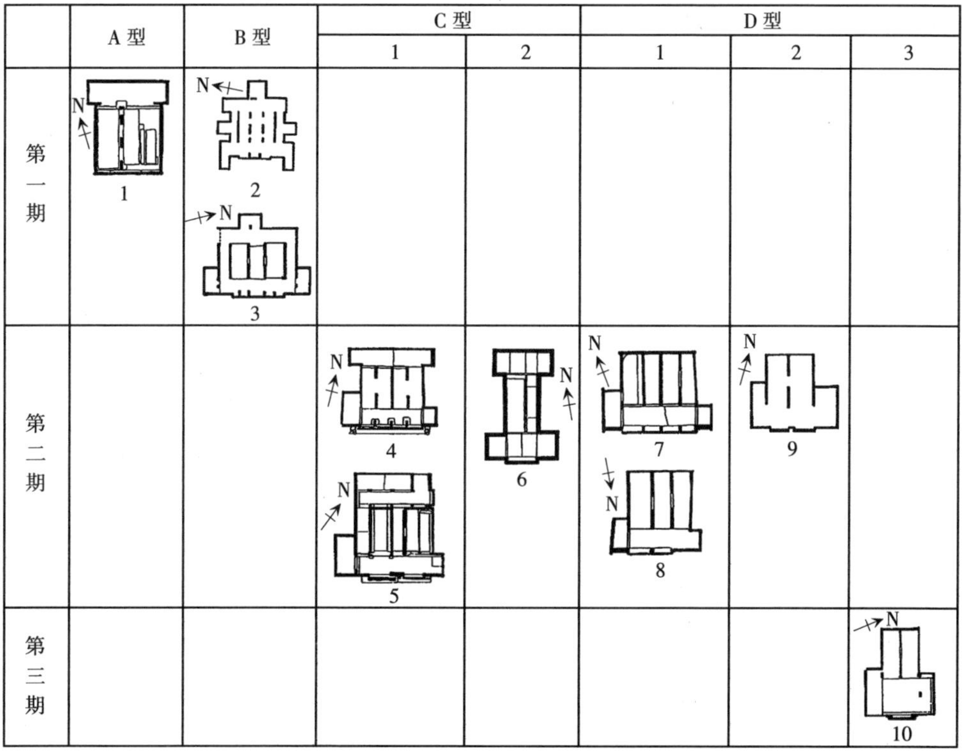

图1　辽阳壁画墓类型与分期（郑岩绘图）

1. 东门里墓　2. 北园1号墓　3. 棒台子1号墓　4. 棒台子2号墓　5. 南雪梅1号墓　6. 三道壕3号墓　7. 三道壕1号墓　8. 三道壕张君墓　9. 三道壕第四现场墓　10. 上王家村墓

A 型　由棺室和后廊组成的石室墓。属于该型的墓只有旧城东门里墓1例。

旧城东门里墓　坐北朝南，有左右并列的两个棺室①，长3.6米，属中型墓。南面有2墓门。棺室两壁绘牛车出行和燕居，两棺室中央立柱上绘门卒、小史等（图2）。该墓未被盗，发现骨架3具。随葬品可能为两次葬入，在后廊东部放置陶灶、

---

① 本书所说的墓葬的左右方位，是以墓主为中心，从室内面向室外而言；而画面的左右关系，均以观看者的角度为准。

图 2　辽阳旧城东门里墓壁画（采自《文物》1985 年 6 期，页 36、37）

1. 门卒　2. 出行画像中的导骑　3. 小史

井、壶、罐等生活用品，西部放置陶案、锺、耳杯等，可能为祭器，棺室内放置漆盒、铜镜等。

B 型　带回廊的大型石室墓。属于该型的墓葬有北园 1 号墓、棒台子 1 号墓、南林子墓和迎水寺墓等。长约 6 米（南林子墓和迎水寺墓尺寸不详），棺室多达 3 ~ 4个，有 1~5 个耳室。

北园 1 号墓　坐东朝西，由并列的 3 个棺室，环绕棺室的回廊、左前耳室、左后耳室、右前耳室、右后耳室、后耳室组成，长 5.17 米（不包括耳室）。棺室南北壁绘骑吏，棺室隔石上有"季春之月汉……"的题记。前廊西壁墓门南侧绘门卒，右廊北壁壁画不清，左廊北壁绘车马出行。后耳室绘墓主画像（图 3），其外（后廊东壁）北部绘楼阁，南部绘"小府史"、高楼、射鸟、乐舞百戏等，有"教以勤化以诚"、"鼓鈇演跌观戏"等题记。右前耳室绘楼阁，左前耳室绘房屋人物、犬和斗鸡场面，有"代郡库"题记。右后耳室壁画不清，左后耳室绘一人物。墓葬被盗，未发现随葬品。

棒台子 1 号墓　方向约 100°，由并列的 3 个棺室、环绕棺室的回廊和左、右、后 3 个耳室组成，长 6.6 米。墓门内两侧绘门卒和守门犬。左耳室和右耳室均绘墓主饮食像，前廊东壁绘两组乐舞百戏，分别面对左右耳室中的墓主像（图 4）。前廊顶部绘日月、云气，右廊、左廊均绘车马行列，后廊绘楼阁、水井。后耳室绘庖厨。墓内所葬人数和随葬品情况不详。

C 型　带前后廊的石室墓。根据规模的不同，又分为两个亚型。

图3 辽阳北园1号墓墓主画像（郑岩绘图）

图4 辽阳棒台子1号墓壁画（采自《文物参考资料》1955年5期，页17、18）

C1 型 有3～4个棺室的墓。属于该型的墓有棒台子2号墓、南雪梅1号墓和北园2号墓。

棒台子2号墓 方向120°，由前廊、并列的4个棺室、后廊和左右耳室组成，

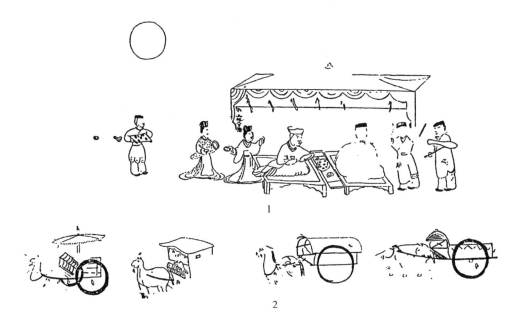

图 5　辽阳棒台子 2 号墓壁画（采自《考古》1960 年 1 期，页 22）

1. 墓主　2. 车马行列

长 4.66 米。前廊设 4 门，后廊东壁设 1 侧门。右耳室面积大于左耳室，右耳室地面铺一层云母片。左右耳室南壁（即墓门两侧）各绘一门卒。右耳室西壁绘墓主夫妇宴饮，一侍女画像旁有"大婢常乐"题记（图 5 - 1），北壁绘"主簿"、"议曹掾" 2人。左耳室绘车骑行列（图 5 - 2），东壁上部绘太阳。后廊北壁绘楼宅、水井、车马。棺室内发现骨架 6 具。随葬品有漆器残件，玉饰品，铁刀、环、钉，陶案、长方盘、瓮、罐、镶、杯、瓶、三足盆、高足穿孔器、豆、器盖、器座、灶、井，五铢钱等。

南雪梅 1 号墓　方向 120°，由前廊、并列的 3 个棺室、处于棺室之间连接前后廊的"中廊"、后廊和左右耳室组成，长 5.25 米。前室两正门，后廊较宽，其后右部设台，左壁设 1 侧门，右耳室面积大于左耳室。墓内壁画保存状况不佳，前室墓门左右各绘一房舍，棺室前挡头上绘守门犬（？），左棺室后壁绘宴饮的人物（图 6）。左棺室发现骨架 1 具，右耳室发现骨架 2 具。随葬品有漆盒，铜镜，铁环刀，陶案、盆、洗、钵、盂、盒、盆、盘、豆、壶、瓶、耳杯、勺、器座以及五铢、货泉等钱币若干。

C2 型 有 1 ~ 2 个棺室的墓。属于这一型的墓有三道壕 3 号墓、鹅房 1 号墓。

三道壕 3 号墓 方向 190°，由前廊、1 个棺室和后廊组成，长 4.5 米。1 门，棺室内并排两个尸床。平面呈"工"字形。壁画保存状况不佳，前廊右部（相当于右侧

图 6　辽阳南雪梅 1 号墓墓主画像（采自《考古》1960 年 1 期，页 18）

室）西壁绘男墓主像，北壁绘女墓主像。前廊左部（相当于左侧室）北壁绘家居人物，东壁绘马夫牵马。中室尸床右壁绘朱雀等。后廊北壁绘两层楼阁。棺室内发现骨架 2 具。随葬品有银顶针，铜耳杯，铁剪、灯，陶钵、奁、碗和骨饰件等。

D 型 只带前廊的石室墓。根据规模的不同，又分为三个亚型。

D1 型 有 3 ~ 4 个棺室的墓。属于该型的墓葬有三道壕窑业工厂第二取土区 1 号墓、令支令张君墓。

三道壕 1 号墓 坐北朝南，由前廊、并列的 4 个棺室和左右耳室组成，长 3.4 米。右耳室面积大于左耳室，前廊设 4 门。右耳室南、西、北三壁均绘男女对坐宴饮（图 7），左耳室南、东壁绘庖厨，北壁有马、牛车等残迹，墓门左柱右侧面绘守门犬。发现骨架 3 具。随葬品有金指环，银钗、镯、指环、顶针，漆盒，铜镜，铁剪、簪，陶罐、钵，五铢、货泉等。

三道壕张氏墓 方向 12°，由前廊、并列的 3 个棺室和左右耳室组成，长 3.44 米。右耳室面积大于左耳室，前开 2 门。右耳室右壁和后壁绘墓主夫妇 3 人像，分别有"[巍]令支令张□□"、"□夫人"、"公孙夫人"题记（图 8），前壁绘鞍马 6 匹、马夫 2 人。墓门内左壁绘庖厨场面。骨架数量和随葬品情况不详。

D2 型 有 2 个棺室的墓。属于该型的墓葬有三道壕 2 号墓和三道壕窑业第四现场墓（车骑墓）。

三道壕窑业第四现场墓 方向 165°，由前廊、并列的 2 个棺室和左右耳室组成，长

图7 辽阳三道壕1号墓右耳室西壁壁画摹本（采自《中国出土壁画全集》第8卷，页15，图13）

图8 辽阳三道壕张氏墓墓主画像（采自《文物参考资料》1955年5期，页37）

图9 辽阳三道壕第四现场墓墓主画像（采自《文物参考资料》1955年5期，页30）

4.13米。前开2门。墓门内左右两壁绘门卒，前廊藻井绘日月云气。棺室中央隔板以上石枋栌斗绘兽面。左耳室左壁绘墓主夫妇对坐宴饮，前后壁绘男子或女子坐像，墓主像皆面向左壁（图9）。右耳室绘庖厨和车马行列。骨架数量和随葬品情况不详。

D3型 前廊演化为正方形的墓。属于该型的墓葬只有上王家村墓一例。

上王家村墓 方向106°，由前廊、两个棺室和左右耳室组成，长5米。前廊加宽，长2.36、宽2米，平面近似正方形，顶部为抹角方形天井，其他各室为平顶。右耳室面积大于左耳室。棺室前柱石绘流云。右耳室南壁绘墓主及侍者像（图10）。左耳室北壁绘牛车出行（图11），西壁绘房宅（？）。棺室后壁刻画文字"呜呼哀哉□"、"嗟夫此石出东山古人致□□当奈何"等。两棺室各置一棺。随葬石灰枕，铁镜、镜奁，青瓷虎子，陶盘，五铢、剪轮五铢、货泉等。

辽阳东汉魏晋壁画墓前后延续时间较长，根据上文对于墓葬形制的类型划分并结合壁画特征，可以将这些墓葬分为三期。

第一期包括 A 型和 B 型墓。属于 A 型的旧城东门里墓形制比较特殊，但并列的双棺室已表现出当地壁画墓所具备的一般特征。该墓出土的随葬品具有早期的特征，根据发掘者的意见，其年代为东汉中期偏后，是这批墓葬中最早的一例。B 型带回廊的大型墓结构规整，奠定了该地区墓葬形制的基本格局。这些墓葬流行家族合葬，均为石室墓，不见砖室墓，回廊的结构显然模仿木椁墓，回廊周围的耳室根据壁画的题材来看具有不同的功能和象征意

图10　辽阳上王家村墓墓主画像（采自《文物》1959 年 7 期，页 61）

图11　辽阳上王家村墓车马出行画像（采自《文物》1959 年 7 期，页 62）

义。壁画题材多见墓主画像、庖厨、百戏、楼阁、车马出行、门卒、守门犬、日月云气等，这些题材大多与中原地区东汉墓葬壁画的题材联系密切，如在耳室中绘墓主像与河北安平逯家庄东汉壁画墓的做法比较一致①，可能与在墓中祭祀的风俗有一定的关系。墓主像只绘男子像是该期的特点。有的墓因为埋葬多人而绘制多幅墓主像。北园1号墓中有"汉"的题记，可以作为该期断代的依据。结合其他特征来看，该期的年代大致在东汉后期，有的墓或可晚至汉魏之际。

第二期包括C1、C2、D1和D2型墓。在该期中，第一期环绕棺室的回廊两侧的部分消失，只保留前后廊或只有前廊。有后廊的墓一般在后廊左壁开一门洞，下葬后封堵。耳室数量减少到两个，右耳室一般大于左耳室。该期较大型的墓葬有4个棺室，中型墓有2~3个棺室。第一期流行的壁画题材在该期仍然大量存在，但也发生了一些变化，如属于第一期的北园1号墓的墓主像，采用了山东汉画像石中常见的墓主在厅堂中接待客人拜访的格局，而第二期的墓主像则注重对于帷帐、屏风、侍者的刻画，营造出一个更为隐秘、安适的室内气氛。该期的墓主像中普遍增加了女主人的形象，规模较大的墓继续流行多套墓主画像。车马出行题材一般由多辆马车和导从的骑吏组成，而牛车尚未占据主要地位，基本保持了汉代的特征。在三道壕窑业第二现场墓发现"巍令支令张□□"的题记，汉魏人的书迹中常见以"巍"作"魏"字②，因此该墓很可能是曹魏时期的墓。而在南环街墓中出土的三蹄足的陶樽明显具有中原地区西晋时期同类器物的风格。棒台子2号墓的形制与1983年清理的三道壕西晋太康十年（289年）墓形制比较接近③。根据这些现象，可以大致将该期墓葬的年代定在汉魏之际到魏晋之际。

第三期只有D3型墓。该期墓葬目前仅发现辽阳上王家村墓一座。该墓除了继续保留前一期墓葬棺室并列、右耳室大于左耳室的特征外，最明显的变化是前廊发展成近于正方形的墓室，顶部为抹角叠砌。右耳室所绘的墓主正面端坐于榻上，手执麈尾，旁

① 河北省文物研究所：《安平东汉壁画墓》，页25、26，北京，文物出版社，1990年。
② 李文信：《辽阳发现的三座壁画古墓》，页39。
③ 三道壕西晋太康十年墓墓壁上发现部分工匠随手刻画的文字和图画，文字有纪年、职官、姓氏、地名、安装记号等，图画有武士像、飞鸟、鸟食鱼、射鹿等，多比较粗率，另发现墨绘的鸡。由于这些图画并非有意识装饰墓葬的作品，故暂不将该墓归入壁画墓之列。辽阳博物馆：《辽阳市三道壕西晋墓清理简报》，《考古》1990年4期，页333~336、374。

边有形体矮小的"书佐"等使史，曲屏环列，上张带莲花和流苏的覆斗帐，这些特征与发现于朝鲜安岳曾任前燕司马，后亡命高句丽的冬寿墓（357 年）以及朝鲜平壤德兴里曾任幽州刺史的□□镇墓（408 年）的墓主像十分近似①。壁画中出行行列的牛车上装通憾，具有晋以后牛车的特点②。综合这些特征可以将该期的年代定在西晋时期。

这些墓葬出土的文字资料较少，大多不能确切判断墓主人的身份。绘有壁画的石室墓在辽阳一带所发现的东汉魏晋墓中所占比例并不高③，所以，其墓主应不是一般平民。在三道壕窑业第二现场墓发现"巍令支令张□□"的题记，是惟一可借以了解墓主身份的线索。曹魏令支县在今河北迁安一带，属幽州辽西郡。由此可知此类规模的墓葬，可能属于县令或类似级别官吏以及具有同等势力的地方豪强，而规模更大的墓葬，如北园 1 号墓、棒台子 1 号墓等，则有可能包括有郡守一级官吏的墓葬。但这些推论还有待更多的考古发现来证实。

（二）朝阳地区的"三燕"壁画墓

辽西朝阳地区的壁画墓已经发表材料的有 1965 年清理的北票西官营子北燕冯素弗及其妻属的墓④、1973 ~ 1978 年清理的朝阳大平房村 1 号墓⑤和朝阳北庙村 1 号墓⑥、1982 年清理的朝阳袁台子墓⑦等。

---

① 宿白：《朝鲜安岳所发现的冬寿墓》，《文物参考资料》1952 年 1 期，页 101 ~ 104；洪晴玉：《关于冬寿墓的发现和研究》，《考古》1959 年 1 期，页 27 ~ 37；朝鲜民主主义人民共和国社会科学院、朝鲜画报社：《德兴里高句丽壁画古坟》，东京，讲谈社，1986 年。

② 关于该墓特征的分析参考了杨泓《辽阳魏晋墓》中有关论述，《中国大百科全书·考古学》，页 278、279。

③ 关于该地区所发现的汉魏晋时期其他类型墓葬的一般情况，见孙守道《论辽南汉魏晋墓葬制之发展演变》，《辽海文物学刊》1989 年 1 期，页 123 ~ 135。

④ 黎瑶渤：《辽宁北票县西官营子北燕冯素弗墓》，《文物》1973 年 3 期，页 2 ~ 28。

⑤ 朝阳地区博物馆、朝阳县文化馆：《辽宁朝阳发现北燕、北魏墓》，《考古》1985 年 10 期，页 915 ~ 929、图版 8。

⑥ 该墓有两次报道，1. 朝阳地区博物馆、朝阳县文化馆：《辽宁朝阳发现北燕、北魏墓》，《考古》1985 年 10 期，页 921 ~ 926；2. 陈大为：《朝阳县沟门子晋壁画墓》，《辽海文物学刊》1990 年 2 期，页 12 ~ 14、28。

⑦ 辽宁省博物馆文物队、朝阳地区博物馆文物队、朝阳县文化馆：《朝阳袁台子东晋壁画墓》，《文物》1984 年 6 期，页 29 ~ 45。

袁台子墓　方向为190°①，墓室以绿砂岩石板、石条构筑，由墓道、主室、耳室、壁龛组成。墓室长4、宽3米。墓道为长方形斜坡状，长约7米。墓门置于南壁中部，前部左侧有耳室，右侧有龛，左右两壁中部各有一龛，后壁中部也有一龛。墓门立柱两侧、东西北三壁及耳室均由石板支成，墓室后部中央有一立柱，壁石与立柱以上承架石梁，顶部覆盖石板（图12）。墓壁先抹一层黄草泥，再抹一层白灰，厚约1.5～2厘米，在白灰面上用红、黄、绿、赭、黑等色绘制壁画。墓门内立柱内面绘门吏二人，前室右龛绘墓主端杯执麈尾坐于帐下，左右屏风后立3侍女。与该图相邻的南壁上绘4侍女，面向主人。西壁前部上方绘侍卫（图13）和奉食的人物7人，有"二月已……子……殡背万……墓……墓奠"等墨书题记；下部绘白虎（见图14－2）、朱雀。西壁后部绘庭院，有院墙、车、木梯、人物等图像。北壁龛上部绘玄武。北壁东部绘屠宰，东壁绘膳食。东壁前部绘人物骑马狩猎（图15），其下部绘青龙（图14－1）、朱雀。东壁龛上部绘牛车出行。东耳室东壁绘一马与牛车。东耳室南壁绘墓主夫妇宴饮，残存一侍者的画像，有"夫妇君向□芝□像可检取□□主"题记。南壁额石上绘甲士骑马。墓顶及壁的垫石上绘流云，其中狩猎画像的顶盖上绘太阳，太阳内绘三足乌。太阳东侧壁顶绘月亮，两侧怪兽托举壁顶（图16）②。墓内发现木棺和人骨痕迹，出土器物有银鎏金镂孔带具，铜鎏金马镳、銮铃、杏叶、帐角，漆器，玛瑙杯，木芯包皮革的鞍桥、马镫，帐架础石，铜容器，铁器，骨器，釉陶器，陶器等。原报告根据墓葬形制和随葬品的特征，认为该墓是4世纪初至4世纪中叶的东晋墓，有的学者进一步将该墓确认为前燕墓③。

冯素弗及其妻属墓　北票县西官营子村将军山东麓，南距朝阳市约35公里，是冯氏陵园"长谷陵"所在地。该墓为同茔异穴，在同一封土下共发现墓穴3座，其

---

① 原报告文字叙述该墓方向为"南偏东10度"，与所附线图不符，今暂依线图校改。

② 原报告认为是玉兔与金蟾，不确。

③ 田立坤：《三燕文化与高句丽考古遗存之比较》，吉林大学考古系编：《青果集——吉林大学考古系建系十周年纪念文集》，页328～341，北京，知识出版社，1998年；尚晓波：《朝阳地区两晋时期墓葬类型分析》，《青果集——吉林大学考古系建系十周年纪念文集》，页351～354；田立坤：《三燕文化墓葬的类型与分期》，巫鸿主编：《汉唐之间文化艺术的互动与交融》，页205～230，北京，文物出版社，2001年。

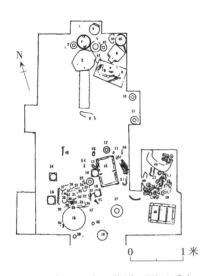

图 12　朝阳袁台子墓平面图（采自
《文物》1984 年 6，页 29）

图 13　朝阳袁台子墓侍卫画像（采自《中国美术
全集·绘画编 12·墓室壁画》，图版 55）

1　　　　　　　　　　　　　　　2

图 14　朝阳袁台子墓壁画（采自《辽海文物学刊》1987 年 1 期）

1. 青龙　2. 白虎

图 15　朝阳袁台子墓狩猎画像（郑岩绘图）

图 16　朝阳袁台子墓怪兽画像（采自《中国美术全集·绘画编 12·
墓室壁画》，图版 54）

一早年被毁。1 号墓墓圹为竖穴，圹口长 8.1、宽 4.46～5.2、深 3.8 米，在墓圹西壁
有一龛，龛内置釉陶壶、陶罐、牛骨。墓圹中以石块筑梯形椁室，顶部以石条搭盖。
椁室封闭严密，无门。椁内口长 4.25、宽 1.34～1.53、高 1.7～1.75、壁厚 0.4 米，
方向 93°（图 17）。椁室四壁及顶部抹石灰，灰面上绘壁画，所见色彩有朱红、橙
黄、绿、黑等。壁画大部脱落，四壁的画面只残存黑狗的形象和一个男子的头像。
在椁顶 9 块盖石上绘有星象，其中有日、月、星宿、银河和云气[①]。墓内有柏木棺一
具，棺环与铺首贴金，棺外壁涂红漆，有彩画，前挡绘数名羽人，袖手拱揖，后挡
绘云气，右帮绘一屋宇，周围有十余个人物，其余部分不详（图 18）。棺内人骨已
朽，只见有幼儿乳齿，可能为儿童祔葬。墓中出土遗物四百七十余件，有漆器、玉
器、玻璃器、铜容器、铁工具、陶器、兵甲马具、仪仗车器、文具、印章和服章杂
用等。这些器物大多与中原和南方同时期的器物相似，也有大镂孔高圈足铜釜、
提梁铜罐以及金质步摇冠的构件等具有少数民族特色的器物，以及域外传入的鸭形

---

① 虽然汉代壁画或画像石中常见云纹变化为鸟或兽的形象（如山东嘉祥东汉武氏祠和安丘董家庄
东汉画像石墓中都可以见到此类图像。朱锡禄：《武氏祠汉画像石》，济南，山东美术出版社，
1986 年；安丘县文化局、安丘县博物馆：《安丘董家庄汉画像石墓》，济南，济南出版社，1992
年），但该墓报告中所说的"鸟形图纹"实际上看不出鸟首的确切形象，只是一种以弧线和平行
线构成的云纹。

器、钵和杯等罗马玻璃器等，饰有佛像的金冠饰反映了该地区佛教的盛行。根据墓中出土的"范阳公"、"辽西公"、"车骑大将军"和"大司马"4枚印章，对照《晋书·冯跋载记》中的记载，可以肯定该墓的主人为北燕天王冯跋之弟、北燕国的缔造者之一冯素弗。冯素弗死于北燕太平七年（415年）（一说太平六年十二月），由此可知该墓大致的年代。

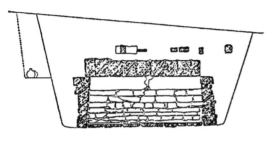

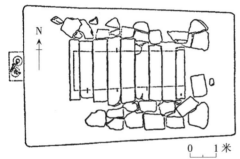

图17 北票冯素弗墓平、剖面图（采自《文物》1973年3期，页3）

2号墓除了没有壁龛外，结构与1号墓大致相同。墓圹长6.7、宽3.5、深4米。椁内口长4、宽1.3～1.7、高1.7米，方向65°（图19）。椁室四壁和顶部涂抹草泥和石灰，残存彩画。西壁绘屋宇，檐下两端各立侍女二人，门柱前有4只黑狗，檐下有4只长尾黑鸟。南壁为出行画像，西起可辨有12名侍女分三行西行，持器物、仪仗。侍女之后有轩车的残迹，车中有一女子，车前及

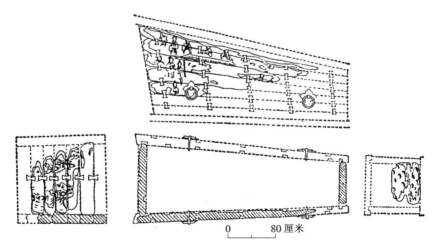

图18 北票冯素弗墓木棺平、剖面图（采自《文物》1973年3期，页4）

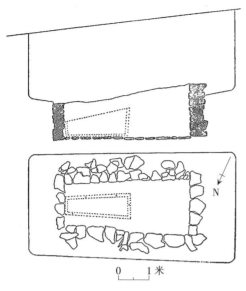

图 19　北票冯素弗妻墓平、剖面图（采自
《文物》1973 年 3 期，页 12）

旁边有 3 条狗。东壁南端可见一侍女，北段在一楹柱旁立二名女侍卫。北壁画面破坏严重，可见有侍女 18 人，发掘简报推测是一幅墓主人家居的画面。顶部脱落严重，绘星象，可辨形象有星座和银河。墓中棺木已朽，发现青年女性骨架一具。随葬狗两条。出土器物有陶器、漆器、仪仗车具、服章杂用和白灰枕等。该墓应是冯素弗妻属的墓葬。

大平房 1 号墓　方向 183°，墓圹情况不详，椁室用绿砂岩石块垒砌，白灰构缝，平面呈长方形，西壁前部向外砌出一耳室，顶部用石条搭盖。椁室长 2、宽 0.78、高 2.1 米（图 20）。该墓破坏严重，棺木及人骨情况不详。壁面及室顶抹草泥和白灰，其上绘壁画。色彩有朱红与黑两色，北壁及东壁残存小部分壁画，其中北壁有墓主夫妇像，东壁绘侍女、庖厨和牛（图 21）。耳室中的壁画不清。出土随葬品均为陶明器，有盆、盘、壶、果盒、洗、甑、釜、灶、井、磨、碓等。该墓形制、壁画和随葬品多与冯素弗墓有相似之处，年代亦应为北燕。

北庙 1 号墓　又称"沟门子壁画墓"，方向 182°[①]。墓室为石块垒砌而成，平面呈梯形，墓葬前宽后窄，长 2.85、南端宽 1.84、北端宽 1.28、高 1.5 米。墓门在南壁偏西侧，用石块封堵，前面有一段短甬道。墓顶用石条封盖，墓底为经过夯打的三合土（图 22）。墓葬中随葬两具木棺。其壁面抹白灰，以黑、红两色绘壁画，先用黑色勾画轮廓，再用红色点染或平涂。西壁绘牛耕，东壁残存墓主夫妇家居、女子汲水、庖厨、黑犬等，北壁绘墓主夫妇像、山林等（图 23）。随葬品不多，有金指环，银镯、钗、骨笄、陶罐等。该墓壁画与冯素弗墓相似，时代应为北燕。

---

① 据陈大为报告，该墓方向为 195°。

上述"三燕"墓葬数量较少，尚不足以进行分期。根据学者们对"三燕"墓葬的综合研究，已经初步断定了这些墓葬的年代，在此基础上我们对这些壁画墓的特征进行一些分析。

朝阳地区的壁画墓是鲜卑人和鲜卑化汉人的遗存，明显具有多种文化因素交融的特征，与辽东等地的魏晋壁画墓也有密切的联系。袁台子前燕墓利用石板、石条构筑墓室，更多地具有汉文化的色彩，其墓室结构明显地受同时期辽东墓葬的影响，数量较多的壁龛，似是辽东墓葬耳室发达的一种"遗制"。田立坤认为，慕容廆和慕容皝曾多次出兵辽东，并徙辽东大姓于大棘

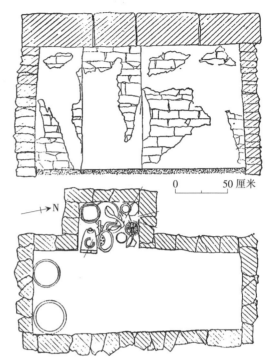

图20　朝阳大平房墓平、剖面图（采自《考古》1985年10期，页919）

图21　朝阳大平房墓东壁壁画（采自《考古》1985年10期，页920）

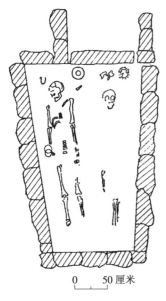

城，以袁台子壁画墓为代表的石板搭盖的石室墓可能就是辽东大姓的遗存①。在土圹中以石块垒砌石椁或墓室，是"三燕"墓葬的主要形制，具有鲜卑墓葬的特点，尤其流行于上层社会。尚晓波认为，以冯素弗墓为代表的梯形石椁墓应是受到地域相邻的高句丽积石墓的影响而产生的，同时也保留着当地梯形土坑竖穴墓的特点②。田立坤则否定这种影响的存在，认为在地表以上构筑墓圹或墓室、"积石为封"并流行火葬的高句丽墓与三燕墓葬的特征绝然不同③。以石块垒砌墓室，应是辽西的地方传统，梯形的平面受到属于慕容鲜卑的梯形土坑竖穴木棺墓的影响，而墓室中绘制壁画则是来自辽东的影响④。

这些墓葬的壁画不像辽东墓葬那样直接画在石头

图 22　朝阳北庙 1 号墓平面图（采自《考古》1985 年 10 期，页 922）

图 23　朝阳北庙 1 号墓壁画（采自《考古》1985 年 10 期，页 922、923）

---

① 田立坤：《三燕文化墓葬的类型与分期》，页 198。

② 尚晓波：《朝阳地区两晋时期墓葬类型分析》，页 353。因为北庙 1 号墓南壁有甬道，所以石块垒砌的四壁应视为墓室，而不宜看作椁室。

③ 田立坤：《三燕文化与高句丽考古遗存之比较》，页 328～341。

④ 田立坤：《三燕文化墓葬的类型与分期》，页 198、199。

表面，而是先抹草泥和白灰层再作画，更像中原砖室墓的做法。袁台子墓壁画使用的颜色较为丰富，而另外几座墓的壁画只使用红、黑两色，反映出不同时代的差别。这些壁画的内容明显受到辽东壁画墓的影响，继续流行墓主画像、庖厨等内容，但也出现了一些自身的特点，如袁台子墓的四神、狩猎，北燕墓的黑犬等内容都不见于辽东地区。

无论在辽东地区还是辽西地区，魏晋墓葬壁画的题材都继承了汉代墓葬壁画的一些特点，如墓主画像、车马出行、庖厨、房舍、星象等，都与东汉晚期河北、河南、山东等地的墓葬壁画有传承关系，反映出边疆地区和少数民族在接受汉文化时的滞后性。目前资料尚不够丰富，难以具体分析这些墓葬对于后来其他地区墓葬的影响，但从逻辑上讲，这种影响应当是存在的，如大同、洛阳北魏墓，乃至磁县、太原、济南等地北齐墓葬中所流行的墓主画像，很可能会受到这一地区墓葬壁画的影响。

二　西北地区

西北地区汉唐之间的壁画墓集中分布在河西走廊一带，在新疆吐鲁番也有少量发现，年代在曹魏至十六国时期。

西汉在河西置酒泉、武威、张掖、敦煌等郡，统于凉州，为十三刺史部之一。建安以后河西置为雍州。三国属曹魏，又统于凉州，晋因之。西晋覆亡后，河西一隅先后出现了汉族张氏前凉（301～376 年）、略阳氏族吕氏后凉（386～403 年）、河西鲜卑秃发氏南凉（397～414 年）、汉族李氏西凉（400～421 年）和卢水胡沮渠氏北凉（397～460 年），史称"五凉"。这些地方割据政权统治河西 160 年，439 年北魏破北凉（其余部后立国高昌，460 年为柔然所灭），凉州并入北魏版图。前凉、后凉、北凉全盛时，所辖地域包括西域、河西以及河湟流域，南凉则统辖河西东部与河湟地区，西凉统治张掖以西及西域的广大地域。河西地区正处于丝绸之路的枢纽，意义十分重要。

河西一带的壁画墓主要发现于酒泉和敦煌二郡。酒泉地区的发现主要有嘉峪关新城墓群、酒泉干骨崖古墓群、单墩子滩墓群、果园乡西沟墓群、佘家坝墓群、崔家南湾墓群、丁家闸墓群等[①]，其中以新城和丁家闸墓群最具代表性。新城墓群大约有上千座墓，1972～1979 年先后发掘了 10 座较大的墓葬，有 8 座带壁画，即新城 1、3、4、5、6、7、12、13 号墓。这些墓葬年代略有先后，其中 2 号墓出土有曹魏甘露

---

① 林少雄：《古冢丹青——河西走廊魏晋墓葬画》，页 4，兰州，甘肃教育出版社，1999 年。

二年（257 年）镇墓瓶。年代较晚的墓葬可以到西晋时期，不晚于 4 世纪初①。丁家闸墓群分为 7 处小墓群，总数 110 多座，时间大约为五凉时期，其中 1977 年发掘的 5 号墓是规模较大的一座壁画墓，可能属于西凉或北凉时期②。资料已发表的还有 1956 年发掘的酒泉下河清 1 号墓③、1971 年清理的下河清五坝河墓④、1972 年发掘的嘉峪关牌坊梁墓⑤、1973 年清理的崔家南湾 1、2 号墓⑥、1974 年清理的石庙子滩墓⑦、1993 年发掘的西沟 5、7 号墓⑧等。

位于敦煌城区东南的佛爷庙湾古墓群墓葬数量上万计，早在 20 世纪 40 年代就发现了翟宗盈墓等壁画墓⑨。1985 年在敦煌祁家湾发掘西晋至十六国时期的墓葬 117 座，均为规格较低的洞室墓，只在 301、310、369 号墓中发现三块画像砖⑩。该墓群的墓葬因为发掘数量较多，又出土了部分有纪年的镇墓瓶，可以作为其他墓葬断代的参考。1987 年在佛爷庙湾发掘 133 号壁画墓，1992 年该墓地发现有带题记的画像砖，1995 年再次进行发掘，又发现西晋壁画墓 5 座⑪，最近又有一座西晋壁画墓发现⑫。

永昌县东四沟⑬、武威旱滩坡、高台县骆驼城⑭也发现壁画墓，与新城墓群的年

---

① 甘肃省文物队、甘肃省博物馆、嘉峪关市文物管理所：《嘉峪关壁画墓发掘报告》，北京，文物出版社，1985 年；嘉峪关市文物管理所：《嘉峪关新城十二、十三号画像砖墓发掘简报》，《文物》1982 年 8 期，页 7 ~ 15。

② 甘肃省文物考古研究所：《酒泉十六国墓壁画》，北京，文物出版社，1989 年。

③ 甘肃省文物管理委员会：《酒泉下河清第 1 号和第 18 号墓发掘简报》，《文物》1959 年 10 期，页 71 ~ 76。该简报误将 1 号墓年代定为东汉，关于其年代的推断，详下文。

④ 张朋川：《河西出土的汉晋绘画简述》，《文物》1978 年 6 期，页 63。

⑤ 张朋川：《河西出土的汉晋绘画简述》，页 61 ~ 62。

⑥ 张朋川：《河西出土的汉晋绘画简述》，页 63 ~ 64。

⑦ 张朋川：《河西出土的汉晋绘画简述》，页 62。

⑧ 甘肃省文物考古研究所：《甘肃酒泉西沟村魏晋墓发掘报告》，《文物》1996 年 7 期，页 4 ~ 7。

⑨ 夏鼐：《敦煌考古漫记（一）》，《考古通讯》1995 年 1 期，页 2 ~ 8。

⑩ 甘肃省文物考古研究所戴春阳、张珑：《敦煌祁家湾西晋十六国墓葬发掘报告》，北京，文物出版社，1994 年。

⑪ 甘肃省文物考古研究所戴春阳主编：《敦煌佛爷庙湾西晋画像砖墓》，北京，文物出版社，1998 年。

⑫ 张瑞峰：《甘肃敦煌再次出土西晋画像砖》，《中国文物报》2001 年 8 月 19 日，2 版。

⑬ 张朋川：《河西出土的汉晋绘画简述》，页 62 ~ 63。

⑭ 张掖地区文物管理办公室、高台县博物馆：《甘肃高台骆驼城画像砖墓调查》，《文物》1997 年 12 期，页 44 ~ 51。

代接近。永昌、武威和高台分别属于武威和张掖郡，这些发现使壁画墓的分布范围更为扩大。

　　河西地区的发现以嘉峪关新城墓地、敦煌佛爷庙湾墓地和酒泉丁家闸 5 号墓最具有代表性。这些墓葬多聚族葬于戈壁滩上，地表残留有沙砾堆成的院墙，院墙内墓葬向左或向右斜排或横排，围墙开口处有两边用沙砾堆成的通道，类似中原墓地的神道。墓道回填后又堆培作垄埂，墓上有方锥形或圆形的封土，高度一般不超过 2 米。研究者将这种特色鲜明的茔域称为"坟院式茔域"①。这些茔域突显出家族的观念，同时也是再次开挖墓室进行二次葬的标记。

　　这些墓葬均有长斜坡墓道，墓门外拱券以上建有砖砌的门楼式照墙，照墙上装饰仿木结构的砖雕和彩绘画像砖。墓室绝大多数为砖室墓，流行多个墓室和耳室，墓室平面的边线略向外弧，前室与墓道之间、各墓室之间以及墓室与耳室之间，以券顶的甬道或通道相连接。墓室建好以后绘制壁画，除了丁家闸 5 号墓绘有通壁的大幅壁画外，其余为画像砖墓（图24）。画像砖的绘制步骤是先在砖面刷含胶性物质的白垩土作底，少数在涂白垩之前先涂一层带胶性的细黄土或直接画在砖面上，以土红起稿，以墨勾线，着以朱、赭石、浅赭、石黄、粉黄、灰、白，偶见石绿等色，还有极少量单绘墨线而不着色的画像砖。少数墓葬为土洞墓，只在墓室中放置单块画像砖或只在照墙上绘壁画。

图24　嘉峪关新城13号墓牛耕画像砖（采自《甘肃嘉峪关魏晋十二、
　　　　十三号墓彩绘砖》，页16）

---

①　徐苹芳：《中国秦汉魏晋南北朝时代的陵园和茔域》，《考古》1981 年 6 期，页 526～527。

根据墓葬的形制和壁画的形式，这些墓葬可分为四型（图 25）。

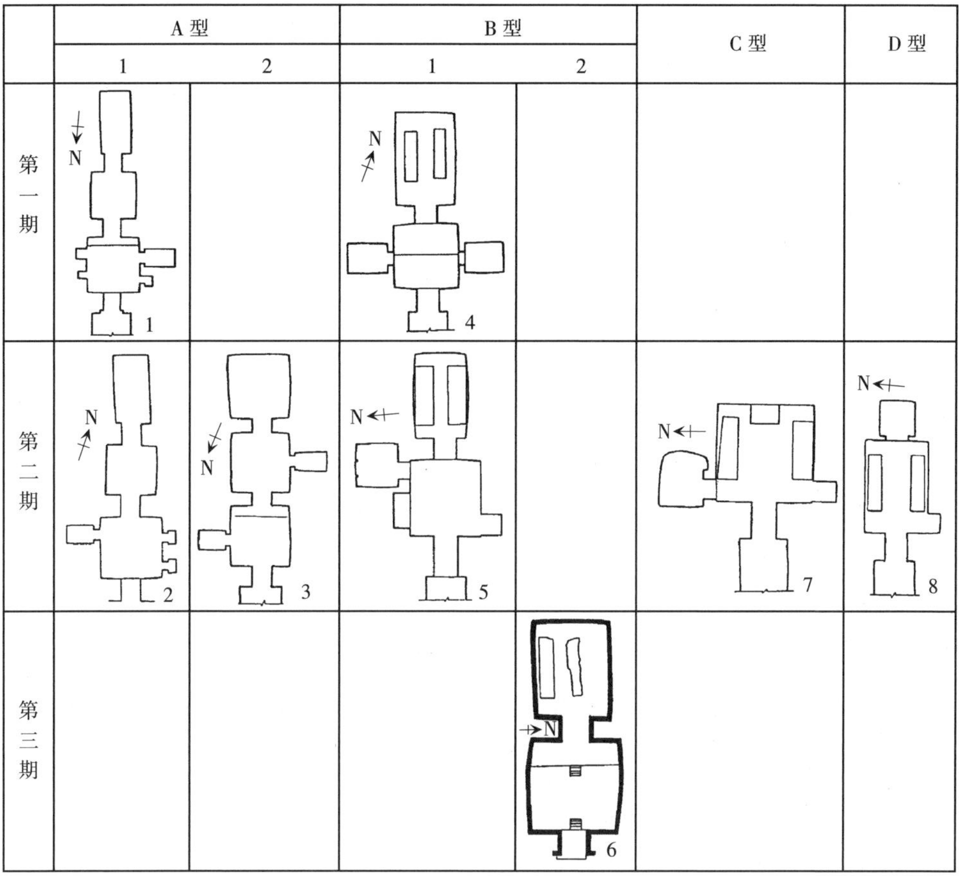

	A 型		B 型		C 型	D 型
	1	2	1	2		
第一期	1		4			
第二期	2	3	5		7	8
第三期			6			

图 25　河西壁画墓类型与分期（郑岩绘图）

1. 嘉峪关新城 3 号墓　2. 嘉峪关新城 6 号墓　3. 王霭墓　4. 段清墓　5. 敦煌佛爷庙湾 133 号墓
6. 酒泉丁家闸 5 号墓　7. 敦煌佛爷庙湾 37 号墓　8. 敦煌佛爷庙湾 118 号墓

A 型　三室墓。前、中室为盝顶，墓室平面接近正方形，前室左右两侧附设 1 ~ 4 个耳室。后室多为券顶，墓室平面为长方形；少数后室为盝顶，平面接近正方形。根据后室形制的差别，又分为两个亚型。

A1 型　后室为券顶的三室墓，属于该型的墓有嘉峪关新城 3、6 号墓（图 26）、酒泉西沟 5 号墓和酒泉下河清 1 号墓等。

新城 3 号墓　方向 351°。照墙上部残缺。前室四壁挑出三层半块砖，底部绘色条，象征屋檐和椽子。在东西壁第一层"屋檐"下，分别有 3 个假门，立砖做的门

图 26　嘉峪关新城 6 号墓胡人牵驼画像砖（采自《甘肃嘉峪关魏晋
　　　　六号墓彩绘砖》，页 26）

图 27　嘉峪关新城 3 号墓前室东壁画像（采自《中国出土壁画全集》
　　　　第 9 卷，页 57，图 57）

扉上绘铺首衔环。在东壁的假门旁有朱书"各内"二字（图 27）。前室南部砌有二
层台。东西壁各有两个耳室，耳室旁边有"牛马庵"、"车庑"、"炊内"、"臧内"等
朱书文字。在前室南壁西侧有一小门洞可通中室，嵌立砖为门扉，饰铺首衔环，旁
边有朱书"中合"二字。中室高度低于前室，东西各有一假门。中室与后室之间的

通道偏向一侧，后室高度较中室更低。墓室总长 12.12 米。前、中、后三室皆装饰画像砖。后室只有南壁有画像砖，绘侍女、绢帛、奁、丝束。中室四壁绘女主人和侍女、绢帛、奁、犊车、露车和庖厨等，主要描绘女性以及与女性活动有关的物品。前室绘士兵队伍、屯营、出行、耕种、收获、坞、家畜家禽、庖厨、奏乐等，主要描绘男性及其活动，农民中有部分为少数民族。照墙有砖雕的门阙、守门的牛首人身与鸡首人身神怪、多重斗栱、托举的力士、熊等，彩绘多已脱落，只在门阙上见有云纹。该墓被盗严重，可能为单人葬。随葬品只发现有铜削、帽钉、五铢钱，铁刀，石砚，陶龟、壶、罐、灯等。

A2 型 后室为盝顶的三室墓，属于该型的墓葬只有嘉峪关新城 7 号墓。

新城 7 号墓（王霅墓） 该墓方向 336°。照墙顶部已残，前中室结构与新城 3 号墓基本相同。前室东壁（图 28）向外开出一耳室，西壁有一假门，四角有一雕为兽头的砖探出，南壁东侧有一小洞通中室，东南角靠近二层台埋一瓮，象征水井。中室西壁向外开出一耳室，墓室四角也有一雕为兽头的砖探出。后室为盝顶，平面呈正方形。墓室总长 11.26 米。前、中、后三室皆装饰画像砖。后室只有南壁有画像

图 28　嘉峪关新城 7 号墓前室东壁画像（采自《甘肃嘉峪关魏晋七号墓彩绘砖》，页 1）

砖，绘绢帛、筐、丝束等。中室四壁绘墓主夫妇及宾客宴饮、六博、奏乐、侍女和庖厨，以庖厨内容的画像砖数量最多，主要描写家内生活。前室绘墓主宴饮、出行、耕种、畜牧、狩猎等，主要描写户外活动。照墙有砖雕的门阙（无阙顶）、守门的牛首人身与鸡首人身神怪、多重斗栱、托举的力士、熊等，彩绘多已脱落。该墓为 4 人合葬墓，中室与后室各置两具棺。已被盗，所发现的随葬品有金叶、钱形饰件、梳形饰件、三瓣形饰件，银顶、环、戒指，铜双耳罐、弩机郭、俑、兽尾、铺首、镶边、镶角、钗、顶针、环、扣、帽钉、半两钱、五铢钱，铁镜，石印章、砚，陶瓮、盆、罐、小罐、壶、樽、钵、甗、仓、灶、井等，其中印章文曰"王霱印信"，应为墓主的私印。

B 型　二室墓。前室多为盝顶，少数为穹隆顶，墓室平面接近正方形，前室左右两侧多附设耳室，少数无耳室。后室多为券顶，少数为盝顶，墓室平面为长方形。根据壁画形式的差别，又分为 2 个亚型。

B1 型　装饰画像砖的二室墓，前室有 0～4 个耳室，属于该型的墓葬有嘉峪关新城 1、4、5（图 29，又见图 163、164、165、166、167、168、169、170）、8、12、13号墓、酒泉西沟 7 号墓、敦煌佛爷庙湾 133 号墓等。

新城 1 号墓（段清墓）

方向 340°。该墓照墙较为完整，顶部基本与地面齐平，高 4.2、宽 1.6 米。前室东西壁分别有一较高大的耳室，东壁北端和西壁南端各有一个假门，墓室四角探出一雕为兽头的砖，墓壁东南角有一灯台，南壁西侧有一小洞通后室，靠近墓室南部二层台的东南角埋一瓮。后室为盝顶。墓室总长 8.64米。前后室皆装饰画像砖。

图 29　嘉峪关新城 5 号墓照墙画像（采自《甘肃出土魏晋唐墓壁画》，页 51）

后室南壁绘侍女、绢帛、丝束、蚕茧、衣架等。前室南壁东侧、东壁、北壁东侧绘庖厨、侍女进食等内容，其中南壁东侧一砖上绘墓主像（见图189），有"段清"、"幼絜"题记，应为墓主的姓名与字。南壁西侧、西壁、北壁西侧绘宾主宴饮、女主人出游、狩猎、坞、耕种、收获、畜牧等内容，其中南壁西侧有女宾主像，与东侧段清像相对应，西壁画像中有"畜牧"、"井饮"、"坞"等题记。照墙下部砖雕有门阙、守门的牛首人身与鸡首人身神怪、雷公、兽、力士等形象，中部有5层斗栱，上部雕有四排凸出的圆形，顶部用两层侧砖砌成横"人"字形。照墙上的彩绘已脱落。后室置两具棺，左为女棺，右为男棺，棺盖内面均有朱绘人首蛇身的伏羲、女娲与云气纹（见图196、197）。该墓已被盗，所发现的随葬品有金叶、梳形饰，铜弩机郭、削、钗、刀、盘、半两钱、五铢钱，铁镜，骨管，陶瓮、盆、罐、壶、甑、仓、井等。其中陶壶上有"甘露二年"朱书镇墓文。

佛爷庙湾133号墓　方向275°。该墓墓道为长斜坡带台阶式。照墙顶部基本与地面平齐，有一拱顶。前室为盝顶，平面接近正方形，顶部正中内凹。四角有兽首砖[1]。北壁东端有一耳室，西端有一壁龛，南壁西端亦有一壁龛。耳室北壁以突出的砖隔出橱阁三层，下部设灶台。后室为盝顶，平面呈长方形，地面较前室高，高度较前室低。墓室总长8.36米。墓室内画像砖较少，只在前室西壁南北两端有仓廪和表现收获的画像砖。前室顶部藻井绘莲花。北壁壁龛北壁抹草泥，表面涂白垩，彩绘一帷帐，其脊两端各绘一鹦鹉，底部两端各有一龟，帷帐下无人像（图30）。照墙装饰华美，下部有砖雕的立柱与斗

图30　敦煌佛爷庙湾133号墓北壁壁龛及帷帐壁画（采自《敦煌佛爷庙湾西晋画像砖墓》，图版12）

---

[1] 发掘报告认为是灯台。

图 31　敦煌佛爷庙湾 133 号墓照墙仿木阙门（采自《敦煌佛爷庙湾西晋画像砖墓》，图版 15.1）

栱，中央的立柱雕为蹲熊的形象，其上方横枋上有一"胜"。这组砖雕周围的画像砖有兽面、青龙、白虎、俞伯牙、钟子期（见图 246）、骑士射虎、鸟等。中部有上下9 排画像砖，每排 4 块，为各种祥瑞图像（详见第五部分的讨论）。上部有一假门，门扉上绘双虎，两侧有立柱，假门上部有一菱形纹小窗，窗两侧绘牛首人身和鸡首人身的神怪。外侧有一对阙，阙身上绘拥彗的男子和执勺的女子（图 31，又见图177）。后室葬两人，头向墓门，北侧为男性，南侧为女性，均有泥沙筑成的棺床，尸体罩有棺罩。男墓主身旁随葬石砚、毛笔等文具，女墓主随葬漆奁、铁镜、铜戒指、料珠项链、陶钵、陶耳杯、五铢钱等。两墓主葬具间置陶盘。前室随葬银马衔、马镳，陶灯。北壁龛供台铺草席，置陶盘。供台前地面上有陶盘、耳杯、碟等祭器。南壁龛有草编筐和草编牛。耳室中有各种庖厨器具。

B2 型　墓室内装饰通壁壁画的二室墓，属于该型的墓葬只有酒泉丁家闸 5 号墓（见图 176）。

丁家闸 5 号墓　该墓方向 92°。墓门以上有 0.8 米高的照墙。前室为盝顶，平面接近正方形，西部设二层台，东部形成一低坑，前后各有 5 层台阶。无耳室。后室为券顶，平面为长方形。墓室总长 8.64 米。后室后壁、前室四壁及墓顶、照墙和墓门等部位施草泥，再抹一薄层黄色泥皮，其上绘壁画。后室后壁以赭石色带为界上下

分为3层，第一层绘云气。第二层绘奁、盒、弓箭、麈尾、便面、圆形物。第三层绘
丝束与绢帛。前室室顶绘莲花。顶坡与四壁以赭石色带分为上下5层，其中第一、
二层为墓顶四披。第一层无图像。第二层描绘天的图像，四面上部各有一倒悬的龙
首，中央绘神仙与祥瑞等，底部绘山峦，其中东披绘太阳、东王公，日中有金乌
（见图180）；西披绘月亮、西王母，九尾狐、三足乌，月中有蟾蜍（见图183）；南
披绘神鹿、玉女，山峦间绘各种动物，一山峰顶部有一山洞，洞中一老者牵网捕鸟
（见图181）；北披绘神马（见图182）。第三层西壁绘墓主欣赏乐舞（图32）；其余
三壁绘成排的树木、坞、牛耕、扬场、羊群、鸡群，其中北壁西侧绘一通幔车。第
四层上下均绘成排的小树，西壁北侧绘牛车出行，南侧绘4辆独轮车和4人；南壁中
央绘一大树，树上有猴、鸟，树下有平台，台上一裸体女子执帚扫除（图33），东侧
端绘坞、扬场，其余部位绘树林；北侧绘坞、园圃、树林、鸡群、采桑、屠宰等；
东壁南侧绘牛群，北侧绘庖厨，门道两侧各绘一守门犬（图34、35、36、37）。第五
层在东壁南北两角、南北壁二层台下各绘一龟，北壁的龟前绘房屋。照墙上的彩绘
不清，墓门绘卷草。该墓早期被盗，扰乱严重。后室3具骨架，中为男性，左右为女
性，头向墓门。中间和南侧骨架有棺垫、木棺和白灰脚垫痕迹，北侧骨架无木棺和
棺垫痕迹。随葬品有金叶片，漆盒，铜马残蹄、削、簪、镰、饰件、半两钱、货泉、
五铢钱、小五铢钱，铁镜，陶壶、盆、罐、井、甄等。

图32　酒泉丁家闸5号墓西壁画像（采自《酒泉十六国墓壁画》，原书图版无页码及编号）

图 33   酒泉丁家闸 5 号墓南壁大树画像（采自《酒泉十六国墓壁画》，原书图版无页码及编号）

C 型   单室墓。盝顶，平面接近正方形，左右两侧附设耳室，属于该型的墓葬有敦煌佛爷庙湾 37、39 号墓等。

佛爷庙湾 37 号墓   方向 270°。照墙不完整（图 38，又见图 178）。墓室结构与佛爷庙湾 133 号墓前室接近，在四角发券处有凸出壁面的烛台。北壁前部设耳室，呈不规则形，南壁与之相对设壁龛。东壁以下设一供台。墓室总长 4.78 米。墓室内壁画较简单。供台以上东壁正中涂垩，彩绘帷帐，正脊两端各有一鹦鹉。墓室四角的烛台彩绘兽面。四壁上部中央各嵌一绘卧羊的画像砖。西壁门洞两侧有两排画像砖，上排为仓廪，下排绘收获粮食入仓等内容（见图 172、173、174）。墓顶嵌莲花纹方砖（见图 192）。照墙的装饰与佛爷庙湾 133 号墓照墙相似，但不见俞伯牙、钟子期、青龙、白虎等画像砖。墓室未被盗，葬有两人，均设青砖搭摆的棺台，棺台上置木棺，棺内尸骨北侧为男性，南侧为女性，均头向墓门。北侧棺内随葬铜镜、钗、石砚、铁凿、木杖，周身撒五铢钱80 枚。棺盖板上置陶钵与履，插一木棍，上悬锦囊。南侧棺内随葬银镯，料珠项链，铜钗、铁镜、剪、漆奁、锦囊、木梳、木片，周身撒五铢钱 44 枚。棺盖板上置陶钵、罐、竹筒与履，亦插一木棍，上悬锦囊。依棺南侧斜树一木棍，悬一帛画，画上可辨有蟾蜍形象，应为铭旌。两棺后部横搭一帐杆，挂素纱帷幔。墓室中部放置漆耳杯，铜

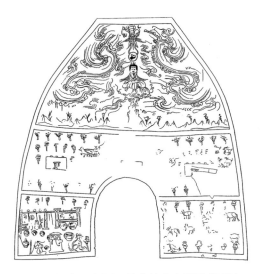

图34 酒泉丁家闸5号墓前室东壁及墓顶东披壁画（采自《酒泉十六国墓壁画》，页12）

图35 酒泉丁家闸5号墓前室南壁及墓顶南披壁画（采自《酒泉十六国墓壁画》，页13）

图36 酒泉丁家闸5号墓前室西壁及墓顶西披壁画（采自《酒泉十六国墓壁画》，页14）

图37 酒泉丁家闸5号墓前室北壁及墓顶北披壁画（采自《酒泉十六国墓壁画》，页15）

灯、壶，陶壶、盘、碗、碟、钵、耳杯等。耳室内以砖搭摆灶台，出土铜餐叉，铁釜，陶樽、罐、盆、甑等。壁龛内置彩绘木俑3件。

D型 土洞墓，只在照墙上装饰画像砖，属于该型的墓葬有敦煌佛爷庙湾91、118、167号墓，其中91、167号墓已坍塌，只出土照墙上的部分画像砖，墓室形制不详。

图38　敦煌佛爷庙湾37号墓照墙仿木结构（采自《敦煌佛爷庙湾
　　　　西晋画像砖墓》，图版4.1）

佛爷庙湾118号墓　方向265°。墓道近墓门处有一天井。照墙不完整。甬道以砖券固。前室顺甬道掏挖，盝顶，呈长方形。南壁前端有一壁龛，后壁有一平面呈正方形的耳室，耳室西北角搭一灶台，灶台东侧有一砖案。墓室总长5.64米。照墙砖雕结构与佛爷庙湾133号墓相同，下部斗栱周围的画像砖绘有兽面、虎、鸟、兔、青龙、白虎等，上部装饰三层画像砖，每层三块，多为祥瑞内容。墓室中有沙砾与碎陶片铺垫的棺床，棺床上置泥枕，尸骨与葬具已朽，北侧墓主随葬石砚，南侧墓主随葬铜钗，两棺床均撒有五铢钱。北侧墓主棺床前置陶直口罐、鸡腿罐。随葬品主要放置在耳室中，有陶盆、罐、釜、樽、甑、盘、碗、钵、耳杯、灯等。

　　河西魏晋墓还有一种特殊的装饰形式，即在墓室顶部和四壁以墨和白色涂绘菱形、折线和条带图案。这种装饰见于武威南滩1号墓①、管家坡3号墓（图39）②、嘉峪关观蒲9号墓③，其中观蒲9号墓还在这些图案上洒满墨水点。有的研究者认为

①　武威地区博物馆：《甘肃武威南滩魏晋墓》，《文物》1987年9期，页87~93。

②　刘敦桢主编：《中国古代建筑史》，页59，北京，中国建筑工业出版社，1986年。该墓原定为汉代墓，从形制和装饰风格来看，应是魏晋墓。

③　甘肃省博物馆：《酒泉、嘉峪关晋墓的发掘》，《文物》1979年6期，页1~16。

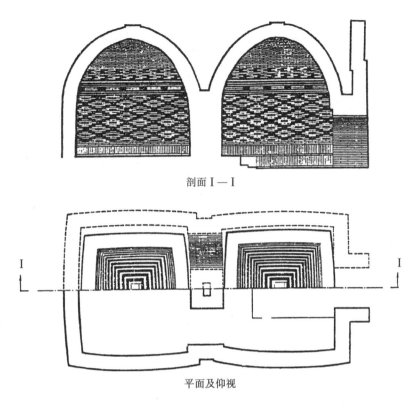

剖面 I—I

平面及仰视

图39　武威管家坡3号墓平、剖面图（采自《中国古代建筑史》，页59）

这类几何图案是壁画的雏形①，但无论从内容还是从形式来看，都难以将二者联系起来。这种形式的图案装饰最早见于武威雷台东汉墓②，应有其独特的发展途径。张小舟认为其年代较早，应在东汉献帝至曹魏时期，几何纹样象征丝织品壁衣③。这些图案是否有某种寓意，由于材料太少，故暂存而不论。此外，敦煌祁家湾301、310、369号墓各出土画像砖一块，绘墓主人像，立在墓室正壁下④。

根据上文对于河西地区壁画墓的类型划分，结合壁画与随葬品的特征，可以将这些墓葬分为三期。

第一期包括A1、B1型墓。该期墓葬主要分布在酒泉、嘉峪关一带，比较典型的

---

① 武威地区博物馆：《甘肃武威南滩魏晋墓》，页93。

② 甘肃省博物馆：《武威雷台汉墓》，《考古学报》1974年2期，页90，图版1、2。

③ 张小舟：《北方地区魏晋十六国墓葬的分区与分期》，页30~31。

④ 甘肃省文物考古研究所戴春阳、张珑：《敦煌祁家湾西晋十六国墓葬发掘报告》，页139、140。

是嘉峪关新城墓地发掘报告所划分的第一组墓葬①，此外新城 3 号墓可能也属于该期。这些墓葬的地方特征明显，墓葬形制以带长斜坡墓道的二室墓与三室墓为特征，墓室内装饰大量画像砖，照墙的装饰相对比较简单。随葬品大多放在前、中室。前室左右壁大多开有耳室，新城 3 号墓耳室的朱书文字，明确说明了这些小龛的象征意义。这些墓葬明显带有当地与中原东汉墓葬的遗风。嘉峪关新城 1 号墓出土的陶壶上有"甘露二年"（257 年）朱书镇墓文。该墓形制与 1956 年在洛阳涧西发掘的曹魏正始八年（274 年）墓②的结构相一致。根据这一发现，可以大致将该期的年代定为曹魏。

第二期包括 A1、A2、B1、C、D 型墓。在酒泉、嘉峪关地区，该期墓葬与第一期联系紧密，墓葬形制有许多共同之处，仍流行二室墓和三室墓，但出现了许多打破砖缝界限画幅较大的壁画，随葬品也有新的变化，6 号墓出土的双耳绛釉小壶是典型的西晋时期的器物。敦煌佛爷庙湾墓地所发现的墓葬基本上都属于该期，这些墓葬以单室墓为主，墓室内的画像砖大大简化，而照墙的装饰更加繁缛。D 型墓后壁的耳室很明显是二室墓后室"退化"的遗型，由此可以窥见佛爷庙湾墓地与新城等墓地的联系。此外，就画像的题材而言，二者的联系也十分密切。这批墓葬多未被盗，所出土的棺罩、帛画等极有特点，而敦煌祁家湾土洞墓中流行的斗瓶不见于该墓地，这一方面可能反映了墓葬等级的差别，同时也可能与家族文化传统有关。佛爷庙湾报告将这批墓葬的随葬品与祁家湾墓地进行了比较，认为其年代相当于祁家湾一期一段。根据祁家湾墓地出土斗瓶的纪年，这一段的年代为西晋时期③。这一结论是可信的。

第三期包括 B2 型墓。属于该期的酒泉丁家闸 5 号墓为二室墓。该墓的形制和壁画题材总体上仍与前两期的墓葬比较一致，前室壁画上下分栏，也保留了当地画像砖墓的构图特征。但壁画演化为通壁式，表现出新的时代特征和不同的等级规格，其年代应晚于新城墓地，原报告将其年代定在 4 世纪末到 5 世纪中叶的后凉至北凉之

---

① 甘肃省文物队、甘肃省博物馆、嘉峪关市文物管理所：《嘉峪关壁画墓发掘报告》，页 70~74。

② 李宗道、赵国璧：《洛阳 16 工区曹魏墓清理》，《考古通讯》1958 年 7 期，页 51~53；洛阳市文物工作队：《洛阳曹魏正始八年墓发掘报告》，《考古》1989 年 4 期，页 313~318。

③ 甘肃省文物考古研究所戴春阳主编：《敦煌佛爷庙湾西晋画像砖墓》，页 100~103。

间，应基本无误。

就河西魏晋壁画墓的总体特征来看，地域的差异大于时代的差别。在同一区域内，不同时代墓葬往往表现出较强的一致性，而不同区域之间的差别则比较明显。大致说来，酒泉一带的墓葬流行二室墓和三室墓，敦煌地区则以单室墓为主；酒泉地区的壁画以墓室内最为丰富，照墙的彩绘比较简单，而敦煌地区的墓葬则以照墙装饰最为复杂，墓室内的壁画则比较少。河西的墓葬均为聚族而葬，因此同一区域内不同时代的墓葬的一致性在很大程度上也反映出家族传统的强大。

关于河西地区壁画墓的题材以及所反映的历史问题，第五部分还将作进一步的讨论。

新疆地区壁画墓的材料较少，集中在吐鲁番盆地高昌古城附近的阿斯塔那与哈喇和卓两处墓地。早在1915年，斯坦因（Aurel Stein）就在新疆吐鲁番阿斯塔那发掘过4座十六国时期的壁画墓①。1975年又在吐鲁番哈喇和卓发现5座北凉时期的壁画墓，即94～98号墓（75TKM94～98）②。

哈喇和卓94～98号墓 这几座墓聚族而葬，为在砂砾石上开挖的洞室墓，有斜坡墓道，墓室呈方形，覆斗顶。墓室后壁绘有壁画，除了95号墓壁画保存不好，其余壁画均比较完整。做法是先在砂砾石面上涂泥，再施一层白灰，然后在白灰上作画。这些壁画一般由几个小幅的画面组成，四周以墨线勾框，分为数格，表现墓主庄园生活。其中94号墓绘牛耕。96号墓壁画由5个小画面组成，分别描绘墓主、女侍、男仆、田地、花树以及磨、炉灶等器具。97号墓壁画由6个小画面组成，表现了男女主人、侍女、骆驼、马、牛车、果树、田地、弓箭、炉灶以及日月等（图40）。98号壁画由5个小画面组成，内容与97号墓相似，其中的藤蔓植物似为葡萄（见图190）。墓中葬具为木棺，随葬品主要为木器和丝织品，包括各种木俑和有"代人"二字朱书的木牌。墓中出土有大量汉文文书，根据年号可以确定其时代为北凉。

① Aurel Stein: *Innermost Asia*, Oxford, Oxford Clarendon Press, 1928, vol. 2, p. 631, pp. 660–661；孟凡人：《吐鲁番十六国时期的墓葬壁画和纸画略说》，赵华编：《吐鲁番古墓葬出土艺术品》，页1～9，乌鲁木齐，新疆美术摄影出版社、新西兰霍兰德出版有限公司，1992年。

② 新疆博物馆考古队：《吐鲁番哈喇和卓古墓群发掘简报》，《文物》1978年6期，页1～14。一说新疆在中华人民共和国成立后发现晋至十六国壁画墓6座，但详细材料未发表。见新疆社会科学院考古研究所《新疆考古三十年》，乌鲁木齐，新疆人民出版社，1983年。

图40　吐鲁番哈喇和卓97号墓壁画（采自《中国美术全集·绘画编12·墓室壁画》，图版52）

图41　吐鲁番阿斯塔那13号墓出土纸画（采自《中国美术全集·绘画编1·原始社会至南北朝绘画》，图版92）

斯坦因发掘的阿斯塔那4座墓葬中，壁画内容主要也是墓主人生活的场面，但未见图版发表。这些壁画多绘在墓室后壁，其中第二区2号墓（Ast·ii·2）壁画绘于后壁，画面横分为四栏，绘墓主、鞍马、牛车和植物。第六区1号墓（Ast·vi·1）壁画位于后壁，绘墓主、牛车和骆驼。第六区4号墓（Ast·vi·4）后壁绘墓主夫妇及三名侍女，左壁绘庖厨和牛、马、羊、骆驼等家畜，右壁绘树木、牛车和骆驼，墓门两侧各绘一狮子状的镇墓兽。

这些墓葬的形制与河西相同，壁画内容与河西壁画墓比较一致，绘画风格较为粗率。

　　此外斯坦因在阿斯塔那墓地第二区 1 号墓（Ast·ii·1）和第六区 3 号墓（Ast·vi·3）还曾发现两张纸画，绘墓主、庖厨、田地、牛车等内容。类似的纸画 1964 年在该墓地 13 号墓还发现一例①（图 41）。这些纸画的年代可能在西晋至十六国时期。有研究者认为这些纸画是壁画的粉本或草图②，亦有人认为只是一种随葬品③。但不管怎样，这些纸画的内容与壁画联系密切，所反映的观念是比较一致的，也是研究当地绘画艺术难得的材料。

---

① 新疆维吾尔自治区博物馆：《新疆出土文物》，北京，文物出版社，1975 年。

② 王素：《吐鲁番晋十六国墓葬所出纸画和壁画》，《文物天地》1992 年 4 期，页 28；王素：《吐鲁番出土〈地主生活图〉新探》，《文物》1994 年 8 期，页 90。

③ 孟凡人：《吐鲁番十六国时期的墓葬壁画和纸画略说》，页 5。

三 南方地区

南方地区在三国时期归属孙吴和蜀汉，经历西晋短暂的统一以后，又为东晋和宋、齐、梁、陈所统治。该地区的壁画墓集中分布在长江中下游，以及河南、湖北、浙江、福建、云南、四川、贵州、重庆等地，主要为砖室墓，其壁画以模印砖壁画为主，彩绘壁画较少，另有少量装饰画像石的石室墓、崖墓。

（一）南京地区的东晋南朝壁画墓

长江下游以江苏南京为中心，墓葬资料最为丰富，壁画墓的发现也以该区最多。南京古为六朝都城，一些高等级的墓葬集中在该地区。这些墓葬均为砖室墓，大墓多装饰模印拼镶砖壁画，部分中型墓葬也带有壁画。比较重要的有 1957 年清理的南京万寿村东晋永和四年（348 年）墓①、1960 年发掘的南京西善桥宫山墓②、1961～1962 年发掘的南京西善桥油坊村墓③、1965 年发掘的江苏丹阳鹤仙坳墓④、1968 年发掘的丹阳建山金家村墓⑤、1968 年发掘的丹阳胡桥吴家村墓⑥、1972 年清理的江苏

---

① 南京市文物保管委员会：《南京六朝墓清理简报》，《考古》1959 年 5 期，页 231～236。

② 南京博物院、南京市文物保管委员会：《南京西善桥南朝墓及其砖刻壁画》，《文物》1960 年 8、9 期合刊，页 37～42。

③ 罗宗真：《南京西善桥油坊村南朝大墓的发掘》，《考古》1963 年 6 期，页 290～300。

④ 南京博物院：《江苏丹阳胡桥南朝大墓及砖刻壁画》，《文物》1974 年 2 期，页 44～56。

⑤ 南京博物院：《江苏丹阳胡桥、建山两座南朝墓葬》，《文物》1980 年 2 期，页 1～17。

⑥ 南京博物院：《江苏丹阳胡桥、建山两座南朝墓葬》。

镇江南郊畜牧场二七大队东晋隆安二年（398 年）墓①、1976 年清理的江苏常州戚家村墓②、1978 年清理的南京铁心桥王家洼墓③、1978 年清理的江苏邗江 1、2 号墓④、1984 年清理的常州田舍村墓⑤、1987 年清理的南京油坊桥贾家凹墓⑥和 1994 年清理的江苏六合樊集墓⑦等。根据墓葬形制和壁画的内容，这些墓葬可以分为四型（图 42）。

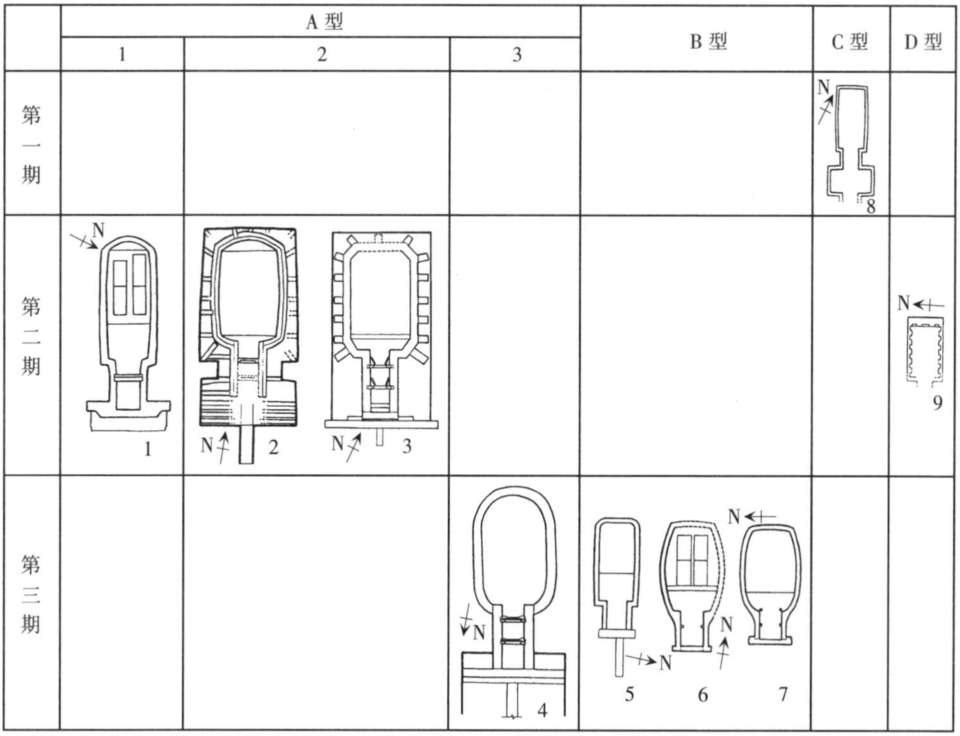

	A 型			B 型	C 型	D 型
	1	2	3			
第一期					8	
第二期	1	2	3			9
第三期			4	5 6 7		

图 42 南京地区壁画墓类型与分期（郑岩绘图）

1. 南京西善桥宫山墓 2. 丹阳鹤仙坳墓 3. 丹阳胡桥吴家村墓 4. 南京西善桥油坊村墓
5. 邗江包家 1 号墓 6. 常州戚家村墓 7. 常州田舍村墓 8. 镇江畜牧场二七大队墓
9. 南京油坊桥贾家凹墓

① 镇江市博物馆：《镇江东晋画像砖墓》，《文物》1973 年 4 期，页 51～57。

② 常州市博物馆：《常州南郊戚家村画像砖墓》，《文物》1979 年 3 期，页 32～41。

③ 姚迁、古兵：《六朝艺术》，图版 224～233，北京，文物出版社，1981 年。

④ 扬州博物馆：《江苏邗江发现两座南朝画像砖墓》，《考古》1984 年 3 期，页 243～248、263。

⑤ 常州市博物馆、武进县博物馆：《江苏常州南郊画像、花纹砖墓》，《考古》1994 年 12 期，页 1097～1103。

⑥ 南京博物馆：《南京油坊桥发现一座南朝画像砖墓》，《考古》1990 年 10 期，页 898～902。

⑦ 王志高、蔡明义：《六合县樊集画像砖墓》，中国考古学会编：《中国考古学年鉴 1995》，页 142～143，北京，文物出版社，1997 年。该墓只出土侍女画像砖两种，其余为花纹砖，详细资料未发表。

A 型　装饰模印拼镶砖画的大型墓。这些大墓的选址讲究风水，葬地具有"背倚山峰，面临平原"的特点①，多聚族而葬。有的墓葬地上还保留有神道石刻。墓葬在山坳间开圹，以砖砌筑，上覆封土。墓葬总平面呈"凸"字形，由墓室、甬道和墓道三部分组成。甬道前有封门墙，设一至两重石门，半圆形的门额上浮雕出人字栱。墓室平面大致呈长方形，长度在 6.85~10 米之间，在不同时期其细部结构又有所变化。墓室内外均有阴井、排水沟等设施，以保证墓室内的干燥。甬道或墓室两壁装饰大幅的拼镶砖画②，在拼镶砖画以外的壁面大都装饰花纹砖，主要为莲花和各种几何图案。该型墓葬包括南京西善桥宫山墓、丹阳鹤仙坳墓、丹阳建山金家村墓、丹阳胡桥吴家村墓和西善桥油坊村大墓，根据壁画的内容又可以分为三个亚形。

A1 型　只在墓室内装饰竹林七贤与荣启期拼镶砖画的墓葬，属于该型的墓葬仅有南京西善桥宫山墓一座。

南京西善桥宫山墓　该墓方向 70°，总长 8.95 米，甬道长 1.49 米，外有一道封门墙，设一道石门。墓室壁略向外弧，左右两壁前部砌有两个假棂窗和灯龛，后壁有一灯龛，券顶，长 6.85、宽 3.1、高 3.45 米。墓室中后部有砖砌的棺床。南北两壁装饰大幅的竹林七贤与荣启期拼镶砖画，长 240、高 80 厘米。根据题记，南壁由外而内依次为嵇康、阮籍、山涛、王戎四人，北壁由外而内依次为向秀、刘灵（刘伶）、阮咸、荣启期四人，画面两端和每个人物之间均有一树（图 43，又见图 229、230、245）。该墓被盗严重，出土随葬品较少，主要有玉环、铜镜、青瓷瓶、青瓷碗、陶俑、陶马、陶犀牛，以及部分陶质器皿等。

A2 型　除了装饰竹林七贤与荣启期画像外，还有其他内容的大幅拼镶砖画墓，属于该型的墓葬有丹阳鹤仙坳墓、丹阳建山金家村墓、丹阳胡桥吴家村墓。

丹阳鹤仙坳墓　方向 157°，墓前尚存一对石兽。两道封门墙，甬道长 2.9 米，设两重石门。墓室四壁明显外弧，穹隆顶。长 9.4、宽 4.9、高 4.35 米。墓室与墓圹之间有多道护墙，墓底有排水设施。甬道被破坏，发现有带"狮子"题记的残砖，可知原有狮子拼镶砖画。墓室东壁大部已残，仅后部下方发现骑马鼓吹拼镶砖画，

---

① 罗宗真：《六朝考古》，页 81，南京，南京大学出版社，1994 年。

② 关于拼镶砖画的技术特征和源流的讨论，见杨泓《东晋、南朝拼镶砖画的源流及演变》，文物出版社编辑部编：《文物与考古论集》，页 217~227，北京，文物出版社，1986 年。

图 43　南京西善桥宫山墓竹林七贤与荣启期拼镶砖画像（采自
《六朝艺术》，图版 162、163）

长 65、宽 40 厘米，砖侧阴刻"左家傄……"。其上方残存竹林七贤与荣启期壁画的
一小部分，残长 75、高 30 厘米，砖侧阴刻"嵇下行……"。西壁后部已残，前部中
间有一大幅白虎画像，残长 230、高 90 厘米，砖侧阴刻"大虎……"等文字。该画
下方有三组画像，自外而内第一组为甲骑具装，长 35、高 35 厘米，砖侧阴刻"右具
张……"等文字；第二组为立戟侍卫，长 15、高 35 厘米，砖侧阴刻"右立戟……"
等文字；第三组为执伞盖仪仗，长 30、高 35 厘米，砖侧阴刻"右散讯……"等文
字。再向后的部分残缺。墓砖中还发现"朱雀"的砖刻文字。在调查该墓时，还曾
采集到玄武龟背花纹带"玄武"题字的碎砖①。该墓被破坏，随葬品发现很少，出土
有金饰件、玉围棋子、琥珀饰件、水晶饰件、玛瑙饰件、高约 90 厘米的大型石俑两
件、陶俑、铁刀、铁剑，以及部分青瓷和陶质器皿。

　　丹阳建山金家村墓　方向 176°，墓前尚存一对石兽。甬道长 5.2 米。一道封门

---

① 林树中：《江苏丹阳南齐陵墓砖印壁画探讨》，《文物》1977 年 1 期，页 65。

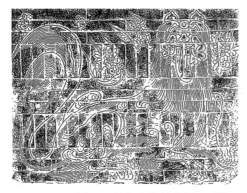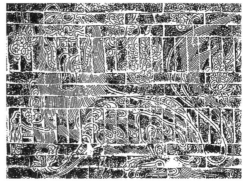

图44　丹阳金家村墓狮子画像（采自《六朝艺术》，图版201、202）

墙，两重石门。门额人字栱周围阴刻龙凤图案。墓室平面为抹角长方形，穹隆顶，长8.4、宽5.17、残高5.3米。左右两壁和后壁均砌有两个假棂窗和灯龛。甬道口发现彩绘壁画，为龙凤等内容。墓内发现较多的拼镶砖画。甬道两壁为蹲伏的狮子（图44）和手扶长刀的披铠武士（图45），顶部为太阳与月亮，太阳中有三足乌，月亮中有桂树和玉兔，侧面有"小日"、"小月"砖文（图46）。墓室两壁砖画分为上下两栏，上栏前段东侧为青龙，西侧为白虎（图47），砖文分别为"大龙"、"大虎"，龙虎前面各有一仙人手持仙草引导（图48），龙虎上方各有3位飞翔的"天人"手捧仙果或丹鼎（见图237）相随，每幅画面宽240、高94厘米。上栏后段为竹林七贤与荣启期画像，构图与人物形象大体与西善桥墓竹林七贤与荣启期画像一致，细部有所改动，题记多错乱，东壁由外向内第一人形象为向秀，题记误为"王戎"；第二人形象为刘伶，题记误为"山司徒"；第三人形象为阮咸，题记为"阮咸"；第四人形象为荣启期，题记为"荣启期"。西壁由外向内第一人形象为嵇康，题记为"嵇康"；第二人形象为阮籍，题记误为"刘伶"（见图249）；第三人形象为山涛，题记为"山涛"；第四人形象为王戎，题记误为"阮步兵"①。两壁下栏每侧各有四幅画像组成的仪卫卤簿（图49），由外向内依次是甲骑具装，

---

① 原报告第6页的叙述顺序与图版所见人物次序相矛盾，对照南京西善桥宫山墓砖画中人物的排列次序和南京博物院《试谈"竹林七贤及荣启期"砖印壁画问题》一文所附西善桥宫山、胡桥吴家村、建山金家村三墓的对照表（《文物》1980年2期，页19），可知原报告误将"东""西"颠倒。此外，该页左栏第十行"阮籍"误为"阮咸"。

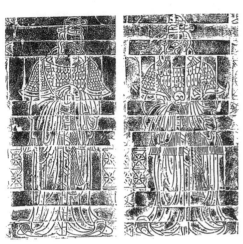

图45 丹阳金家村墓武士画像（采自 《六朝艺术》，图版203、204）

图46 丹阳金家村墓日月画像（采自 《六朝艺术》，图版199、200）

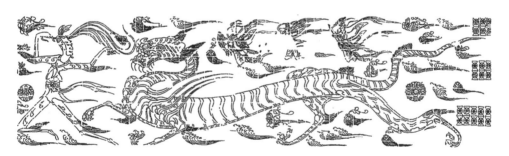

图47 丹阳金家村墓白虎画像（郑岩绘图）

砖文为"具张"，画面高37、宽34厘米；持戟侍卫，砖文为"垣载"（？），画面高44、宽15厘米；持伞盖的仪仗，砖文为"护迅"（？），画面高42、宽33厘米；骑马鼓吹，高45、宽70厘米。该墓严重被盗，出土随葬品极少，有石俑、石马槽、祭台、陶俑以及部分青瓷器皿等。

丹阳胡桥吴家村墓 方向155°。甬道长5.3米，三重封门墙，两重石门。门额人字栱周围阴刻龙凤图案。墓室为抹角长方形，穹隆顶，长8.2、宽5.19、残高5.1米。左右两壁和后壁均砌有两个假棂窗和灯龛。墓室与墓圹之间有15道护墙。甬道口发现有彩绘壁画痕迹，但已被拆除。墓内发现较多的拼镶砖画。在甬道口与第一重石门之间两壁为蹲伏的狮子，高77、宽113厘米，砖文自铭为"狮子"。两重石门之间的两壁是执长刀披铠甲的武士，高79、宽31厘米。墓室两壁砖画分为上下两栏，上栏前段东侧为青龙，西侧为白虎，砖文分别为"大龙"、"大虎"，龙虎前面各有一仙人手持仙草引导，龙虎上方各有3位飞翔的"天人"手捧仙果或丹鼎相随，每幅画面宽240、高94厘米。上栏后段为竹林七贤与荣启期画像，每壁4人，宽250、高85厘米。东

图48　丹阳金家村墓白虎画像中的仙人（采自《世界美术大全集·东洋编》第3卷，页79）

壁由外而内第一人形象为向秀，题记误为"荣启期"；第二人形象为刘伶，题记误为"阮咸"；第三人形象为阮咸，题记误为"山司徒"；第四人形象为荣启期，题记误为"王戎"。西壁由外而内第一、二人的画像被盗洞破坏；第三人形象为山涛，题记为"山涛"；第四人为形象为王戎，题记误为"阮步兵"①。两壁下栏每侧各有四幅画像组成的仪卫卤簿，由外向内依次是甲骑具装，砖文为"具张"，画面高37、宽34厘米；持戟侍卫，砖文为"垣戟"（？），画面高44、宽15厘米；持伞盖的仪仗，砖文为"护迅"（？），画面高42、宽33厘米；骑马鼓吹，高45、宽70厘米。墓葬被盗严重，出土随葬品残损较甚，有石俑10件，石马、马槽、祭台、臼，漆器残件，陶俑4件，陶犀牛等。

————————

① 原报告第5页的叙述顺序与图版所见人物次序相矛盾，对照南京西善桥宫山墓砖画中人物的排列次序和南京博物院《试谈"竹林七贤及荣启期"砖印壁画问题》一文所附西善桥宫山、胡桥吴家村、建山金家村三墓的对照表（《文物》1980年2期，页19），可知原报告误将"东""西"颠倒。

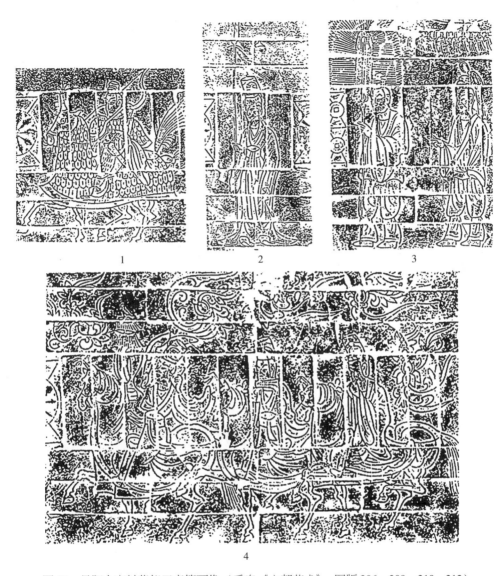

图 49 丹阳金家村墓仪卫卤簿画像（采自《六朝艺术》，图版 206、209、210、212）

1. 甲骑具装 2. 持戟侍卫 3. 持伞盖仪仗 4. 骑马鼓吹

A3 型 无竹林七贤与荣启期画像的大型拼镶砖画墓。属于该型的墓葬只有南京西善桥油坊村墓。

南京西善桥油坊村墓 该墓方向 351°。早年墓前曾有石兽，现已无存。甬道长 4.75 米，外口有封门墙和挡土墙，内设两重石门。墓室平面呈椭圆形，穹隆顶，长 10、宽 6.7、高 6.7 米。墓室外的墓坑两壁加砌防护墙。只在第一重石门外的甬道两壁中部各有一大幅狮子拼镶画，拼镶砖的背面有"师子"等刻文。随葬品被盗一空，只出土玉玦、铜泡、青瓷小碗、陶女侍俑等。

B 型 平面呈"凸"字形的中型墓，墓室长 4.5 米左右。装饰画像砖和花纹砖，多为一砖一画，少数画像为拼镶而成。属于该型的墓有南京万寿村 1 号墓、邗江包家 1 号墓和 2 号墓、常州戚家村墓、常州田舍村墓等。

南京万寿村永和四年（348 年）墓 "凸"字形券顶墓。出土的画像砖有虎、兽面等，其中虎的形象印在三块砖的端面，蹲坐昂首，画面四角有隶书"虎啸丘山"四字（图 50）。另有一砖的侧面印有"永和四年十月城阳昃氏"的文字。墓中出土铜砚（？）等。

邗江包家 1 号墓 方向 82°。甬道长 1.66 米，外有封门墙，墓室后壁两角圆弧，长 4.3、宽 1.98 米，券顶，高度不详，南北两壁各有两个龛，西壁有一个龛。墓室后壁有砖砌棺床。甬道两壁、墓室壁面和棺床前沿砌有大量画像砖与花纹砖，分高浮雕和浅浮雕两种，题材有男女侍从、朱雀、兽首蛙身神怪、人兽鸟身像、端坐在莲花座上的小佛像（图 51），以及各种莲花图案。多为一砖一画，兽首蛙身神怪、人首鸟身像和八瓣大莲花为两砖拼成。该墓已残，出土随葬品较少，主要有一件石兽和数件陶器。

邗江包家 2 号墓 方向 82°。该墓的结构及画像砖与 1 号墓基本相同。甬道长 1.6 米，墓室长 4.63 米，出土的少量随葬品中有"女钱五铢"等钱币。

常州戚家村墓 坐北朝南，甬道长 2 米，中间有石门柱和门槛，无门扉。墓室平面呈椭圆形，转角处砌石辟邪，左右墓壁各有两直棂假窗，可能为穹隆顶，长

图 50 南京万寿村墓画像砖（采自《六朝风采》，页 342，图 281）

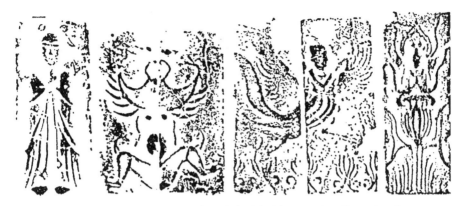

图51 邗江包家1号墓画像（采自《考古》1984年3期，页246）

4.5、宽3.06米。墓室中央有砖和石板砌成的棺床。甬道和墓室壁面各装饰四层画像砖和花纹砖，画像采用高浮雕技法，由多块砖拼成一画面。画像砖有39种，内容包括武士、侍女（图52）、飞天、青龙、白虎、朱雀、狮子、千秋万岁、托举神怪、兽面等，花纹砖有莲花、忍冬和多种几何图案，有的砖侧面或端面有编号数字。该墓被严重破坏，随葬品有石龟趺、凭几，青瓷碗、盏、罐、壶、小粉盒，白瓷瓜楞壶等。

常州田舍村墓 方向270°。甬道长1.52米，有门槽两对，无门扉。墓室呈椭圆形，转角处有石辟邪，穹隆顶，长4.43、宽2.96米。甬道和墓室左右两壁装饰画像砖和花纹砖，画像由多块砖拼镶而成，为高浮雕。甬道两壁有狮子、飞仙、牛车[1]与鞍马出行等画像，墓室左右壁有仙女骑龙[2]、飞仙、凤鸟、出行（图53）等，另有各种莲花和忍冬花纹砖。该墓被破坏，出土的随葬品有石俑、帷帐座、井圈、无字碑，青瓷猪圈模型、盏、陶屋、凭几、朱书砖等。

C型 平面呈"吕"字形的中型墓，属于该型的墓葬只有镇江南郊畜牧场二七大队隆安二年（398年）墓。

镇江南郊畜牧场二七大队隆安二年墓 该墓方向155°。砖室墓，由前室、后室和前后室之间的通道组成。墓葬全长8.95、宽3.93米；前室长1.95、宽2.37米；两室之间的通道长1.82米；后室长5.18、宽2.37米。墓顶可能为穹隆顶。前室墓壁

---

① 原报告误作马车。

② 原报告误作鹿。

破坏严重，发现三幅画像砖，其余51幅画像砖镶嵌在后室壁面上。一砖为一完整的画面，一模多砖，浮雕，每幅画面均涂一层黑色。画像砖的内容有四神、兽首鸟身和人首鸟身的千秋万岁像、执钩镶和环首刀的兽首人身神怪、食蛇神怪、虎头戴人首蛇怪兽等，其中玄武画像砖两侧有"晋隆安二年造立冢郭""颛（显）阳山子纡（孙）安寿万年"的题记（图54）。该墓严重被盗，出土随葬品有金饰片，青瓷"偶"字洗、博山炉、果盒、鸡首壶、碗、勺、托盘、皿、器盖等。

图52　常州戚家村墓侍女画像（郑岩绘图）

D型　平面呈"凸"字形砌有壁柱的中型墓。属于该型的墓葬只有南京油坊桥贾家凹画像砖墓。

南京油坊桥贾家凹画像砖墓　该墓方向268°，仅存墓室部分残壁，残长3.4、宽2.7、残高0.78米，墓室平面呈长方形，出土的画像砖、花纹砖有男女侍从和各种莲花、忍冬图案。人物画像均印在砖侧面，

图53　常州田舍村墓画像（郑岩绘图）

图54　镇江畜牧场二七大队墓墓壁画像（采自《六朝艺术》，图版141）

一砖一画，并列在墓壁上，形成规模较大的队列（图55、56）。随葬品只有一青瓷唾壶残件。

此外，南京铁心桥王家洼南朝墓未发表详细资料，形制不详。目前仅知该墓全长7.75、宽2.05米，甬道和墓室用花纹砖砌筑，所见图案有朱雀、千秋万岁（图57）、莲花、莲叶、忍冬等。

除了这些装饰模印砖的墓葬外，1989年在南京西善桥砖瓦场清理的一座砖室墓，墓壁上有一层5毫米厚的石灰层，有的地方隐约可见红、黄、绿等色彩，推测原来应有彩绘，是比较少见的例子。根据墓志上残留的文字推断，该墓为陈侍中、中权大将军黄法甗（517~576年）的墓葬[1]。

上述墓葬大致可以分为三期。第一期包括B、C型墓。根据南京万寿村永和四年墓和镇江南郊畜牧场二七大队隆安二年墓出土的纪年材料，该期可定在东晋前后。在该期中，发现画像的墓葬均为中型墓，其中"吕"字形的结构还保留有当地孙吴和西晋墓的特征。论者认为万寿村墓所见画像砖中出现了由三块砖拼镶而成的画面，

---

[1]　南京市博物馆：《南京西善桥南朝墓》，《文物》1993年11期，页19~23。

图 55　南京油坊桥贾家凹墓墓壁画像（采自《考古》1990 年 10 期，页 901）

可以看作后来大型拼镶砖壁画的先声；镇江隆安二年墓的画像砖具有浮雕风格，很可能受到来自蜀地画像砖的影响，与年代较晚的南京铁心桥王家洼南朝墓画像砖画面以线条为主要表现手法有明显的差异，前者画面较为浑厚，后者则比较纤巧①。

第二期墓葬包括 A1、A2 和 D 型墓。其中的 A 型墓与其他几种类型明显具有等级的差别，这些墓葬未出土可供判断年代和墓主身份的文字材料，但是根据近代以来对于南京附近帝陵的调查结果以及与文献记载的对比，研究者普遍认为这些墓葬为南朝帝王陵墓②。关于 A1 型的西善桥宫山墓年代的意见存在差异，有东晋说③，晋、宋之间说④，刘宋说⑤，萧齐说⑥，齐至陈说⑦，梁代之后说⑧等，其中以刘宋说较为合理。据考为东晋恭帝司马德文冲平陵的南京富贵山东晋

---

① 杨泓：《东晋、南朝拼镶砖画的源流及演变》，页 220。

② 罗宗真：《六朝陵墓埋葬制度综述》，《中国考古学会第一次年会论文集（1979 年）》，页 358~366，北京，文物出版社，1980 年。

③ 中国科学院考古研究所：《新中国的考古收获》，页 94，北京，文物出版社，1962 年。

④ 该墓发掘报告持此说。

⑤ 町田章著，劳继译：《南齐帝陵考》，页 60，《东南文化》第 2 辑，南京，江苏古籍出版社，1987 年。

⑥ 曾布川宽：《南朝帝陵の石獸と磚畫》，《東方学報》第 63 號，1991 年，頁 230~231。

⑦ 王志高：《简议西善桥"竹林七贤"砖印壁画墓时代及墓主身份》，《中国文物报》1998 年 12 月 30 日，3 版。

⑧ 宋伯胤认为，砖画中七贤并列，"它既不同于《三国志·魏书·王粲传》注引《魏氏春秋》；也不同于以臧荣绪本为主而编撰的《晋书》；更不像颜延之只咏五人，而不取山涛与王戎。因此，我认为砖画'七贤'，可能是受了梁代萧统为山涛、王戎补诗且与五君并列以后出现的。"见宋伯胤《竹林七贤砖画散考》，《新亚学术集刊》4 期（1983 年），页 218。

墓中还没有使用花纹砖和拼镶砖画，因此可以判断陵墓中使用拼镶砖画应自南朝初期开始①。从文献来看，帝陵神道石兽的制度最早出现于刘宋时期。据《南齐书》卷二二《豫章文献王列传》记载，首先在设立神道石兽的陵墓为宋文帝刘义隆长宁陵：

> 上数幸巕第。宋长宁陵隧道出第前路，上曰："我便是入他家墓内寻人。"乃徙其表阙骐驎于东岗上。骐驎及阙，形势甚巧，宋孝武于襄阳致之，后诸帝王陵皆模范而莫及也②。

地面以上的神道石刻和墓室中的拼镶砖画可能是在同一时期出现的，这两种艺术形式成为南朝陵墓制度的重要组成部分。与其他几座大墓比较，西善桥宫山墓显然还处在南朝帝陵制度形成的过程中。墓葬中使用一道石门，只装饰竹林七贤与荣启期拼镶砖画而没有其他内容的拼镶砖画，其图像制作水平高超，尚能忠实于原有的粉本，这些特征都反映出该墓早于其他几座大墓，可以看作该期年代

图56　南京油坊桥贾家凹墓画像砖（采自《六朝风采》，页346，图283）

图57　南京铁心桥王家洼墓千秋万岁画像（采自《六朝艺术》，图版227、225）

---

① 杨泓：《东晋、南朝拼镶砖画的源流及演变》，页224。南京博物院：《南京富贵山东晋墓发掘报告》，《考古》1966年4期，页197～204。

② 《南齐书》，页414，北京，中华书局，1972年。

较早的墓例。罗宗真认为该墓为宋孝武帝刘骏景宁陵①。王志高在认定其年代为齐至陈朝的基础上，推断其墓墓主为陈废帝陈伯宗及王后②。冯普仁则认为该墓墓主属王侯一级③。A2 型的三座大墓反映出严整的帝陵制度已经形成，这几座墓的墓室长度都接近 10 米，设立两重石门，墓内的模印砖壁画形成了一套完整的组合，如果保存完整，这套画像大致可以用下图（图 58）表示。

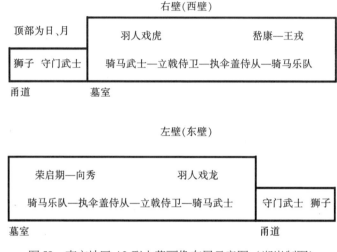

图58　南京地区 A2 型大墓画像布局示意图（郑岩制图）

　　南朝时期，帝陵中开始使用壁画，上述画像严整的内容是帝陵制度的组成部分。南朝帝陵使用壁画的做法对北朝陵墓制度甚至隋唐墓葬都有深刻的影响，以石门反映墓葬等级的做法，可能也对中原地区隋唐墓葬制度的形成产生了一定的影响。发掘报告认为，丹阳鹤仙坳墓应是齐景帝萧道生（建武元年卒，即 494 年）修安陵，丹阳建山金家村墓可能是齐废帝东昏侯萧宝卷（永元三年卒，即 501 年）墓，丹阳胡桥吴家村墓可能是齐和帝萧宝融（天监元年卒，即 502 年）恭安陵。这些观点为多数学者赞同。此外，曾布川宽认为金家村墓可能是齐明帝萧鸾（永泰元年卒，即 498 年）兴安陵④。

① 罗宗真：《六朝考古》，页 132。
② 王志高：《简议西善桥"竹林七贤"砖印壁画墓时代及墓主身份》。
③ 冯普仁：《南朝墓葬的类型与分期》，《考古》1985 年 3 期，页 275。
④ 曾布川宽：《南朝帝陵の石獸と磚畫》，页 141。

　　总之，该期墓葬的年代大致可以确定在南朝前期，即宋齐时期。属于 D 型的南京油坊桥贾家凹画像砖墓为带有壁柱的长方形墓，与河南邓县学庄南朝墓有些相似；墓内的画像砖图像比较简单，其中忍冬纹花纹砖与湖南长沙南齐永元元年（499 年）的同类花纹砖相似①，可以判断该墓的年代大致属于这一时期。

　　第三期墓葬包括 A3、B 型墓，其中 A3 型的南京西善桥油坊村墓仍延续帝陵的规模和基本形制，但平面已趋于椭圆形，显示出晚期的特征。墓葬中虽然仍有拼镶砖画，但只出现于甬道中，墓室内不再流行竹林七贤与荣启期题材壁画，说明拼镶砖画在这一时期已处在衰落的阶段。研究者普遍认为，该墓可能为南朝陈宣帝陈顼显宁陵。

　　平面呈"凸"字形的 B 型墓为中型墓，这些墓葬不使用大幅的拼镶砖画，但有一些小型的拼镶砖画，说明墓主的地位远逊于 A 型墓。这些中型墓葬中出土的画像砖，在题材方面反映出一些不同于大型墓葬的特点，除了继续流行四神等传统的题材外，还出现了小型的佛像，反映了这一时期在多种宗教思想的影响下，丧葬观念趋于复杂的现象。属于该型的邗江包家 1 号墓和 2 号墓年代相近，根据 2 号墓出土的梁武帝天监年间（502～519 年）铸造"女钱五铢"，可以确定墓葬的上限。常州戚家村墓的年代有争议，根据画像砖的风格来看，应属于南朝晚期。常州田舍村墓的形制和画像风格与戚家村墓比较一致，也应是南朝晚期的墓葬。这两座墓内出土的画像砖多为拼镶砖，最大的画面由七块砖组成。这类拼镶砖画应是受当时帝陵中拼镶砖画影响而产生的，所不同的是采用了高浮雕的技法。总之，该期的年代大致可以定在南朝晚期，即梁陈时期。

（二）南方其他地区的东晋南朝壁画墓

　　除了南京一带的壁画墓，南方其他区域的壁画墓分布比较分散，主要见于河南、湖北、浙江、福建、云南和四川等地，有抗日战争期间浙江上虞东关出土的东晋"太宁壁画墓"②、1958 年清理河南邓县学庄南朝墓③、1963 年发掘的云南昭

① 湖南省文物管理委员会：《长沙烂泥冲齐代砖室墓清理简报》，《文物参考资料》1957 年 12 期，页 45～46、51。

② 王伯敏：《中国绘画史》，页 107～108，上海，上海人民美术出版社，1982 年。

③ 河南省文化局文物工作队：《邓县彩色画象砖墓》，北京，文物出版社，1958 年。

通后海子东晋霍承嗣墓①、1975 年清理的福建闽侯南屿南齐墓②、1984 年发现的湖北襄阳贾家冲南朝墓③和 1986 年清理的湖北武昌东湖三官殿梁普通元年（520 年）墓④等。

邓县学庄墓　该墓是一座彩绘壁画和模印画像砖并用的砖室墓，坐北朝南，由甬道和墓室两部分组成，平面呈"凸"字形（图59），总长9.8、宽3.09、高约3.2 米。甬道外有封门墙，两壁各砌 3 个砖柱，券顶。墓室平面呈长方形，券顶。左右两壁各砌8 个砖柱，后壁下部砌 2 个砖柱，上部砌有数个小洞。墓室后壁砌棺床。封门墙拆除后，发现甬道券门外壁装饰有彩绘壁画，其中央绘一兽面，左右各一飞仙，门两侧各有一挂仪刀的武士（图60）。在甬道和墓室内每一个砖柱的下部，由上下两块砖的正面和中间三块砖的侧面拼镶成一个画面，为一挂仪刀的武士（图61）。甬道两壁的砖柱中部还发现狮子画像砖（图62）。墓室砖柱中部砌有出行仪仗性质的画像砖，包括第一对砖柱上的乘马两匹、第二对砖柱上的执棒武士和鼓吹四人、第三对砖柱上的鞍马、第五对砖柱上的牛车画像砖（图63）、第六对砖柱上的鼓吹五人、第七对砖柱上的捧物侍从（图64），以及位置不详的步辇一乘（图65）、出游的仕女（图66）等。第一对砖柱上方还发现有麒麟画像砖。第七对砖柱上方砌有郭巨（图67，又见图313）和老莱子孝子故事画像砖两种。墓室后壁中部发现有玄武画像砖。此外，还出土了南山四皓（见图238）、王子乔与浮丘公（图68、

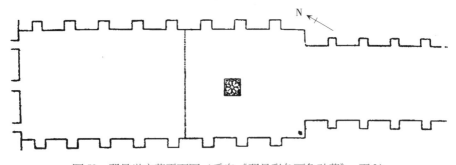

图 59　邓县学庄墓平面图（采自《邓县彩色画象砖墓》，页2）

---

① 云南省文物工作队：《云南省昭通后海子东晋壁画墓清理简报》，《文物》1963 年 12 期，页 1～6。

② 福建省博物馆：《福建闽侯南屿南朝墓》，《考古》1980 年 1 期，页 59～65。

③ 襄樊市文物管理处：《襄阳贾家冲画像砖墓》，《江汉考古》1986 年 1 期，页 16～33。

④ 武汉市博物馆：《武昌东湖三官殿梁墓清理简报》，《江汉考古》1991 年 2 期，页 23～28。

图 60 邓县学庄墓券门壁画摹本（采自《邓县
彩色画象砖墓》，彩色图版 1）

图 61 邓县学庄墓武士画像（郑岩绘图）

图 62 邓县学庄墓狮子画像（采自《邓县
彩色画象砖墓》，页 31）

图 63 邓县学庄墓牛车画像（采自《邓县
彩色画象砖墓》，页 16）

图 64 邓县学庄墓捧物侍从画像砖（*China：Dawn of a
Golden Age*, *200－750AD*，p. 215，fig. 121d）

图 65 邓县学庄墓步辇画像（采自《邓县
彩色画象砖墓》，页 27）

图 66　邓县学庄墓仕女出游画像砖（采自《中国国家博物馆》，页 222，图 289）

图 67　邓县学庄墓郭巨画像砖（*China*：*Dawn of a Golden Age*，*200 – 750AD*，p. 215，fig. 121e）

图 68　邓县学庄墓王子乔与浮丘公画像砖（*China*：*Dawn of a Golden Age*，*200 – 750AD*，p. 215，fig. 121f）

图 69　邓县学庄墓王子乔与浮丘公画像（郑岩绘图）

69）、飞仙、千秋万岁（图 70）、青龙、白虎、凤凰、天马、麒麟等内容的画像砖，原在墓室中的位置不明。许多画像砖填有颜色，在两匹乘马画像砖侧有墨书题记，据其中"家在吴郡"的记载，可知该墓应属南朝系统①。墓中出土有仪仗、仆役类的陶俑 55 件和骨簪等随葬品。

图 70　邓县学庄墓千秋万岁画像（郑岩绘图）

　　邓县学庄墓画像砖具有自身的特征，多为一砖一画，但也有少量的拼镶砖画，同时还采用彩绘壁画，画像砖也多施有彩色。邓县的地理位置特殊，曾是南朝与北朝争夺的地区，因此该墓画像的内容具有南朝与北朝两方面的文化因

---

① 杨泓：《邓县画像砖墓的时代和研究》，杨泓：《汉唐美术考古和佛教艺术》，页 103 ~ 114，北京，科学出版社，2000 年。

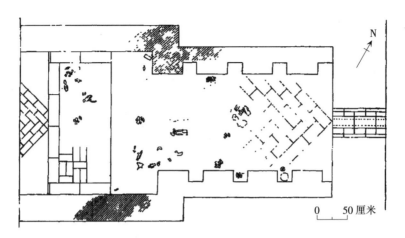

图 71 襄阳贾家冲墓平面图（采自《江汉考古》1986 年 1 期，页 17）

素。画像砖的内容布局，很明显地受到南京一带南朝大墓拼镶砖画的影响，如甬道
两壁设狮子画像，墓室两壁有仪仗出行的内容，而两壁后部上方的孝子画像可对应
南京地区大墓中相同位置的竹林七贤与荣启期画像。另一方面，彩绘壁画的内容，
如守门的武士，与洛阳一带的北魏墓壁画比较一致。画像砖中的孝子故事、人物骑
虎等内容也见于洛阳一带北魏葬具的装饰中。宿白指出，548 年侯景乱梁以后，襄阳
及其以北地带已隶属北朝，由此可以确定该墓年代的下限。他还认为："该墓画像砖
中表现的丧葬习俗、孝子故事、天人姿态以及墓中所出陶俑的种类和造型，都与北
朝晚期中原地区的同类内容和形象极为相似。反映出齐梁时期宛洛一带和汉水一线，
不仅是南北时有军事冲突的区域，同时又是南北文化交流、主要是北朝向南朝学习
的重要地区。"[1]

襄阳贾家冲墓 该墓方向 60°，平面呈"凸"字形，由甬道和墓室两部分组
成。墓外有排水沟，以砖墙封堵甬道。甬道长 37.7 米，南北两壁各有 4 个砖
柱，券顶，墓室长 4.82、宽 2.35 米，后部已残（图 71）。甬道和墓室壁面装饰
画像砖和花纹砖，在甬道两壁有托举怪兽（图 72）、郭巨故事（见图 314）、变
形兽面（图 73）、持节羽人（图 74）画像砖等，墓室南北壁镶有双狮（图 75）、
人首鸟身（图 76）和兽首鸟身神怪（应为千秋万岁的形象）、飞仙净瓶、龙、虎

---

[1] 宿白：《三国两晋南北朝考古》，中国大百科全书总编辑委员会《考古学》编辑委员会、中国大百科全
书出版社编辑部编：《中国大百科全书·考古学》，页 422，北京，中国大百科全书出版社，1986 年。

图72　襄阳贾家冲墓怪兽画像（采自《江汉考古》1986年1期，页23）

图73　襄阳贾家冲墓兽面画像（采自《江汉考古》1986年1期，页24）

图74　襄阳贾家冲墓画像（采自《江汉考古》1986年1期，页24）

图75　襄阳贾家冲墓狮子画像（采自《江汉考古》1986年1期，页19）

图76　襄阳贾家冲墓人面鸟（千秋?）画像（采自《江汉考古》1986年1期，页18）

等，在封门墙和乱砖中还收集到备马出行、侍饮（图77，疑为孝子故事）、挂仪刀武士、小佛像、供养人、捧丹鼎羽人、捧博山炉羽人、侍女等（见图74）。花纹砖的内容除了常见的各种莲花和忍冬图案外，还有千秋万岁、幢、博山炉、龙、

图 77 襄阳贾家冲墓孝子故事画像（采自《江汉考古》1986 年 1 期，页 21）

凤鸟、净瓶、童子、飞仙等内容。墓中出土陶俑和陶塑动物 44 件，主要有人首兽身的镇墓兽、各种侍仆俑、多种动物与车、灶模型，另有少量瓷器和陶器。从墓葬形制和画像砖的内容与风格来看，该墓应为南朝墓。与邓县学庄墓画像和陶俑人物清瘦的风格有所不同，该墓画像砖中的人物形象向丰壮发展①，说明其年代略晚于邓县学庄墓。

贾家冲墓的发现进一步证实了宿白的判断。该墓画像砖的题材和风格与邓县学庄墓画像砖有较强的一致性，如二者都有千秋万岁、郭巨、双狮、龙、虎、飞仙等内容，构图和造型十分相似，似说明邓县与襄阳有着密切的交通联系。该墓中托举状怪兽的画像砖还见于常州戚家村墓，说明这一带与长江下游也存在着文化上的联系。此外，该墓画像砖既有升仙的内容，又有儒家的孝子故事，同时还有佛教题材，各种不同的文化因素集中在同一座墓葬中，是比较值得注意的现象。

武昌东湖三官殿墓 该墓方向 40°，由前室、后室和甬道组成，通长 7.74 米。墓内装饰画像砖和花纹砖，画像砖中有青龙、朱雀、男女侍者等，其中朱雀画像砖左右角有日月，中央有一雷公②，较为罕见（图 78）。砖文中有普通元年（520 年）的纪年。墓内出土部分瓷器、陶器和陶俑等。

---

① 宿白：《北朝造型艺术中人物形象的变化》，宿白：《中国石窟寺研究》，页 350，北京，文物出版社，1996 年。

② 杨泓：《雷公怒引连鼓辨》，杨泓、孙机：《寻常的精致》，页 251 ~ 253，沈阳，辽宁教育出版社，1996 年。

图 78 武昌东湖三官殿墓朱雀画像（郑岩绘图）

闽侯南屿墓 该墓为平面呈"凸"字形的砖室墓，方向63°，由甬道和墓室组成，墓室中后部高起为棺床，墓室为券顶。全长5.8、宽2.3、高3.5米，墓室长4.45米（图79）。壁面和顶部用多种花纹砖砌筑，有的图像较为复杂，内容有侍者、供花僧人、诵经僧人（图80）、狮子、青龙、白虎、飞天、飞鱼、飞鹤、宝瓶，以及莲花、忍冬宝相花等多种花卉图案，少部分画面为两块砖组成。随葬品有双耳罐、四耳罐、盘口壶、钵、盘、托碗、盅、小盂、三足砚、博山炉、灯、唾壶、虎子等青瓷器。

浙江上虞东关曾出土东晋"太宁壁画墓"，据称墓内残存人物、凤鸟等彩绘图像，但没有见到详细的报道①。两广墓葬年代多在西晋晚期以后，发现较多的花纹砖墓，图像比较简单，不作重点讨论。

四川、重庆、贵州、云南等地的墓葬比较分散，该区蜀汉时期和南朝的墓葬少部分有画像石和画像砖发现，延续了当地汉代墓葬艺术的传统，反映出强烈的地域特征。例如1988年清理的大邑县董家村蜀汉墓中出土的画像砖有六博乐舞、车马出行、西王母、交龙、建木、天仓、天阙等内容②，明显延续了当地汉代画像的传统。

---

① 王伯敏《中国绘画史》未注明资料出处，王先生2000年9月30日给本书作者的信中说："拙著提到上虞的'太宁壁画墓'，全毁，已不可见。"

② 大邑县文化局：《大邑县董场乡三国画像砖墓》，四川省文物考古研究所：《四川考古报告集》，页382~397，北京，文物出版社，1998年。

由于目前西南地区的蜀汉和南朝墓葬限于材料，断代等方面还存在不少问题，暂不包括在本书的研究范围内。此外，云南昭通后海子东晋霍承嗣墓中发现彩绘壁画，较为重要。

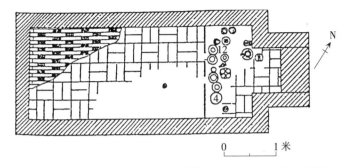

图 79　闽侯南屿墓平面图（采自《考古》1980 年 1 期，页 59）

霍承嗣墓　方向 190°，由甬道和墓室两部分组成。甬道平顶，底部呈斜坡状，北高南低，利于排水。甬道两侧各有一小龛。甬道长 3.4、宽 0.9 米。墓室平面呈正方形，南壁中央设石门，覆斗形顶。墓室边长 3、高 2.2 米

图 80　闽侯南屿墓画像（采自《考古》1980 年 1 期，页 62）

（图81）。墓室四壁抹一层石灰，其上彩绘壁画。北壁正中绘墓主人正面端坐在一榻上，手执麈尾；墓主像东侧绘一侍从和仪仗架，架上插有华盖、幢、扇、幡、矛、戟等，仪仗架下绘 7 名形体较小的侍从；最东端有一雁。墓主像西侧绘 4 名侍从，侍从下部又绘 6 名形体较小的侍从。墓主画像上方有墨书题记："晋故使持节都督江南交宁二州诸军事建宁越嶲兴古三郡太守南夷校尉交宁二州刺史成都县侯霍使君之像君讳□字承嗣卒是荆州南郡枝江牧六十六岁薨先葬蜀郡以太元十□□二月五日改葬朱提越渡□余魂来归墓。"（图82）东壁上方绘 13 人执幡的仪仗队列，面向南；下方绘甲骑具装的队列（图83）。西壁上方绘三排曲，第一排为手执刀的汉族部曲 13 人，第二排绘梳类似彝族"天菩萨"发式的少数民族部曲 13 人，下排绘部曲 14 人，形

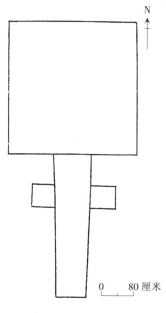

图81　昭通霍承嗣墓平面图
（采自《文物》1963
年12期，页2）

象与第二排部曲相同。下方绘骑马的汉族部曲4人。南壁石门上方绘一屋宇，西侧有一执环首刀戴盔甲的武士，其旁边墨书"中问年"三字，最西端有两红色符号。墓室四壁上边以花纹带与墓顶部分的壁画相间隔。墓顶藻井有浮雕莲花。北披绘云气、莲花、莲蕊、玄武、人骑马射一动物，其中玄武旁边有墨书"玄武"二字。东披上方绘云气，下方中部绘白虎，面向南，旁边有墨书"左帛虎"三字。白虎上下方各绘一鸟，前方有一圆形，有光芒，最南端绘一鸟。北端绘一双层阙，有墨书"厥"字。阙和白虎之间有一鹿和双层楼阁，鹿的旁边有墨书"番鹿"，楼阁门旁有一人，有墨书"宣兵□"三字。西披上方绘云气，下方中部绘一女子持草逗引青龙，女子画像有墨书题记"玉女以草授龙"和朱书题记"金女觎聪而视"[1]，青龙尾上绘一鸟，下方有二鹿，上部有朱书"右青龙"三字。北端绘二层楼阁，墨书"龙楼"二字，檐上栖一鸟。楼与青龙之间还绘有一人面虎身怪物和一三足乌，分别有墨书"广雀"和朱书"虎□鹿"。女子南侧有一鹿和一莲蕊。南披上方绘云气，下方中部绘一朱雀，有墨书"朱雀"二字，朱雀下绘一兔，两侧绘莲花。墓葬被盗，随葬品无存。

根据题记可知，该墓年代在太元十一至十九年（386～394年），是目前所知惟一的东晋彩绘壁画墓。该墓的形制特殊，彩绘壁画的做法也与同时期其他壁画墓不同。壁画题材中出现的某些因素值得重视，例如正面的墓主画像也见于流亡高句丽的前燕司马冬寿墓（图84）[2]，在略晚的北朝墓中也常见到。墓顶的四神画像也见于中原北朝墓葬的装饰，而仙人玉女引导的龙虎则与南京一带的南朝帝陵装饰题材一致。类似的内容都表现出该墓与其他地区文化上的联系。另一方面壁画中出现的少数民

---

① 应释为"金女窥窗而视"。东汉王延寿《鲁灵光殿赋》："神仙岳岳于栋间，玉女窥窗而下视。"费振刚、胡双宝、宗明华辑校：《全汉赋》，页528～529，北京，北京大学出版社，1993年。

② 洪晴玉：《关于冬寿墓的发现和研究》，《考古》1959年1期，页27～35。

图 82　昭通霍承嗣墓北壁画像（采自《文物》1963 年 12 期，图版壹）

图 83　昭通霍承嗣墓东壁下层画像（采自《文物》1963 年 12 期，图版贰）

图 84   朝鲜平壤安岳冬寿墓墓主像
(*Koguryo Tomb Murals*, p. 8)

族部曲的形象，青龙白虎的位置颠倒，似乎可以说明该墓同时具有地方文化的特色。
其壁画风格比较粗朴，与文献所记的东晋绘画风格差异较大，似乎不是出自专业的
画家之手，不能代表当时绘画的较高水平。这些问题值得进行更深入的研究。

四　中原地区

　　中原地区在东汉末年黄巾起义之后，陷于长期的战乱。曹魏政权实行薄葬，故中原未发现这一时期的壁画墓①。该地区西晋和十六国时期的考古资料积累尚不丰富，壁画墓也十分少见。迁洛之前的北魏壁画墓仅有少量发现，迁洛之后的北朝壁画墓发现数量较多，其中洛阳附近多为北魏墓，河北磁县一带多东魏北齐墓，另外北齐壁画墓发现比较集中的地区还有山西和山东，西魏北周壁画墓则主要分布在陕西与宁夏。

（一）中原地区魏晋至北魏平城时代的壁画墓

　　1997 年在北京石景山区八角村出土一座墓葬，可能属于魏晋时期，所出土的石椁中有彩绘壁画，包括正壁的墓主手持麈尾怀拥凭几的画像（图 85），右壁的牛耕、牛车，左壁的侍女、几和顶部的日月画像等②。1955 年在河南灵宝坡头村发现一座砖砌的大型多室墓，分前中后三室，前室左右附设耳室。前室券门上方残存车马出行

---

① 1991 年在洛阳市东北郊发现的朱村壁画墓北壁墓主夫妇宴饮画像中，有侍者手持麈尾的细节，论者或认为其年代可以晚至曹魏时期，论据恐不充分。从总体上看，其壁画的内容和风格与东汉晚期的壁画差别不大。洛阳市第二文物工作队：《洛阳市朱村东汉壁画墓发掘简报》，《文物》1992 年 12 期，页 15～20；韦娜、李宝聚：《洛阳古墓博物馆》，页 26～27，郑州，中州古籍出版社，1995 年。
② 石景山区文物管理所：《北京市石景山区八角村魏晋墓》，《文物》2001 年 4 期，页 54～59。

图 85　石景山八角村墓石椁墓主画像（采自《文物》
2001 年 4 期，封二）

壁画多幅，画面高约 45 厘米，有"部朗"、"世奇绥将军"、"方玉珍笔陈留公"、"南部常（尚）书"、"北地"、"龙凤建义将军司□妻庞"等题记①。此墓定为西晋墓的论据不详，仅就墓葬形制来看，似保留了较多汉魏传统，与洛阳一带所见西晋墓②形制有一定差距。

迁洛以前的北魏壁画墓发现较少，只有 1993 年清理的内蒙古和林格尔榆树梁墓③。该墓为砖室墓，由墓道、甬道、前室和后室组成，全长 22.6 米。前后室为不同时期两次修建，后室建造的年代早于前室。后室 5 平方米，为四角攒尖顶。前室平面呈正方形，四壁明显外弧，面积近 20 平方米。壁画主要见于前室四壁和甬道两壁，近 20 平方米保存较好。壁画的做法是先在壁面涂抹白灰，再以红色线条起稿，以墨线勾勒，最后以红、黑、橘黄、石青等上色。内容有出行、燕居行乐、游乐、狩猎、升仙和四神等，其中狩猎画像规模宏大，描绘了骑马射猎的人物、河流山川和各种动物（图 86）。行乐画像中的百戏包括奏乐、跳丸、杆戏等情节。根据画像中的人物服饰特征判断，该墓的年代在 486 年魏孝文帝开始实行新服制到 494 年迁洛之前。初步看来，该墓壁画的题材比较庞杂，汉代以来的狩猎、百戏等题材还有遗留。

此外，在宁夏固原和山西大同等地发现的一些早期北魏墓的葬具上也有图像装

---

① 俞剑华：《中国壁画》，页 77，北京，中国古典艺术出版社，1958 年。

② 河南省文化局文物工作队第二队：《洛阳晋墓的发掘》，《考古学报》1957 年 1 期，页 169～186；傅永魁：《洛阳市西郊谷水工地发现晋墓一座》，《文物参考资料》1956 年 1 期，页 65；河南省文化局文物工作队第二队 16 工区发掘小组：《洛阳涧西 16 工区 82 号墓清理记略》，《文物》1956 年 3 期，页 45～46、50；考古所洛阳发掘队：《洛阳西郊晋墓的发掘》，《考古》1959 年 11 期，页 606～607、610；黄明兰：《西晋裴祇墓和北魏元暐两墓拾零》，《文物》1982 年 1 期，页 70～73。

③ 王大方：《内蒙古首次发现北魏大型砖室壁画墓》，《中国文物报》1993 年 11 月 28 日，1 版；苏俊、王大方、刘幻真：《内蒙古和林格尔北魏壁画墓发掘的意义》，《中国文物报》1993 年 11 月 28 日，3 版。

饰，可以补充墓室壁画资料不足的缺憾。太延二年（436 年）北魏于今固原置高平镇，正光五年（524 年）改为原州，原州是当时著名的军事重镇；而大同是北魏早期都城平城之所在。这些地区有画像的葬具资料包括 1973 年固原雷祖庙墓出土的描金彩绘漆棺①、1997 年大同智家堡墓出土的石椁②和 2000 年大同雁北师院宋绍祖墓出土的石椁③等。

图 86　和林格尔榆树梁墓狩猎画像（采自《中国国家地理》2007 年 10 期，页 274）

固原雷祖庙北魏漆棺为前高宽、后窄低的匣状，棺盖为两面坡式，棺盖上绘东王父、西王母、日、月、银河等，银河两侧以缠枝卷草构成的菱形格作底纹，菱形中装饰鸟、兽、人面鸟身的神怪等（图 87）。棺前挡上部绘屋宇中着鲜卑服装、手持小杯和麈尾的墓主像，左右各有两名侍者；下部可能绘有门，两侧各有一带头光、披帛绕臂的人物，貌似菩萨。两侧的画像分为上中下三栏，上栏绘孝子画像和火焰纹（图 88）；中栏为龟背纹和圆形相套的图案，其中装饰天人、伎乐和各种鸟兽，每面各绘两个小窗，窗内有两人；下栏绘狩猎等。后挡图像已残，内容不详。孙机认为该棺的年代在太和八年至十年（484～486 年）之间，具有浓厚的鲜卑色彩④。

图 87　固原雷祖庙墓漆棺盖东王父、西王母画像（宁夏文物考古研究所提供）

---

① 宁夏固原博物馆：《固原北魏墓漆棺画》，银川，宁夏人民出版社，1988 年。

② 王银田、刘俊喜：《大同智家堡北魏墓石椁壁画》，《文物》2001 年 7 期，页 40～51。

③ 山西省考古研究所、大同市考古研究所：《大同市北魏宋绍祖墓发掘简报》，《文物》2001 年 7 期，页 19～39。

④ 孙机：《固原北魏漆棺画》，孙机：《中国圣火——中国古文物与东西文化交流中的若干问题》，页 122～138，沈阳，辽宁教育出版社，1996 年。

大同智家堡墓出土的石椁坐北朝南，为殿堂式结构，阔 2.11、进深 1.13、高
1.31 米。椁室内装饰彩绘壁画，其北壁中央绘墓主夫妇坐在一榻上，其中男主人手
执麈尾，怀拥凭几，覆以帷帐；帷帐背后和两侧绘男女侍者（图 89，又见图 273）。
东壁绘四男子持莲蕾面北恭立，姿势似石窟寺壁画中的供养人，其上部为两持幡的
羽人。西壁绘四女子面向北恭立，上部也绘有两持幡羽人。南壁绘鞍马、牛车和多
种树木，石椁墓内面绘两侍女。顶部盖板内面绘花卉。顶部两三角形梁内面、门外
侧等处皆装饰忍冬纹。原报告认为其年代相当于云冈 9、10 窟，即在太和八年（484
年）到十三年（489 年）之间，可从。

图 88   固原雷祖庙墓漆棺侧面孝子画像（宁夏文物考古研究所提供）

图 89   大同智家堡墓石椁墓主画像（采自《文物》2001 年 7 期，页 45，图 10）

大同雁北师院北魏宋绍祖墓出土的石椁形制为仿木结构殿堂（图90，又见图270），坐北朝南，单檐悬山顶，面阔三间，前有廊，后有室。廊柱平面为八角形，栌斗上承阑额，斗栱为一斗三升，墙体由10块石板构成。

图90　大同宋绍祖墓石椁（采自《大同雁北师院北魏墓群》，彩版51.2）

后室内置棺床。石椁外壁装饰高浮雕的铺兽衔环和门钉等，内壁东、西、北三面有彩绘壁画，残存内容有舞蹈、奏乐等。

（二）洛阳地区的北魏晚期壁画墓

北魏迁洛以后壁画墓发现的数量也不太多，保存有部分壁画的墓葬有1974年调查的洛阳北向阳村孝昌二年（526年）江阳王元乂墓[1]、1989年清理的洛阳孟津北陈村太昌元年（532年）安东将军王温墓[2]，以及1965、1992年两次调查的洛阳洛孟公路东侧正光元年（525年）清河郡王元怿墓[3]。

元怿墓　坐北朝南，砖室墓。长斜坡墓道。设石门。墓室平面呈正方形，四壁明显外弧，穹隆顶，长宽各9米。甬道东西两壁各绘两名守门武士（图91、92），顶部似绘有动物和云气；墓室四壁涂白灰，壁画多已脱落。该墓多次被盗，只发现一俑头[4]。

① 洛阳博物馆：《河南洛阳北魏元乂墓调查》，《文物》1974年12期，页53~55。
② 洛阳市文物工作队：《洛阳孟津北陈村北魏壁画墓》，《文物》1995年8期，页26~35。
③ 徐婵菲：《洛阳北魏元怿墓壁画》，《文物》2002年2期，页89~92。
④ 韦娜、李聚宝主编：《洛阳古墓博物馆》关于该墓的介绍（页31）略有不同，如该书称甬道长4.2米，设木门。墓室为四角攒尖顶，长宽各5.5、高7米。墓内发现一具石棺床。

图91　洛阳元怿墓
守门武士画像（郑
岩绘图）

元乂墓　坐北朝南，砖室墓。长斜坡墓道，未清理。甬道长7米。墓室为单室，平面呈正方形，穹隆顶，南北长7.5、东西宽7、高约9.5米。甬道顶部和两壁彩绘保存较好，但未作清理，内容不详。墓室四壁和顶部以白灰涂地施彩绘。四壁壁画严重受损，仅上栏存四神、雷公画像残迹。顶部绘银河与星象，有三百多颗星辰，与实际的星空基本相符合（图93）。1935年该墓曾出土墓志和陶俑60件。

王温墓　方向170°。为单室土洞墓。长斜坡墓道，只发掘了1.8米。甬道长1米。墓室平面近正方形，南北长2.8、东西宽3米，穹隆顶（图94）。只有东壁壁画保存较好。先在土壁上涂白灰，然后用红、蓝、绿等色绘制画像。中部绘一房屋，左部有直棂窗，右部帷帐下绘墓主夫妇坐像。房屋两侧绘侍者各三人以及树木山石等（图95、96）。墓葬被盗，发掘与收集到随葬品87件，有陶俑60件，陶牛车、仓、灶、厕、磨等模型，陶瓶、壶、杯、盘、器座等。

图92　洛阳元怿墓守门武士画像（采自
《洛阳古代墓葬壁画》，下册，图4）

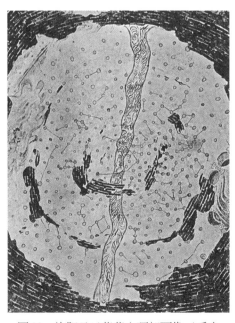

图93　洛阳元乂墓墓室顶部画像（采自
《文物》1974年12期，图版壹）

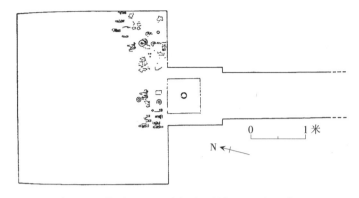

图 94　洛阳王温墓平面图（采自《文物》1995 年 8 期，页 27）

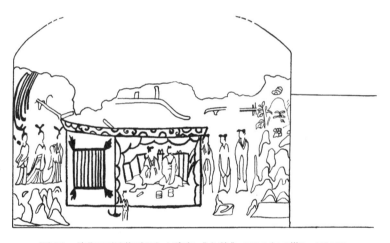

图 95　洛阳王温墓壁画（采自《文物》1995 年 8 期，页 27）

此外，1956 年发现的内蒙古准格尔旗羊市塔区墓为七角形单室墓，发现有旗、花、牵马持弓的女子等内容的壁画残片，调查者从出土的绳纹砖判断为北魏墓葬①，证据似不充分。山东德州胡官营四小队村高道悦墓 1969 年被村民掘开，据调查，该墓坐北朝南，墓室为前后两室，圆形，砖砌，穹隆顶，前室直径 4 米，后室直径 5 米，高约 2 米，前后室均有"彩饰花卉"②。墓主高道悦曾任太子中庶子等官职，神龟二年（519

①　汪宇平：《内蒙古准格尔旗羊市塔区破坏壁画古墓一座》，《文物参考资料》1957 年 9 期，页 78。

②　秦公：《释北魏高道悦墓志》，《文物》1979 年 9 期，页 61～63；赖非：《北魏高道悦墓地调查及其墓志补释》，李开岭、马长军主编：《德州考古文集》，页 1～23，南昌，百花洲文艺出版社，2000 年。

图 96　洛阳王温墓壁画（采自《洛阳古代墓葬壁画》，下册，图 2）

图 97　怀仁丹扬王墓壁画（河北省文物考古研究所提供）

年）迁葬。这是北魏迁洛以后年代较早的一座壁画墓。1973 年清理的山东寿光李二村孝昌元年（525 年）贾思伯墓①、1979 年清理的洛阳金家沟村孝昌三年（527 年）元暐墓②，也发现有壁画残迹，但均无法看清其图像。另据介绍，洛阳邙山永安三年（530 年）孝庄帝静陵也发现有壁画③，但不知其详情。1991 年在山西怀仁县发现一大型墓葬，由前、中、后三室组成，东西各有一侧室，出土的墓砖有"丹扬（阳）王墓砖"字样。被认为是北魏丹阳王的墓葬。该墓墓砖大部有砖雕，纹饰有四神、莲瓣、忍冬、联珠等。墓道口两侧绘有壁画，为"守护神"的形象（图 97），具体年代不详④。初步估计，该墓年代或较偏早。

目前北魏壁画墓的资料太少，无法进行类型与分期研究，而洛阳一带的壁画墓题材分布似有一些规律。元乂墓顶部的银河与星象应是对汉代以来传统的继承；王温墓所见帷帐中墓主夫妇的坐像则与东北地区的墓主画像比较相似；元怿墓甬道两壁所见武

---

① 寿光县博物馆：《山东寿光北魏贾思伯墓》，《文物》1992 年 8 期，页 15 ~ 19。
② 黄明兰：《西晋裴祗墓和北魏元暐两墓拾零》。
③ 徐婵菲说："静陵发掘工作中途停止，但已确知墓道、墓室中有壁画。"徐婵菲：《洛阳北魏元怿墓壁画》，页 91。
④ 求实：《怀仁县发现北魏丹阳王墓》，《北朝研究》1999 年第 1 辑。

士，与邓县学庄南朝墓墓门两侧的守门武士十分一致。这些内容大多被后来的壁画墓所继承。

　　洛阳北魏晚期壁画墓的墓主身份明显提高，如元怿、元乂都属于王一级，他们的墓为砖室墓，墓室边长5.5～7米。而异姓将军王温的墓为土洞墓，边长只有3米，规格明显不如前二人的墓葬。高道悦墓的墓室为双室，可能因为远离政治中心，受有关制度的约束较小，其圆形的平面结构与相近的山东临淄北魏崔氏家族墓的平面比较一致。

　　洛阳北邙山出土的几批石质葬具，装饰有内容丰富的线刻画像，也可作为研究这一时期墓葬壁画的参考[1]。这些葬具主要有石棺和石棺床（见图267）两种，其中石棺又分为殿堂式和匣式两种。中华人民共和国建立之前，因为邙山墓葬的盗掘，许多画像精美的石棺和石棺床流散到国外；中华人民共和国成立之后，这类资料又陆续有所发现。其中比较重要的有美国波士顿美术馆藏北魏孝昌三年（527年）魏横野将军甄官主簿宁懋石室（石棺）[2]、明尼阿波利斯美术馆（The Minneapolis Institute of Arts）藏正光五年（524年）赵郡贞景王元谧石棺[3]、1977年发掘的洛阳北郊上窑瀍河东砖瓦厂墓升仙画像石棺[4]、开封市博物馆藏升仙画像石棺[5]、纳尔逊—阿特金斯美术馆（The Nelson – Atkins Museum of Art）藏北魏孝子画像石棺（图98、99）[6]、纳尔逊—阿特金斯美术馆所藏北魏孝子画像石棺床围屏[7]、1972年沁阳县西向粮管所出土石棺床[8]、1995年芝加哥美术馆（The Art Institute of Chicago）购藏的北魏石棺床围屏[9]等。举例介绍如下：

---

[1]　贺西林对这些资料进行了比较全面的汇集。贺西林：《北朝画像石葬具的发现与研究》，"汉唐之间的物质文化与世俗艺术"国际学术讨论会论文，芝加哥，2001年10月。

[2]　黄明兰：《洛阳北魏世俗石刻线画集》，页95～105，北京，人民美术出版社，1987年；郭建邦：《北魏宁懋石室线刻画》，北京，人民美术出版社，1987年。

[3]　黄明兰：《洛阳北魏世俗石刻线画集》，页30～39。

[4]　黄明兰：《洛阳北魏世俗石刻线画集》，页13～23。

[5]　黄明兰：《洛阳北魏世俗石刻线画集》，页24～29。

[6]　黄明兰：《洛阳北魏世俗石刻线画集》，页1～10。

[7]　長広敏雄：《六朝時代美術の研究》，页187～224，图17～28、43～56，東京，美術出版社，1969年。

[8]　周到主编：《中国画像石全集·石刻线画》，图79～85，郑州，河南美术出版社；济南，山东美术出版社，2000年。

[9]　芝加哥美术馆所藏资料，未发表。

宁懋石室（石棺）　殿堂式（图100）。正面门两侧各刻一身着铠甲的门吏，分别有"孝子宁万寿"、"孝子弟宁双寿造"的题记。左壁外面刻董永和董晏的故事，内面刻侍女、牛车。右壁外面刻丁兰和舜的故事，内面刻侍女、鞍马。后壁正面分

图98　洛阳孝子石棺画像（采自《瓜茄》5号，插页图）

图99　洛阳孝子石棺画像局部（郑岩摄影）

为左中右三部分，中央
空白，两侧刻庖厨，背
面刻三幅墓主像，均有
一名侍女扶持（见图
243、244）①。与之同时
出土的还有孝昌三年
（527 年）魏横野将军
甄官主簿宁懋墓志。

元谧石棺　匣式。
现存左右两帮和前挡
三石（图 101，又见图
317），石棺出土之初，

图 100　洛阳宁懋石室（郑岩摄影）

有彩绘和贴金。前挡刻一门，两侧各有一门吏，上部有一宝珠和两怪兽（见图
269）。左右两帮的中央各有一铺首衔环、两侧各刻一小窗，分别有两人从窗口
向外看，窗上部各有一怪兽。左帮在窗口和铺首衔环之间刻青龙与朱雀，右帮
对应的部位刻白虎与朱雀。两帮的前部和底部刻孝子故事，后部刻两仙人骑鸟。
以山林、树木、流云等填白，左帮所刻孝子有丁兰（见图 251）、韩伯余、郭巨
（见图 312）、闵子骞、眉间赤，右帮所刻孝子（孙）有原榖、舜、老莱子、董
永、尹伯奇。同墓出土正光五年（524 年）使持节征南将军侍中司州牧赵郡贞
景王元谧墓志②。

沁阳西向粮管所石棺床　高 43、长 223、横 112 厘米，棺床三面树立四块石板构
成的围屏，内面为阴线刻画像，内容有墓主夫妇像、侍女、高士、鞍马、牛车、千
秋万岁等，棺床前腿正面刻抱剑侍卫。

在洛阳以外的地区也发现有少量带画像的北魏葬具，如 1976 年在山西榆社河洼

---

① 需附带指出，国内出版的几种图录在介绍宁懋石室后壁画像布局时皆有错误。据笔者对实物目验，三
　幅墓主像位于后壁外侧；其内侧分为三部分，左右两端为两幅庖厨画像，其中有桔槔取水的一幅位于
　右端，中央的三分之一空白。

② 墓志现存明尼阿波利斯美术馆。Eugene Y. Wang，"Coffins and Confucianism – The Northern Wei Sarcopha-
　gus in The Minneapolis Institute of Arts，" *Orientations*，vol. 30，no. 6，p. 58，fig. 2.

村发现的一具石棺①，长220厘米。其前挡刻墓主夫妇坐在帷帐中欣赏乐舞，上部有题记，可知墓主为方兴，曾任绥远将军等职，卒于神龟年间（518～520年）。左帮刻人物骑龙、墓主出行、夫妇对饮（有"方父"、"方母"的题记）等，右帮刻白虎、百戏、射猎等（图102）。

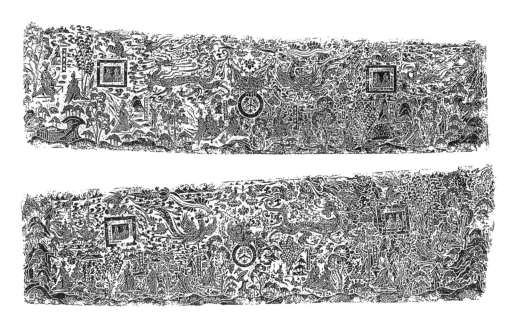

图101　洛阳元谧石棺画像（采自《瓜茄》5号，插页图）

图102　榆社河洼村石棺（郑岩摄影）

---

① 王太明、贾文亮：《山西榆社县发现北魏画像石棺》，《考古》1993年8期，页767；王太明：《榆社县发现一批石棺》，山西省考古学会、山西省考古研究所编：《山西省考古学会论文集（三）》，页119～122，太原，山西古籍出版社，2000年。

本书第八部分将论及北魏葬具的结构特征与象征意义等问题。现在简要讨论一下其画像所反映的几个问题。

首先，北魏葬具的画像装饰前后有一定的继承关系和阶段性特点。洛阳北魏晚期葬具上的许多画像可以在固原雷祖庙漆棺的画像中找到先例，如后者的孝子故事、两侧的小窗和龟背纹的装饰等在洛阳石葬具上均可以见到。而后者的鲜卑服饰到晚期则为褒衣博带的服装所代替，后者出现的明显受佛教美术影响的题材在晚期也不再流行。

其次，这些葬具的画像内容具有自身的特点，与同时期的壁画有一定的差异，如葬具上流行的孝子故事基本不见于墓室壁画（只在邓县学庄南朝墓中有所发现，但很可能是受到北朝葬具装饰的影响），另一方面许多题材也表现出与墓室壁画的联系，如棺盖上的银河、天象题材也见于北魏墓室壁画，石棺床上有的刻画墓主像，同样的题材见于王温墓壁画①。仙人驾御龙虎的题材，宁懋石室所见的牛车、鞍马和身着铠甲的门吏等，在年代较晚的北齐墓葬壁画都可见。

其三，洛阳北魏晚期葬具的画像还明显反映出一些来自南方的影响，如升仙画像中仙人驾御龙虎的题材应与南京一带南朝墓葬中的仙人引导龙虎的题材有一定关系，屏风式的构图可能也表现出南方的文化因素，而以大量的树木装饰画面似乎也与南朝的竹林七贤与荣启期画像有所联系。

（三）河北、河南、山西、山东地区的东魏北齐壁画墓

已发现的东魏壁画墓集中在河北南部，主要有 1956 年发现的河北吴桥小马厂村武定四年（546 年）平东大将军开府咨议参军事封柔墓和一座墓主不明的墓②、1973 年清理的河北景县野林庄武定五年（547 年）雍州刺史高长命（？）墓③、1974 年清理的磁县东陈村武定五年（547 年）西荆南阳郡君赵胡仁墓④、1976 年清理的河北赞

---

① 详见本书第八部分有关论述。

② 张平一：《河北吴桥县发现东魏墓》，《考古通讯》1956 年第 6 期，页 42～43。

③ 河北省文管会：《河北景县北魏高氏墓发掘简报》，《文物》1979 年 3 期，页 18～21。

④ 磁县文化馆：《河北磁县东陈村东魏墓》，《考古》1977 年 6 期，页 391～400、428。

皇南邢郭村武定二年（544 年）东魏司空李希宗墓①和 1978～1979 年发掘的磁县大冢营村武定八年（550 年）茹茹公主闾叱地连墓②等。

已发现的北齐壁画墓有 1986 年清理的山东临朐冶源海浮山天保二年（551 年）东魏威烈将军、南讨大行台都军长史崔芬墓③、1957 年清理的磁县讲武城太宁二年（562 年）比丘尼垣墓与 56 号北齐墓④、1973 年发掘的山西寿阳贾家庄太宁二年（562 年）定州刺史、太尉公、顺阳王厍狄迴洛墓⑤、1971 年清理的河北平山三汲村天统三年（566 年）祠部尚书、赵州刺史崔昂墓⑥、1975 年发掘的磁县东陈村天统三年（567 年）骠骑大将军、赵州刺史尧峻墓⑦、1978 年清理的磁县申庄武平元年（570 年）济南愍悼王妃比丘尼等行（李难胜）墓⑧、1979～1981 年发掘的山西太原王郭村武平元年（570 年）右丞相、东安王娄叡墓⑨、1984 年清理的济南马家庄武平二年（571 年）祝阿县令□道贵墓⑩、1973 年发掘的山东临淄窝托村武平四年（573 年）徐州长史崔博墓⑪、1971 年清理的河南安阳洪河屯村武平六年（575 年）骠骑大将军、开府仪同三司、凉州刺史范粹墓⑫、1971 年清理的河南安阳清峪村武平七年

①　石家庄地区革委会文化局文物发掘组：《河北赞皇东魏李希宗墓》，《考古》1977 年 6 期，页 382～390、372。

②　磁县文化馆：《河北磁县东魏茹茹公主墓发掘简报》，《文物》1984 年 4 期，页 1～15。

③　山东省文物考古研究所、临朐县博物馆：《山东临朐北齐崔芬壁画墓》，《文物》2002 年 4 期，页 4～25；Wu Wenqi, "Painted Murals of the Northern Qi Period," *Orientations*, vol. 29, no. 6, June 1998, pp. 60–69。

④　河北省文物管理委员会：《河北磁县讲武城古墓清理简报》，《考古》1959 年 1 期，页 25。

⑤　王克林：《北齐厍狄迴洛墓》，《考古学报》1979 年 3 期，页 377～402。有学者提到 1973 年寿阳县白家庄发现一座北齐河清三年（564 年）壁画墓，有青龙、白虎、朱雀和人物等内容，面积 12 平方米，部分脱落。潘絜兹、丁明夷：《山西壁画艺术》，《山西文物》1978 年 1 期；又见《中国考古集成》华北卷 2，页 1305。目前未见关于该墓的其他报道，颇疑为厍狄迴洛墓之误。

⑥　河北省博物馆、文物管理处：《河北平山北齐崔昂墓调查报告》，《文物》1973 年 11 期，页 27～38。

⑦　磁县文化馆：《河北磁县东陈村北齐尧峻墓》，《文物》1984 年 4 期，页 16～22。

⑧　张利亚：《磁县出土北齐愍悼王妃李尼墓志》，《文物春秋》1997 年 3 期，页 73～74。

⑨　山西省考古研究所、太原市文物管理委员会：《太原市北齐娄叡墓发掘简报》，《文物》1983 年 10 期，页 1～23。

⑩　济南市博物馆：《济南市马家庄北齐墓》，《文物》1985 年 10 期，页 42～48、66。

⑪　山东省文物考古研究所：《临淄北朝崔氏墓》，《考古学报》1984 年 2 期，页 234～238。

⑫　河南省博物馆：《河南安阳北齐范粹墓发掘简报》，《文物》1972 年 1 期，页 47～57。

（576 年）文宣帝妃颜玉光墓①、1975 年清理的磁县东槐树村武平七年（576 年）左丞相、文昭王高润墓②、1973 年清理的北京王府仓北齐墓③、1986 年清理的济南东八里洼北齐墓④、1987～1989 年发掘的磁县湾漳墓⑤、1987 年发掘的太原南郊第一热电厂北齐墓⑥和 2001 年开始发掘的太原王家峰北齐壁画墓⑦等。

根据墓葬整体形制和墓葬建造方式的不同，可以将这批墓葬分为砖室墓、石室墓和土洞墓三类。其中砖室墓发现数量相对较多，石室墓和土洞墓数量发现较少。

砖室墓多有长斜坡墓道和甬道，墓室多为单室，个别为双室。根据墓葬的规模和随葬品的多寡可以分为五型⑧。

A 型　墓道长 30 米以上，墓室边长 7 米以上，五层砖筑，设石棺床、石门。该型墓葬只有磁县湾漳墓一座。

磁县湾漳墓　方向 185°，墓道长 37 米，坡度 14°。甬道为券顶，分为南北两段，有三重封门墙。墓室四壁略外弧，南北 7.56 米，东西 7.4 米，复原后室内高 12.6 米（图 103）。石棺床呈须弥座式，床上有彩绘（见图 219）。一棺一椁。墓内保存壁画 320 平方米。墓道两壁画像前端绘有青龙（见图 207、208）、白虎，其后下层是各由 53 人组成的仪仗队列（图 104，又见图 212、213、214），末段仪仗人物身后绘廊屋，上层绘各种神禽异兽以及莲花、忍冬、流云等（图 105，又见图 214、218）。墓道地面绘莲花。照墙绘正面朱雀和怪兽（见图 215）。甬道绘侍卫形象。墓室四壁被烟熏黑，北壁可见帐幔、羽扇，南壁可见一对朱雀，东壁有怪兽残迹，四壁上部绘三十六

---

① 安阳县文教局：《河南安阳县清理一座北齐墓》，《考古》1973 年 2 期，页 90～91。

② 磁县文化馆：《河北磁县北齐高润墓》，《考古》1979 年 3 期，页 235～243、234。

③ 北京市文物管理局：《北京王府仓北齐墓》，《文物》1977 年 11 期，页 87～88。

④ 山东省文物考古研究所：《济南市东八里洼北朝壁画墓》，《文物》1989 年 4 期，页 67～78。

⑤ 中国社会科学院考古研究所、河北省文物研究所邺城考古工作队：《河北磁县湾漳北朝墓》，《考古》1990 年 7 期，页 600～607。

⑥ 山西省考古研究所、太原市文物管理委员会：《太原南郊北齐壁画墓》，《文物》1990 年 12 期，页 1～10。

⑦ 市所：《太原发现大型北齐壁画墓》，《中国文物报》2001 年 10 月 3 日，第 1 版；《发掘中的太原北齐壁画墓》，《文物天地》2001 年 6 期，封二；常一民、李非：《太原北齐墓葬壁画精彩纷呈，1500 年前仪仗队彩绘画卷完整展现，为中古时期疏体绘画杰作》，《中国文物报》2002 年 1 月 16 日，第 1 版。

⑧ 杨效俊在对东魏北齐墓葬的类型学分析中已经包含了对于壁画墓的分类，本书基本赞同杨文的分类。见杨效俊《东魏、北齐墓葬的考古学研究》，《考古与文物》2000 年 5 期，页 69～71。

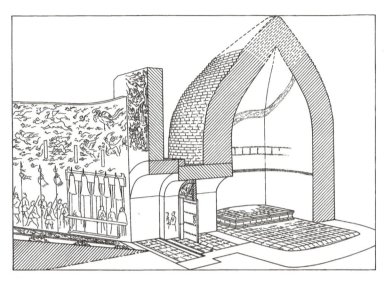

图 103　磁县湾漳墓墓室、甬道、墓道结构示意图（采自《磁县
湾漳北朝壁画墓》，第 8 页，图 5）

图 104　磁县湾漳墓墓道东壁
壁画局部（采自《磁县湾漳
北朝壁画墓》，彩版 36）

图 105　磁县湾漳墓墓道东壁壁画局部（采自《磁县
湾漳北朝壁画墓》，彩版 42.2）

禽（？）和建筑残迹；墓室顶部绘星象（见图 209）。石门外侧有一对高大的陶俑
（见图 216），墓室内出土陶俑多达一千五百余件（见 219），此外还有陶牲畜、陶
制模型、陶瓷器皿等。

　　B 型　墓道长 20 米以上（个别长约 50 米），墓室边长 5～6.5 米，多设有石
门、砖砌棺床，墓室为砖结构的单室，平面大致为方形，四壁略外弧，穹隆顶，

三层砖筑。属于该型的墓有闾叱地连墓、娄叡墓、高润墓等。

闾叱地连墓　方向190°。墓道长22.79米。甬道长5.76米，分为南北两段，有三重封门墙。有石门框、门楣，无门扉。甬道两壁各设一壁龛。墓室东西5.58、南北5.23米。墓室西侧设砖砌棺床，以青石条围边（图106）。墓道、甬道和墓室内皆绘有壁画，墓道东壁前段绘青龙，中段绘立姿仪卫7人，后段下栏绘廊屋内兵栏列戟，兵栏后有半身仪卫6人，末端绘门吏1人，上栏绘羽人、怪兽、瑞鸟、忍冬、莲花、流云。墓道西壁前段绘白虎，后段下栏绘廊屋内兵栏列戟，兵栏后有半身仪卫6人，最后绘门吏1人，上栏不清（图107）。墓道地面绘花草纹图案。照墙中央绘正面朱雀，两侧绘怪兽、莲花、流云等（图108、109）。墓室西壁下栏绘侍女立像10人，上栏绘白虎（图110）；北壁下栏绘墓主及持盖、扇的侍女立像（图111），上栏绘玄武；东壁

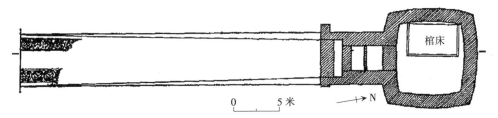

图106　磁县闾叱地连墓平面图（采自《文物》1984年4期，页2）

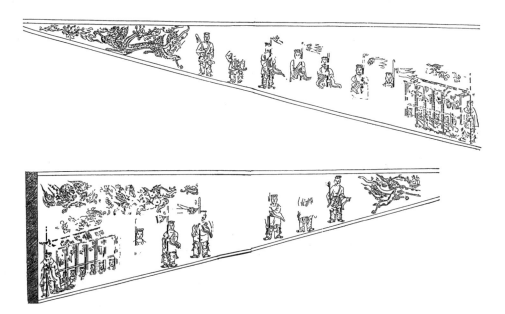

图107　磁县闾叱地连墓墓道壁画（采自《文物》1984年4期，页13、14）

图 108　磁县闫叱地连墓照墙壁画（采自
《文物》1984 年 4 期，页 15）

图 109　磁县闫叱地连墓照墙壁画（采自《中国美术
全集·绘画编 12·墓室壁画》，图版 56）

图 110　磁县闫叱地连墓墓室西壁壁画（采自
《文物》1984 年 4 期，页 15）

图 111　磁县闫叱地连墓墓室北壁壁画（采自
《文物》1984 年 4 期，页 15）

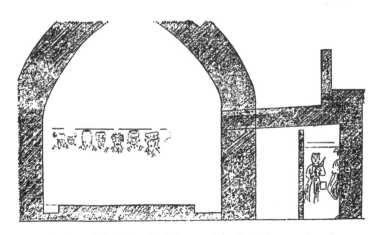

图 112　磁县闫叱地连墓墓室东壁壁画（采自《文物》1984 年 4 期，页 15）

下栏绘侍者立像,现存7人头部(图112),上栏不详;南壁不详;顶部绘星象。该墓虽经盗掘,仍出土了大量的随葬品,主要有拜占庭金币两枚,部分金饰品,铁器,数量较多的玛瑙珠,料珠,墓志和1064件陶俑。

娄叡墓　坐北朝南。墓道长21.3米,坡度15°。甬道全长8.25米,由一天井中分为前后两段,前段的前半部露天,后半部有木柱支撑的瓦顶,底面坡度22°。天井比甬道略宽,壁用砖砌。甬道后段为砖券顶,前后两端各有一封门墙,中央设石门。墓室东西5.7、南北5.65米,高6.58米(图113)。墓室西部有砖筑棺床,表面涂一层石灰,无彩绘。葬具为一棺二椁。墓道两壁均按水平方向分为三栏,西壁和东壁的上、中栏分别绘出行和回归的马队、驼队等,下栏和天井中下层绘军乐仪仗(图114、115、116、117、118、119、120,又见图222、223)。甬道后部绘门吏(图121)。门扉上绘青龙白虎,门额中央绘兽面,其上绘宝珠,两侧绘朱雀。门楣与门框绘莲花和忍冬图案。墓室北壁绘墓主坐于帷帐内的形象,两侧有乐伎;西壁绘墓主夫妇欲乘牛车出行的场面;东壁为鞍马侍从;南壁绘门吏。墓室四壁上部绘四神与雷公等(图122),墓顶下部绘十二辰与其他动物形象(图123,又见图224),墓顶绘星象。该墓曾多次被盗,但仍出土随葬品八百七十余件,包括金银铜铁质地的装饰品残件、珠玉器、蚌饰、瓷器、陶俑、石狮、石柱础、瓷器和墓志等,其中陶俑有610件。

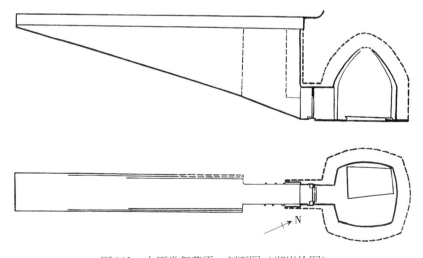

图113　太原娄叡墓平、剖面图(郑岩绘图)

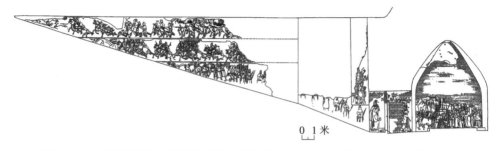

0 1 米

图 114　太原娄叡墓墓道、甬道与墓室西壁壁画（采自《文物》1983 年 10 期，页 3）

图 115　太原娄叡墓墓道西壁中层壁画（采自《文物》1983 年 10 期，页 20）

图 116　太原娄叡墓墓道西壁中层壁画局部　　图 117　太原娄叡墓墓道西壁中层壁画局部
　　　　（采自《北齐东安王娄睿墓》，图　　　　　　　　（采自《北齐东安王娄睿墓》，彩
　　　　版 23）　　　　　　　　　　　　　　　　　　　版 30）

图 118　太原娄叡墓墓道东壁上层壁画（采自《美术研究》1993 年 2 期，页 43）

图119　太原娄叡墓墓道东壁中层壁画局部（采自《北齐东安王娄睿墓》，彩版38）

图120　太原娄叡墓墓道东壁中层壁画局部（郑岩绘图）

图 121　太原娄叡墓门吏画像（采自《中国美术全集·绘画编 12·墓室壁画》，图版 67）

图 122　太原娄叡墓雷公画像（郑岩绘图）

图 123　太原娄叡墓十二时画像局部（郑岩绘图）

高润墓　方向 188°。墓道长约 50 米。甬道长 5.62 米，有两重封门墙，设石门。墓室南北 6.4、东西 6.45 米。墓室西侧石砌棺床（图 124）。墓道、甬道和墓室内皆绘有壁画，但只有少部分保存下来，其中墓道东壁上部绘有莲花、忍冬、流云等，墓室北壁绘墓主坐于帷帐中的正面像，帷帐两侧各有侍者 6 人，持伞盖等物（图 125），东壁残存牛（？）车、伞盖、扇等（图 126），西壁残存侍者 2 人，其余不详。

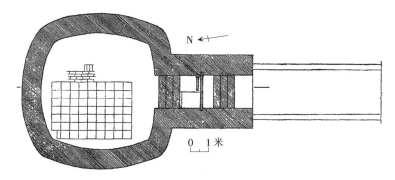

图124　磁县高润墓平面图（采自《考古》1979年3期，页236）

图125　磁县高润墓墓室北壁壁画（郑岩绘图）

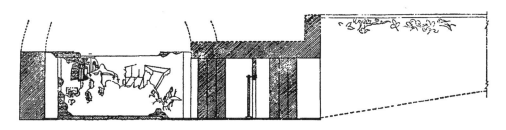

图126　磁县高润墓墓室与墓道东壁壁画（采自《考古》1979年3期，页236）

该墓被盗，所出土的随葬品有鎏金细颈壶、铜盒、玛瑙珠、料珠、石灯、石狮、墓志、瓷器和陶俑等，其中陶俑近400件。

　　C型　墓道长15米左右，墓室边长4.5～5.5米，多设有石门，墓室为砖结构的单室，平面大致为方形，四壁略外弧，券顶或穹窿顶，双层砖筑。属于该型的墓有库狄迴洛墓、尧峻墓等。

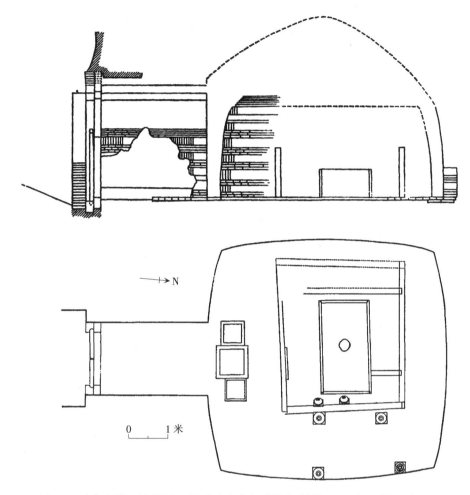

图 127　寿阳厍狄迴洛墓平、剖面图（采自《考古学报》1979 年 3 期，页 378）

厍狄迴洛墓　方向 197°。墓道长 12.5 米，坡度 28°。甬道长 3.1 米，甬道口设石门。墓室南北 5.42、东西 5.44 米，券顶，高约 4.6 米（图 127）。墓室中部有木构殿堂式椁（见图 271），中有匣式木棺一具。木椁东侧有石柱础 4 件，可能原有其他的陈设。墓门门楣上彩绘一侧面朱雀，门扉上绘青龙白虎，甬道东西壁各绘侍卫 4 人，墓室西壁发现一灰白色十字图案。墓中出土的随葬品主要有金质装饰品、玛瑙珠、玻璃器、玉器、钱币、骨器若干，鎏金铜器六十余件，铁器一百余件，釉陶器 33 件，陶器 9 件，墓志 3 件，陶俑一百二十余件。

尧峻墓　方向 192°。墓道长 14.8 米，甬道长 3.64 米，甬道口有封门墙，甬道中部设石门。墓室南北 4.38、东西 4.52 米，穹隆顶，墓室北部有砖砌棺床（图 128）。

在门墙中央绘正面朱雀，两侧绘羽人、莲花、流云等。该墓被盗，出土随葬品有青瓷高足盘1件、青瓷罐3件、青瓷三耳壶1件、墓志3盒和陶俑33件。

D型　砖筑双室墓，墓室边长约4.5米。该型墓只有高长命（？）墓一座。该墓坐北朝南，墓道情况不详，甬道长约2.4米，前后室平面均呈弧角方形，前室南北长约4.4米，后室南北长约4.6米，墓顶结构不详。前后室之间有一段通道，长约2.6米（图129）。墓门两侧各绘一门吏，门额绘火焰，两侧各绘一怪兽。该墓可能在葬后不久即遭破坏，墓室内的壁画全部被铲除，墓志被毁，随葬品只有陶器和瓷器各一件。

E型　砖结构的单室，墓室边长3米以下。该型墓只有太原第一热电厂墓一座。该墓方向190°，墓道被破坏，甬道长1.7米，外口筑有封门墙。墓室平面呈方形，四壁略外弧，边长2.68米，墓室四角各立一方柱，柱顶为仿木斗栱结构，穹隆顶。墓室北半部为砖砌棺床，前立面为须弥座式（图130）。墓室四壁绘有壁画（图131），北壁绘三位女性正面坐在帷帐下的屏风前，帷帐两侧各有一树，每棵树下有

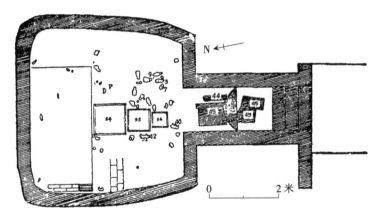

图128　磁县尧峻墓平面图（采自《考古》1984年4期，页16）

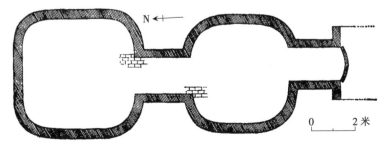

图129　景县高长命（？）墓平面图（采自《文物》1979年3期，页19）

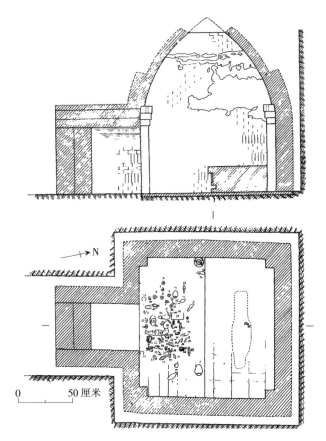

图 130   太原第一热电厂墓平、剖面图（采自《文物》1990 年 12 期，页 2）

图 131   太原第一热电厂墓壁画（采自《文物》1990 年 12 期，页 3、4）

男女侍者各一人。东壁北侧绘侍者或属吏 3 人，南侧绘牛车伞盖。西壁北侧残留三双黑靴，可能原来绘有侍者或属吏的形象，其余部分脱落。南壁壁画已脱落。墓顶北披画像多已脱落，残留有"千秋万岁"像、鸟、莲花、流云等。东披绘羽人骑青龙，前有另一羽人引导，周围点缀怪兽、莲花和流云。西披脱落严重，绘云人骑白虎，周围也点缀怪兽、莲花和流云。墓顶残留有星象。该墓未被盗，出土随葬品有瓷器、陶器陶俑、动物模型和铜钱等，共 64 件，未见墓志。其中陶俑 41 件，另有陶牛车、马、猪、羊、鸡等模型。

此外，太原王家峰北齐墓目前只发掘了墓道和过洞、天井部分，墓道长 20.3 米，有一个过洞和一个天井。墓道两壁

图 132　太原王家峰墓墓道西壁壁画局部（采自《北齐徐显秀墓》，图版 2）

前端绘 4 个怪兽引导，周围点缀莲花和云气。墓道两壁其余部分和过洞、天井的两壁绘规模宏大的仪仗队列（图 132，又见图 221），共 86 人，6 匹马。墓道底部发现十余件残陶俑。从盗洞探测可见墓室内的壁画也保存较好。

根据墓志的纪年，上述北齐壁画墓前后约延续 32 年。由于资料尚不够丰富，时间跨度较短，还难以看出明显的时代差异，但这一时期的墓葬等级差别比较明显。B 型墓根据所发现的墓志可知主要是王和公主一级的墓葬，其中高润、娄叡为正一品。这几座墓葬规模较大，大多随葬品比较丰富，陶俑数量一般在数百件，其中间叱地连墓的陶俑多达上千件。属于 A 型的湾漳墓未见墓志，与 B 型墓相比较，该墓的规格更高，不仅墓葬形制更为宏大，而且墓道壁画的仪仗规模也前所未有，学者们因此推测该墓为皇帝一级的陵墓，应是可信的。C 型墓的墓主库狄迴洛、尧峻为从一品，该型墓规模略小，壁画明显受到高等级类型墓葬的影响。D 型墓双室的形制比较特殊，可以看作一种"变异"形式。E 型墓的规格较低，随葬品很少，但室内壁画比较完整，可以明显看到来自京畿地区的影响。

以邺城为中心的这些砖室墓最大的特征就是形成了比较严格的规制，这一点无论在墓葬形制还是壁画方面，都表现得比较明显。墓主身份较高，应是规制形成的

一个重要原因。这种规制在中国墓葬壁画发展史上有着重要的地位,我将在本书第六部分对此进行专题讨论。

石室墓主要分布在山东地区,计有崔芬墓、□道贵墓、济南东八里洼墓和崔博墓4座,不再进行分型。

崔芬墓　由石条和石板构筑,方向150°。斜坡墓道,残长9.4米。甬道长0.64米,设石门。墓室平面呈正方形,边长3.58米。北壁中部和西壁中部各设一小龛,覆斗顶,高3.32米(见图225)。墓室西部有长方形石棺床,木棺已朽,残存的棺板上有彩绘卷云纹。甬道两壁以阴线刻出执仪刀的门吏,面向墓外,但又以彩绘武士覆盖,武士身着铠甲,仗剑持盾,赤足,貌似天王,面向墓内,背后有山石树木(图133)。门扉内面有彩绘的古树①。在墓室四壁及墓顶粉刷一层极薄的白灰,再施以彩绘(图134、135、136、137)。墓室北壁下龛两侧各绘两曲屏风,西侧两屏风上绘高士;东侧西端的屏风绘高士,东端的屏风绘两个跳胡舞的人,似为女子(见图302)。小龛上部的横额绘一玄武,背后有一仗剑的武士露出半身,两侧各绘一怪兽和树木山石(图138),与此相接的墓顶北坡也绘有怪兽和树木、山石、流云、星辰等。东壁绘7曲屏风,其中北端一曲绘一人牵马,南端两曲绘树木怪石,其余四曲均绘高士。东坡绘一神人骑青龙,周围绘人面、怪兽、树木、月亮、流云、星辰等(见图135)。西壁小龛两侧各绘两曲屏风,南侧南端屏风绘树木怪石;北侧南端屏风绘树下鞍马,北端屏风绘高士。小龛上部的横额上绘墓主夫妇在侍女扶持下出行的场面(见图139)。西坡绘一神人骑白虎,周围绘怪兽、树木、月亮、流云、星辰等(见图136)。以上高士画像共八幅,高士背后均有一至两名侍女,另绘有树木和怪石等。南壁东壁绘两曲屏风,屏风内无其他图像。南壁西侧绘一朱雀(见图137)。墓葬在清理前遭破坏,只出土了银簪,铜镜、铃、环,青瓷鸡首壶、罐、碗、豆,泥钱,墓志和残陶俑等四十余件随葬品。

□道贵墓　方向190°,由墓道、甬道和墓室组成。墓道为竖穴,底部略呈斜坡状,长4米。甬道长1.8米,南端用三块石板封门。墓室用不规则的石块砌筑,平面略呈梯形,南北长3.4、北壁宽2.8、南壁宽3.3米,顶部叠涩为穹隆顶,高3.2米。甬道南口的门墙上彩绘一兽面。墓室四壁和顶部不平整,抹一层白灰,在白灰上绘

---

① 此为笔者调查所见,目前有关该墓壁画的报道均遗漏这一细节。

图 133　临朐崔芬墓甬道壁画（外侧为线刻画像采自 *Orientations* vol. 29，no. 6，p. 60.
　　　　内侧为彩绘画像，郑岩绘图）

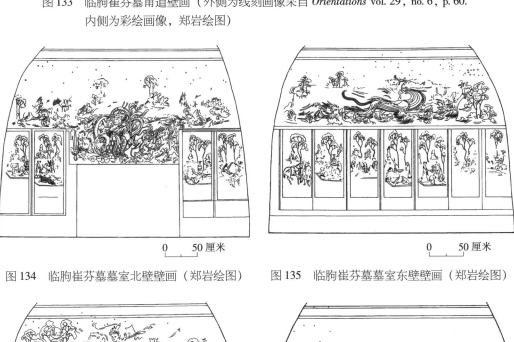

0　50 厘米

图 134　临朐崔芬墓墓室北壁壁画（郑岩绘图）　　　图 135　临朐崔芬墓墓室东壁壁画（郑岩绘图）

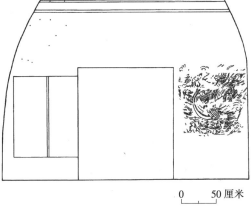

0　50 厘米

图 136　临朐崔芬墓墓室西壁壁画（郑岩绘图）　　图 137　临朐崔芬墓墓室南壁壁画（郑岩绘图）

图 138　临朐崔芬墓白虎画像（刘小放摄影）

图 139　临朐崔芬墓墓主画像（刘小放摄影）

壁画（图 140）。北壁绘墓主正面端坐于九曲屏风前，左右各有一侍者，屏风上绘有山峦和流云（图 141），西壁绘一车及侍女 3 人（图 142），东壁绘鞍马伞盖及侍者 4 人（图 143），南壁墓门两侧各绘一拄仪刀的门史。顶部绘日月星辰，其中北披绘北斗，西披绘太阳，东披绘月亮。该墓未被盗，出土随葬品较少，有铜指环（?）、铜钱、瓷壶、瓷碗、陶盘、墓志等，无陶俑。

济南东八里洼墓　方向 195°，由墓道、墓室组成。墓道前段为斜坡式，残 2 米，坡度 28°，估计总长约 5 米；墓道后段为水平式，长约 0.9 米。无甬道，以石条封门。墓室平面近似抹角长方形，底部铺不规则的石块，四壁也以不规则的石块砌筑，穹隆顶，墓室南北 3.9、东西 3.4、高 2.3 米（图 144）。墓壁和墓顶抹白灰，东西壁可辨有两侍女形象，北壁绘八曲屏风，上部和两侧绘帷帐，中间四曲屏风中绘树下高

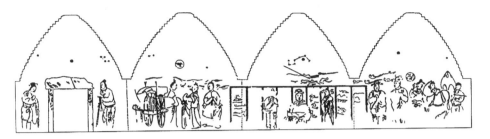

图 140　济南□道贵墓壁画（采自《文物》1985 年 10 期，页 45）

图 141　济南□道贵墓北壁画像（刘小放摄影）

图 142　济南□道贵墓西壁画像（刘小放摄影）

图 143　济南□道贵墓东壁画像（刘小放摄影）

士，西起第四曲还绘有一侍童（图 145）。该墓被严重破坏，收集到随葬品有鎏金铜灯盏 4 件、铜钱 15 枚、铁铲 2 件、陶俑及动物仓厨模型 73 件，以及陶罐、陶碗等，其中陶俑包括镇墓兽和镇墓武士俑、以牛车为中心的仪仗俑和侍仆俑等。

崔博墓　面朝西北，墓室平面呈圆形，穹隆顶，以不规则的石条筑成。墓壁抹一层白灰泥。墓门内两侧分别彩绘一武士，似配剑，惜保存状况不佳。随葬有陶俑33 件、陶生活用具模型 10 件、陶畜禽模型 8 件，以及铁器、瓷器随葬品等。

关于山东地区北齐壁画墓特点及其与中原地区的关系，我将在本书第六部分进行讨论。

北齐时期还发现少量带画像的葬具，包括约 1922 年出土于河南安阳附近、构件分散在欧美几家博物馆的一具石棺床①和近年日本 Miho 博物馆购进的一具石棺床（见图 257、291、292、293、294、297）②。1971 年青州傅家村出土一批北齐武平四年（573 年）的线刻画像石（见图 258、259、260、261、262、263、264、265、266、

---

① 姜伯勤：《安阳北齐石棺床的图像考察与入华粟特人的祆教美术》，《艺术史研究》第 1 辑，页 151 ~ 186，广州，中山大学出版社，1999 年。

② Annette L. Juliano and Judith A. Lerner," Cultural Crossroad: Central Asian and Chinese Entertainers on the Miho funerary Couch," *Orientations*, October, 1997, pp. 72 – 78.

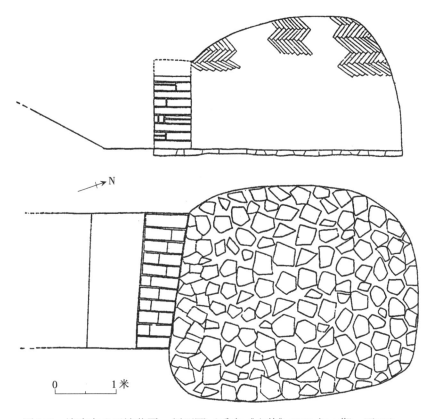

图 144　济南东八里洼墓平、剖面图（采自《文物》1989 年 4 期，页 69）

图 145　济南东八里洼墓壁画（采自《文物》1989 年 4 期，页 69）

281、295），原墓葬已被破坏①。这批石刻应属于一具石棺的构件。这些葬具均与入

---

① 山东省益都县博物馆夏名采：《益都北齐石室墓线刻画像》，《文物》1985 年 10 期，页 49～54；夏名
采：《青州傅家北齐画像石补遗》，《文物》2001 年 4 期，页 92～93。

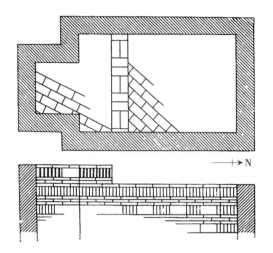

图 146　临沂金雀山墓平、剖面图（采自《文物》1995 年 6 期，页 72）

华粟特人有密切的关系。我将在第八部分对有关问题进行讨论。

土洞墓只有颜玉光墓和范粹墓两座，壁画保存都不好。

此外，1988 年临沂金雀山清理一砖室墓，形制和画像风格与常见的北朝墓不同[1]。该墓坐北朝南，平面呈"凸"字形，通长 3.88、宽 1.82 米。墓室后半部有砖砌棺床（图 146）。墓室四壁嵌有画像砖，其中东壁有青龙、白虎画像，西壁有朱雀、狮子、马画像，北壁有玄武画像（图 147），另外还有一种人物画像砖（图 148），见于东、西、北壁。该墓早年被盗，随葬品有银钗、青瓷碗等。该墓形制具有南朝砖室墓的一般特征，画像均为浅浮雕，一砖一画，与南朝砖室墓中出土的画像砖风格比较一致。临沂在南北朝时期上曾属刘宋之徐州琅琊郡，该墓或为刘宋时期的墓葬，或为年代略晚而受到南朝文化强烈影响的北朝墓。

（四）陕西、宁夏地区的西魏北周壁画墓

目前已发现的西魏壁画墓只有 1984～1985 年清理的陕西咸阳胡家沟大统十年（544 年）太师开府参军事侯义墓一座[2]。该墓为单室土洞墓，由墓道、甬道和墓室

---

① 　临沂市博物馆：《山东临沂金雀山画像砖墓》，《文物》1985 年 6 期，页 72～78。

② 　咸阳市文管会、咸阳博物馆：《咸阳市胡家沟西魏侯义墓清理简报》，《文物》1987 年 12 期，页 57～68。

图 147 临沂金雀山墓画像（采自《文物》1995 年 6 期，页 73）

图 148 临沂金雀山墓人物画像（采自《文物》1995 年 6 期，页 76）

组成，方向 170°。墓道残存 3. 13 米，为斜坡台阶式，封门墙下部及内外东西两壁涂朱红色，在甬道两壁近墓室处可见有黑色花草树木与人马残迹，墓室顶部有星象残迹。墓葬被盗，收集到随葬品一百六十余件，主要为陶俑，少量铜、铁和漆器。

已发现的北周壁画墓资料有 20 世纪 50 年代初发掘的陕西咸阳底张湾建德元年（572 年）墓①、1958 年清理的陕西华县 58 H. C. M4②、1983 年发掘的固原县深沟村天和四年（569 年）柱国大将军原州刺史河西公李贤墓③、1988 年清理的咸阳底张湾建德五年（576 年）使持节仪同大将军王德衡墓④、宣政元年（578 年）大都督武平县

① 郑振铎：《在基本建设过程中保护地下文物的意义与作用》，《文物参考资料》1954 年 9 期，页 44；《文物参考资料》1954 年 10 期，图版 98；又有报道说当时发现的建德元年、建德五年的两座纪年墓，一座无纪年的墓，均为长斜坡带天井的墓道和土洞墓室，墓道和墓室壁上有人物壁画，见茹士安、何汉南《西安地区考古工作中的发现》，《文物参考资料》1955 年 3 期，页 22。

② 宿白：《宁夏固原北周李贤墓札记》，《宁夏文物》总 3 期（1989 年 11 月），页 1。

③ 宁夏回族自治区博物馆、宁夏固原博物馆：《宁夏固原北周李贤夫妇墓发掘简报》，《文物》1985 年 11 期，页 1 ~ 20。

④ 贠安志：《中国北周珍贵文物》，页 36 ~ 59，西安，陕西人民美术出版社，1993 年。

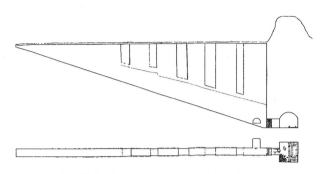

图 149　固原宇文猛墓平、剖面图（采自《宁夏考古文集》，页 135）

开国公金州刺史独孤藏墓①、大成元年（579 年）尉迟运墓②、王士良董荣晖合葬墓③、1989～1990 年发掘的咸阳北斗乡建德四年（575 年）骠骑大将军开府仪同三司大都督南阳开国公叱罗协墓④、1993 年发掘的宁夏回族自治区固原县王涝坝村保定五年（565 年）大将军大都督宇文猛墓⑤、1996 年发掘的固原大堡村建德四年（575 年）柱国大将军田弘墓⑥、2000 年发掘的陕西西安北郊炕底寨大象元年（579 年）同州萨保安伽墓⑦等。以上墓葬的壁画大多保存状况不好，只有宇文猛、李贤、田弘、安伽等人的墓葬有壁画保存下来。

宇文猛墓　方向 192°。为长斜坡墓道多天井单室土洞墓，由封土、墓道、5 个天井、5 个过洞、甬道和墓室组成，总长 53 米。墓道坡度 19.8°；在第五号天井西壁有一壁龛。甬道长 2.55 米，甬道口有一封门墙。墓室平面呈方形，南北 3.5、东西 3.6 米，可能为券顶。靠近墓室西北壁有砖砌的长方形棺床，葬具为一棺一椁（图 149）。仅在第五号天井东壁靠近南过洞口处残留一仗剑武士的画像（图 150）。该墓被盗，

① 负安志：《中国北周珍贵文物》，页 76～93。
② 该墓发掘时间不详。负安志：《中国北周珍贵文物》，页 93～109。
③ 董荣晖葬于北周保定五年（565 年），王士良身份为使持节上大将军并州刺史广昌郡开国公，葬于隋开皇三年（583 年），故墓葬营建时代应为北周。负安志：《中国北周珍贵文物》，页 109～131。
④ 负安志：《中国北周珍贵文物》，页 10～36。
⑤ 宁夏文物考古所固原工作站：《固原北周宇文猛墓发掘简报》，许成主编：《宁夏考古文集》，页 134～147、216，银川，宁夏人民出版社，1996 年。
⑥ 原州联合考古队：《北周田弘墓——原州联合考古队发掘调查报告 2》，东京，勉诚出版，2000 年。
⑦ 陕西省考古研究所：《西安北郊北周安伽墓发掘简报》，《考古与文物》2000 年 6 期，页 28～35；陕西省考古研究所：《西安发现的北周安伽墓》，《文物》2001 年 1 期，页 4～26。

出土的随葬品有铁剑、陶罐、陶盘口壶和陶俑共一百余件。

李贤墓　方向175°。为长斜坡墓道多天井单室土洞墓，由封土、墓道、3个天井、3个过洞、甬道和墓室组成。墓道长42米，坡度20°；过洞为拱形顶土洞式，均以砖夹土坯封砌，有安装木门的痕迹。墓室平面近方形，东西4、南北3.85米，顶部坍塌，可能为券顶。墓室西部发现男女骨架各一，男性一棺一椁，女性一棺（图151）。在甬道和过洞外，甬道、过洞、天井两壁，墓室四壁均发现壁画，用白色灰浆打底，主要色彩为红、黑两色，形象较为粗率。在第一过洞和甬道口外上方绘双层门楼（图152），第三、四过洞上方绘单层门楼。在墓道和天井两壁上部绘一红色条带，其下墓道、过洞和天井东西两壁各绘一武士（153－1、153－2、153－3），其中第一过洞外墓道东西两壁存有两双手拄仪刀的门吏画像；每个天井东西两壁各绘两名手执仪刀的武士，每个过洞两壁各绘一名手执仪刀的武士，共计18名。墓室四壁绘侍从伎乐，均用红色边框分割，其中北壁原有6人，东西两壁原各有5人，

图150　固原宇文猛墓壁画（郑岩绘图）

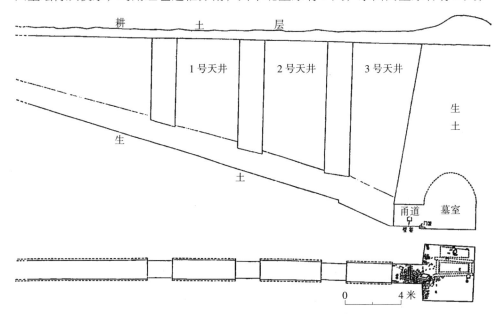

图151　固原李贤墓平、剖面图（采自《文物》1985年11期，页2）

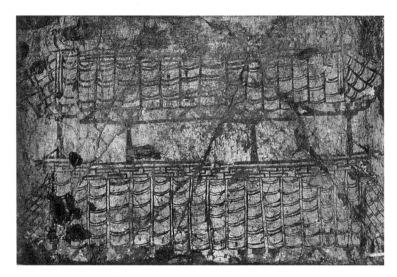

图 152　固原李贤墓第一过洞口上方门楼（采自《中国出土壁画全集》
第 9 卷，页 149，图 143）

图 153　固原李贤墓壁画（郑岩绘图）

1. 墓道西壁武士画像　2. 第一过洞西壁武士画像　3. 第二过洞东壁武士画像
4. 墓室南壁女子画像　5. 墓室东壁女子画像

南壁墓门两侧原各有 1 人，以上 20 人的画像中，现仅存 3 人形象较完整。西壁南端
第一人手执拂尘，第二人手执团扇（图 154），南壁东端绘击鼓的伎乐女工（图153 -
4、155），东壁南端绘一女工击腰鼓（图 153，5）。该墓曾被盗，出土的随葬品有金
银器、玻璃器、玉器、珠饰和陶俑等，其中金戒指、鎏金银壶、玻璃碗等应来自波
斯萨珊朝，陶俑数量达 255 件。

　　田弘墓　坐北朝南。为长斜坡墓道多天井多室土洞墓，由封土、墓道、5 个天
井、4 个过洞、甬道、主室、后室和侧室组成。墓道长 45.3 米，坡度 12°；在第四过

图 154　固原李贤墓墓室西壁南端第二位侍女 　　　图 155　固原李贤墓墓室南壁东端伎乐女工
　　　画像（采自《中国出土壁画全集》 　　　　　　画像（采自《中国出土壁画全
　　　第 9 卷，页 164，图 158） 　　　　　　集》第 9 卷，页 161，图 155）

洞内有一封门墙。甬道长 2.16 米，安装木门。主室平面大致呈方形，南北 3.26、东
西 3.27 米，顶部坍塌，可能为穹窿顶。后室平面大致呈长方形，长 3.78，内小外
大，宽 0.99～1.46 米，可能为券顶。侧室位于东壁中央，平面大致呈长方形，长
2.32，内小外大，宽 0.93～1.34 米，可能为券顶。主室和后室各安放双重木棺一套，
安放在后室的为田弘的棺，安放在主室的为田弘夫人的棺。墓道中未发现壁画。主
室北、东、西三壁，后室东、西壁，侧室北、南壁，甬道东西壁均发现壁画，但毁
坏比较严重。主室北壁通往后室的门两侧各绘两门吏，面向中央（图 156、157－1）；

东壁残存两文官形象，面向甬道；西壁北段绘仗剑武士数人，南段有塌落下的人物面部，均面向甬道（图157－2）。后室东西两壁用红色绘纵向条带。侧室也有红色条带的痕迹。甬道两侧的图像不清。该墓曾被盗，出土的随葬品有东罗马金币、金花、玉器、云母、玻璃珠、水晶珠、漆盘、漆纱冠、甲骑具装俑、陶狗、陶鸡和陶壶等。

图156 固原田弘墓主室北壁壁画（采自《北周田弘墓》，彩版13.1）

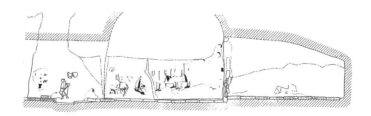

图157 固原田弘墓壁画（采自《北周田弘墓》，页269、270）

安伽墓 方向180°。为长斜坡墓道多天井单室砖墓，由墓道、5个天井、5个过洞、甬道和墓室组成，总长35米。墓道坡度19°；第一、二、三个天井已被破坏；过洞为拱形顶土洞式；甬道长2.56米，设石门，门砧上有圆雕的石狮；墓室平面近正方形，四壁略向外弧，南北3.46、东西3.68米，穹隆顶，高3.3米（图158）。

墓道第三、四天井东西两壁均绘有壁画，四周有深红色边框，正中均以墨线绘头戴兜鍪的挂剑武士。第四过洞入口上方残留有忍冬花。石门以上半圆形的门额上装饰彩绘贴金的减地浅浮雕，刻有骆驼载火坛、半人半鹰的祭司、伎乐飞天和各种供品等（图159、160）。门楣、门框装饰线刻贴金图案，门楣中央为一兽面，两侧及门框为葡萄纹，门环表面镏金。墓室四壁有红色条纹带，原来可能绘有壁画。墓室内发现石棺床一具，边缘正面和两侧为彩绘贴金浅浮雕图案，在联珠纹内雕刻各种禽兽面部，床足刻力士。围屏内面所装饰彩绘贴金减地浅浮雕画面分为12扇，表现出行、狩猎、野宴、歌舞、乐舞、燕居、庖厨等胡人生活的内容，异常

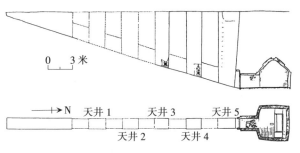

图158 西安安伽墓平、剖面图（采自《文物》2001年1期，页5）

图159 西安安伽墓门楣画像（采自《西安北周安伽墓》，图版14）

精美（图161，又见图253）。该墓未被盗，但尸骨发现于甬道中，封门时曾点火焚烧，除尸骨上的铜带具未发现其他随葬品。根据墓志所记，墓主安伽为同州萨保，应属粟特人。

咸阳底张湾墓只发表了墓室北壁发现的一侍女图像的照片。叱罗协墓过洞和甬道口上方有楼阁，第六过洞东壁有一人像的上半身，但未见详细的报道。其他北周壁画墓的壁画只有一些零星的残迹，大都无法辨清图像。

此外，北周葬具上也偶见线刻画像，见于报道的有匹娄欢棺的图像，该棺盖面刻伏羲女娲，侧面刻青龙白虎等①。其雕刻技法和题材与北魏洛阳的葬具装饰一脉相承。

---

① 武伯纶：《西安碑林述略——为碑林拓片在日本展出而作》，《文物》1965年9期，图版2。

0   10 厘米

图 160　西安安伽墓门楣画像（采自《文物》2001 年 1 期，页 91）

图 161　西安安伽墓石棺床画像（采自《文物》2001 年 1 期，页 11）

　　壁画墓在北周高级贵族墓葬中占有极高的比例，除了北周武帝孝陵，其他高级贵族墓几乎都绘有壁画①。与东魏北齐壁画墓相比较，可以明显地看到北周墓葬壁画的一些差异。后者除了题材方面比较单一外，绘画风格大多比较粗率。但是二者都注重对墓道加以装饰，题材上可能也有一些联系。此外，北周墓道壁画中手挂仪刀的门吏和仪卫与邓县学庄南朝墓同类画像比较一致。邓县在西魏时已经并入北朝领土，因而北周墓葬壁画受到这一地区的影响也是完全可能的②。关于西魏北周壁画墓对于隋唐艺术的影响，杨泓已有比较详细的讨论③，此不赘述。

　　安伽墓采用了北周墓常见的形制，在墓道两壁绘武士的做法也与其他墓葬相同，但另一方面该墓又具有自身的特点，其图像有明显的祆教色彩，葬俗也比较特殊，是研究入华粟特人美术的一批重要材料④。

---

① 原州联合考古队：《北周田弘墓——原州联合考古队发掘调查报告 2》，页 123。

② 杨泓：《隋唐造型艺术渊源简论》，页 158～159，杨泓：《汉唐美术和佛教艺术》，北京，科学出版社，2000 年。

③ 同上。

④ 有关论述见韩伟《北周安伽墓围屏石榻之相关问题浅见》，《文物》2001 年 1 期，页 90～101。

下编　分析与探讨

五　从魏晋壁画墓看凉州与中原的文化关系

除了西晋短暂的统一外，魏晋南北朝基本上是一个分裂的时代。各地区由于政权分治和文化传统等方面的差异，形成了各自不同的文化面貌，这一点在本书的上编已有比较多的讨论。而军事征伐、人口流徙、宗教传播等活动，又为实现各地区之间的联系提供了条件，为文化和艺术的交融开辟了广阔的空间。我试图以河西地区的魏晋壁画墓为例，对不同地区间的文化关系做比较具体的观察，而在以后各部分的讨论中，也将从不同角度涉及其他地区之间文化的互动问题。

河西地区在中国文化史上有着重要的意义，半个多世纪以前，陈寅恪在《隋唐制度渊源略论稿》一书中指出：

> 又西晋永嘉之乱，中原魏晋以降之文化转移保存于凉州一隅，至北魏取凉州，而河西文化遂入于魏，其后北魏孝文、宣武两代所制定之典章制度遂深受其影响，故此（北）魏、（北）齐之源其中亦有河西之一支派……①

陈氏的观点对于魏晋南北朝史研究产生了重要影响。如果说这一结论是通过文献研究得出的，那么1986年宿白对于凉州佛教遗存的分析则建立在实物资料基础之上，他所提出的"凉州模式"② 是佛教考古的突破，对于各地区文化关系的研究具有

---

① 陈寅恪：《隋唐制度渊源略论稿》，页2，北京，生活·读书·新知三联书店，1954年。
② 宿白：《凉州石窟遗迹与"凉州模式"》，《考古学报》1986年4期，页435~446；重刊于宿白：《中国石窟寺研究》，页39~51，北京，文物出版社，1996年。

重要的意义。而与大量地上佛教文物并存的河西魏晋壁画墓，也为认识该问题提供了一个新视点。

（一）河西墓葬壁画题材的进一步分析

本书上编第二部分对西北地区壁画墓的分期与分区研究，已着重分析了河西魏晋壁画墓的形制，在此还需要对其壁画的题材作进一步讨论。

首先有必要对此处所采用的观察方法作一些说明。除酒泉丁家闸 5 号墓以外，酒泉和敦煌壁画墓多装饰画像砖。已经出版的许多报告和图录为了便于研究者观察到画面细部的特征，往往以砖为单位，尽量将图版印刷得较大。因为图版数量的限制，编写者不得不对画像进行选择，并按照题材重新进行编排，但是对于画像砖题材的确定常常从比较直观的特征出发。由此产生的问题是，这些画像砖原有的排列方式得不到充分表现，借助于出版物进行研究的学者容易产生一种错觉，忽视了这些画像砖之间原有的联系，将目光局限在小幅的画面之中。

发掘报告没有说明这些画像砖是先绘后砌还是相反。通过报告中较清晰的一些图版观察，许多画像砖作为底色的白垩和红色边框往往跨越相邻两砖的接缝，而主体图像有时也会突破砖缝的界限，如新城 3 号与 5 号墓的几幅"出行图"（图 162）、佛爷庙湾 37 号墓照墙上的兽面等，都占据了两块甚至数十块砖的面积[1]，根据这种"叠压关系"不难确定这些画面是在建成墓室之后绘制的。也就是说，在当时画工的眼中，这些看似独立于每块砖上的画面是统一设计、互相关联的[2]，并不像我们在一幅幅印刷精美的图版中看到的那样彼此毫不相干。具体地说，一座画像砖墓的装饰大致可以分为以下几个层次：一、以每一块砖为单位，绘制较简单的内容，一般只有一两个人物或动物，画面四周有红色的边框，这样一小幅画像是一个相对独立的

---

[1]　甘肃省文物队、甘肃省博物馆、嘉峪关市文物管理所：《嘉峪关壁画墓发掘报告》，彩版二；甘肃省文物考古研究所戴春阳主编：《敦煌佛爷庙湾西晋画像砖墓》，图版 4。

[2]　在墓葬建成之前就制作完成的画像石和模印画像砖在拼装时也遵循一定的原则，但是在建成后的墓壁上直接作画更易于表现画工的总体构思，而不至于出现位置的错乱。

图 162　嘉峪关新城 3 号墓前室东壁壁画（采自《嘉峪关壁画墓发掘报告》，彩版 1.2.1）

单元①；二、由多块画像砖互相关联，拼成一个更大的画面，占据一面墙壁，甚至包括相邻墙壁的一部分，表现同一个大的主题；三、每个墓室中不同的主题由其闭合式的建筑结构联系在一起，与葬具、随葬品产生联系，使每个墓室成为一个具有象征意义的空间，而各个墓室及照墙又组成一个不可分割的整体。基于这种观察方法，在考察画像的题材时就不能只将视野局限于每块画像砖的边框以内。

《嘉峪关壁画墓发掘报告》第二部分"壁画分布"一节以墓室为单位归纳壁画各种题材的分布规律，其方法和结论是基本正确的。接下来"壁画内容简介"一节又选择较典型的 5 号墓和 6 号墓以砖为单位逐一加以介绍，但四壁画像砖编号以上下为序，弱化了每面墙壁上题材的统一性。本书第二部分已经对几座墓画像的内容作了

---

① 河西画像砖墓将画幅分割为以砖为单位的小单元的原因可能是多方面的，粉本的使用应是产生这一形式的原因之一。我推测当时曾使用一种小幅的粉本，如稍晚的河南邓县学庄南朝画像砖墓制作时可能就有这样的小幅粉本。而有些大幅的画面可以用这些小的粉本拼成，如朝鲜平壤附近 408 年的德兴里墓前室天顶壁画就像是由多个小幅画面组成的，其中"千秋之象"、"万岁之象"与邓县学庄墓如出一辙，可能与粉本的流传使用有关。又巫鸿认为山东东汉武梁祠顶部的分行罗列的祥瑞画像，出自一种称作《瑞图》的目录式画像。这种小幅粉本显然凉州地区仍在使用，如佛爷庙湾照墙上的祥瑞采用了与武梁祠类似的排列方式，而每一小幅画面的大小恰好与砖面相合（详见下文）。段文杰曾提到敦煌藏经洞传自南朝的《瑞应图卷》（P.2683）与敦煌 249 窟有密切关系。《瑞应图卷》中的动物形象与河西墓葬壁画中的许多形象也很相似。Wu Hung, *The Wu Liang Shrine: The Ideology of Early Chinese Pictorial Art*, Stanford, California, Stanford University Press, 1989, pp.73 - 107；段文杰：《道教题材是如何进入佛教石窟中的——莫高窟 249 窟窟顶壁画内容探讨》，《段文杰敦煌艺术论文集》，页 332，兰州，甘肃人民出版社，1994 年。

介绍，此处再以 5 号墓为例进一步作些归纳。我按照后室—前室—墓道的次序①，以每一方向的壁面为单位观察。这座墓葬的后室作为墓主起居之处，在南壁（正壁）绘制了墓主最贴身的用品，蚕丝和绢帛是服装材料，刀和麈尾是男墓主佩带把持的器具，圆盒可能是女主人梳妆或盛放细软的用具。该墓为二人合葬墓，报告未介绍骨架和葬具的具体情况，根据一般规律，死者尸体的放置应为男右女左，因此壁画中将麈尾、刀等画在右侧，将圆盒等画在左侧（图 163），与死者尸体的位置相对应，与随葬品的摆放方式一样。

该墓前室南壁（正壁）门洞右侧的画像内容（图 164）显然是和东壁（右壁，

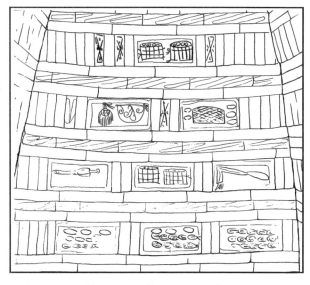

图 163　嘉峪关新城 5 号墓后室南壁画像（郑岩绘图）

图 164　嘉峪关新城 5 号墓前室南壁画像（郑岩绘图）

① 壁画在墓室内各个不同的空间单位分布时应有一定的顺序，一般说来，墓葬内的画像主要不是为生者绘制的，其假定的"观者"应是墓主本人，而墓主的尸体就放在后室，所以从墓主的角度去看这些画像，其起点也应在后室。如山东苍山东汉元嘉元年（151 年）墓内题记对其画像的叙述即从后室开始，关于苍山墓画像叙事程序的讨论见 Wu Hung, "Beyond the Great Boundary: Funerary Narrative in Early Chinese Art," in J. Hay, ed., *Boundaries in China*, London, Reaktion Books, 1994, pp. 81 – 104.

图165、166）的画像连成一体的。这些画面除了一幅画在半块砖上的侍女进食以外，基本可分为两类，一是占据了墙壁大部分空间的农桑活动内容，二是画在多块砖上的大幅墓主出行画像。东壁的壁画直接延伸到北壁左半部（图167），其中的"驿传图"是东壁墓主出行的一部分。再回过来看一下该室南壁左半部的画像（见图164），这部分的内容无疑又与西壁（左壁，图168、169）的画像连为一体，其主题以庖厨为中心。北壁右半部的图像也与西壁题材相关，其中的狩猎画面应是为庖厨提供肉食的环节，并不是典型的生产题材；上部的守门犬显然与它处在墓门旁边这一特殊位置有关（见图167）。

如此看来，以墓室南北的中轴线为界，前室的画像可以分为两大"板块"，分别以东壁和西壁为主体。前者以描绘庄园坞堡中农业和畜牧业活动为主，后者则以庖厨场面为中心；前者属于生产活动，后者属于消费活动；前者是户外场景，后者是

图165 嘉峪关新城5号墓前室东壁画像
（郑岩绘图）

图166 嘉峪关新城5号墓前室东壁壁画
（采自《嘉峪关壁画墓发掘报告》，彩版1.1.1)

图167 嘉峪关新城5号墓前室北壁画像
（郑岩绘图）

图168 嘉峪关新城5号墓前室西壁画像
（郑岩绘图）

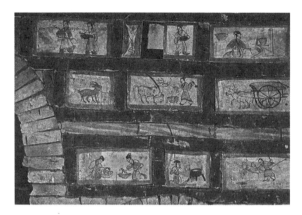

图169　嘉峪关新城5号墓前室西壁壁画（采自《嘉峪关壁画墓发掘报告》，彩版1.1.2）

图170　嘉峪关新城5号墓宴饮画像砖（采自《甘肃出土魏晋唐墓壁画》，页92、93）

家内生活。在南壁西侧有两块画像砖描绘了宴饮场面，位于上层的一幅人物为男性，位于下层的一幅人物为女性，这两个人物在画面形式上虽不突出，但应是墓主的形象。从发表的图版可以看出，这两块砖均经过改绘，以宴饮的图像覆盖了原来设计的牛车和射猎的图像，说明这种墓主画像在整个画像系统中必不可少（图170）。在三室墓中，中室和前室的壁画内容进一步细化。如6号墓中室绘宴饮、进食的题材，以描绘墓主接待宾客的内容为主，墓主的形象得到强化，男、女形象分别绘于西、东壁；而前室绘农桑、庖厨，似重在表现仆役们的活动。

新城墓的装饰还有另外一些内容。一、前室左右两壁上部各有三个假门，门扉上绘朱雀和铺首衔环（见图27、28、169、171），这种假门在新城墓地极为普遍，原报告认为"象征延宾待客及供起居之楼阁"[1]。但这种解释缺乏证据，并且难以与报告对于整个墓室结构象征意义的理解相协调。笔者推测这些小门有可能象征粮仓，新城3号墓的假门有"各内"题记（图171），

---

①　甘肃省文物队、甘肃省博物馆、嘉峪关市文物管理所：《嘉峪关壁画墓发掘报告》，页47。

图 171　嘉峪关新城 3 号墓前室东壁“各内”题记（采自《中国出土壁画全集》第 9 卷，页 57，图 57）

“各”应为“阁”之省。原报告所引《说文》段注已清楚地说明了“阁”的含义：“释宫曰：‘所以止扉谓之阁。’……阁，本训直橜，所以扞格者，引伸之横者可以庋物，亦曰阁。”因此，“阁”为庋物之所[①]，而粮仓也正合乎这一功用。在佛爷庙湾墓中同一部位也绘有建筑的形象，仓房的特征更为明确。二、新城墓群各墓前室顶部均以两块平行条砖或花纹方砖作藻井，方砖花纹以十字穿壁为主题。三、新城墓群的照墙上原有彩绘，但大多保存不好。

敦煌佛爷庙湾壁画仍沿袭画像砖的基本形式，但也有一些新的变化。如在正壁或耳室内绘帷帐，帷帐内不绘墓主肖像，下设祭台[②]；藻井的图案演化为写实的莲花（见图 192）。此外，最为明显的变化是墓室内部画像砖数量大为减少，而照墙的装饰十分复杂。如 37 号墓（坐东向西，单室墓）墓室内的画像就极为简单，其东壁下部中央（正壁）绘帷帐，位于两棺之间。在四壁与顶部结合处各镶嵌一砖，均绘卧羊，应含有吉祥的寓意。西壁墓门两侧上部各有一组画像砖，分为上下两列。其右侧上列绘两仓房，对应的下列左绘搓粮，右绘进食（图 172）。墓门左侧画像与右侧对称，上列亦绘仓房，下列左图绘一尊者坐于榻上，双手持算筹，一人捧筒形器，疑为量，推测此图所绘为收租场景。下列右图绘一车，卸套的牛在一旁歇息（图 173、174）。

① 甘肃省文物队、甘肃省博物馆、嘉峪关市文物管理所：《嘉峪关壁画墓发掘报告》，页 11。

② 笔者曾讨论过朝鲜平壤德兴里等墓墓主画像空缺的问题，推测这种现象反映了生前不能画像的禁忌。但佛爷庙湾 37、133 号墓都有这种现象，可能反映了当地普遍流行的某种观念，与中原早期历史上生前不能画像的禁忌无关。郑岩：《墓主画像研究》，山东大学考古学系编：《刘敦愿先生纪念文集》，页 450～468，济南，山东大学出版社，1998 年。

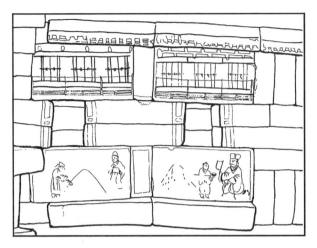

图 172　敦煌佛爷庙湾 37 号墓西壁南侧画像（郑岩绘图）

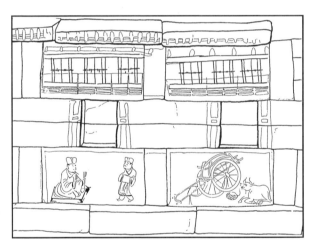

图 173　敦煌佛爷庙湾 37 号墓西壁北侧画像（郑岩绘图）

图 174　敦煌佛爷庙湾 37 号墓牛车画像砖（采自《敦煌
佛爷庙湾西晋画像砖墓》，图版 58.2）

值得特别注意的是，在上下两列画像之间，各有一方孔，用途不明。但方孔两侧各有红色的竖线，可以判定是连接粮仓的梯子，因此上下两列画像可视为一个整体，表现的应是收获粮食入仓和就食于粮仓的主题。133 墓的粮仓以下也绘搓粮等内容。在 39 号墓中除了收获的画面外，还绘有妇女、骑竹马的小儿（图 175）和鸡群。佛爷庙湾墓室内的粮仓等画面实际上是新城墓室前室内生产和消费两类题材的简化，后者以假门形式出现的仓房在此处更为写实。

上述劳作与享乐的内容在十六国时期的酒泉丁家闸 5 号墓中仍可见到。该墓延续了当地的传统，仍重视在墓室内作画，但其砖墙上加抹泥皮，因而可以绘制通栏壁画。这座前后两室的墓葬坐西向东，其后室正壁仍然绘奁、盒、扇、拂、弓箭等内容，与新城墓所见一致。

其前室前部设"方坑"，四壁
由下而上第一层在方坑的四
角各绘一龟，表现地下①。第
二层壁画墓门旁仍绘守门犬，
又有庖厨、坞堡、树林、采
桑、牛群、扬场等内容，南
壁中央还绘有一棵社树，与
祈求丰产的祭祀活动有关②。

图175　敦煌佛爷庙湾39号墓母子嬉戏画像砖（采自
《敦煌佛爷庙湾西晋画像砖墓》，图版58.1）

第三层西壁绘有墓主欣赏乐舞百戏的场面，位于通往后室的门洞之上，与新城5号
墓墓主画像的位置一致，只是场面更为宏大，绘画技法精湛。其他三壁仍描绘坞堡
和林木之间农夫们耕种收获的题材（图176，又见图33、34、35、36、37）。从以上
内容不难看出该墓壁画与新城曹魏墓壁画的联系。

　　丁家闸5号墓前室藻井上绘莲花，墓顶四披绘升仙题材的画像。升仙题材最早见于
佛爷庙湾的照墙上，为了使时间关系更为清晰，不妨暂时将目光转到佛爷庙湾去。

　　佛爷庙湾墓的照墙是建墓者最费心经营的部分，所运用的技法除了绘画外，还
有砖雕。我们以133号墓为例说明照墙装饰的内容（图177）。与原报告描述的次序
不同，笔者由下向上来解读这组图像。由墓门向上望去，先看到结构复杂的柱子和
斗栱，最值得注意的是在中央有一个砖雕的"胜"，这是西王母特有的标志。在建筑
构件之间，托举的熊和力士是表现支撑力常用的题材，此外，由下向上还有表现方
位的青龙与白虎、传说中的俞伯牙和钟子期、各种形象的鸟、射虎的骑士等。包括
伯牙弹琴等内容在内的高士画像之所以在墓葬中流行，是与古人死后升仙的观念分
不开的，我将在第七部分讨论墓葬中高士画像的含义问题。而射虎则可能象征对墓
葬中邪恶势力的镇压。再向上看去，是一排排色彩艳丽的画像砖，上下共9列，每
列4幅，笔者暂根据报告的定名，以下表来说明画像砖的位置关系和内容：

---

① 在方坑的前后各有五层台阶，据发表的线图推算，每级踏步高、宽各约有6厘米，难以容足。这说明
　　方坑的结构不一定有实用价值，而可能包含着象征意义。龟与水、大地相关，有关讨论见饶宗颐《论
　　龟为水母及有关问题》，《文物》1999年10期，页35～37。嘉峪关新城4号墓有以陶龟垫棺的现象，
　　见甘肃省文物队、甘肃省博物馆、嘉峪关市文物管理所：《嘉峪关壁画墓发掘报告》，页18。
② 郑岩：《酒泉丁家闸十六国墓社树壁画考》，《故宫文物月刊》总143期（1995年2月），页44～52。

上

神马	力士	羽人	神马
洛书	神羊	神羊	河图
神兔	朱雀	玄武	神兔
玄鸟	向凤	仁鹿	神雀
天鹿	方相	方相	天鹿
四耳神兽	赤鸟搏兔	策杖人物	五耳六足神兽
双首朱雀	双首翼兽	双头鱼	大角神鹿
飞鱼	仁鹿	白象	大鲵
辟邪	麒麟	受福	辟邪

下

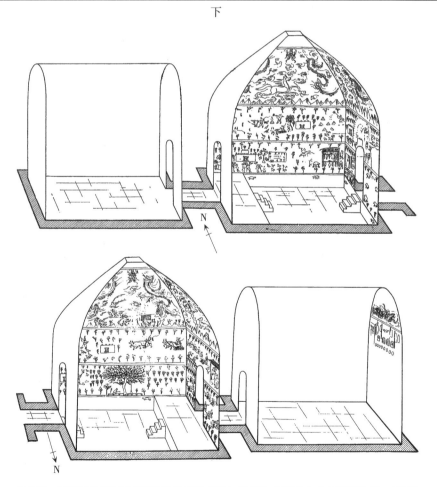

图176　酒泉丁家闸5号墓壁画分布示意图（采自《酒泉十六国墓壁画》，页5）

报告将这些画像砖分为"四神"、"与一定传说相联系的神禽灵兽"、"不明含义的奇禽异兽"、"带有佛教色彩的瑞兽与花卉"和"半人半兽的方相与力士"等门类。这种分类不仅割裂了原组合在内容和形式两方面的联系，而且与其他部位画像的内容混杂在了一起，使其含义难以捉摸。我主张在不破坏画像原有组合关系的基础上来理解这些画像的含义。这些"表格式"的画像应是祥瑞的主题（同类主题的画像砖也见于 37 号墓照墙，见图 178），这种主题和形式在山东嘉祥东汉武梁祠顶部就已出现（图 179）①，此外还见于河北望都 1 号汉墓壁画和内蒙古和林格尔小板申汉墓壁画②。虽然其中具体的内容组合有所变化，但主题和基本形式却保持了传统的格局。据报告介绍，画像的名称有的根据 1992 年该墓地出土的同类画像砖的墨书题记而定，有的则根据形象特征而定。实际上，诸如"双首朱雀"、"双首翼兽"、"双头鱼"等很可能就是武梁祠和《宋

图 177　敦煌佛爷庙湾 133 号墓照墙画像
（采自《敦煌佛爷庙湾西晋画像砖墓》，页 37）

书·符瑞志》所见的"比翼鸟"、"比肩兽"、"比目鱼"等。根据《宋书·符瑞志》的解释，祥瑞代表了上天向人们表达的各种意志。由于缺乏题记，难以一一确定这些画面的准确名称，更无法考察这些图像与文献的具体关系。

①　Wu Hung, *The Wu Liang Shrine: The Ideology of Early Chinese Pictorial Art*, pp. 76 – 85.

②　北京历史博物馆、河北省文物管理委员会：《望都汉墓壁画》，北京，中国古典艺术出版社，1955 年；内蒙古自治区博物馆文物工作队：《和林格尔汉墓壁画》，页 136、137，北京，文物出版社，1978 年。

图178　敦煌佛爷庙湾37号墓照墙祥瑞画像（采自《敦煌佛爷庙湾西晋画像砖墓》，图版4.2）

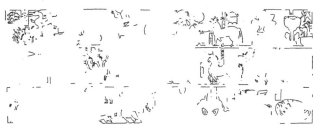

图179　嘉祥武梁祠祥瑞画像（采自《汉代の鬼神世界》，图47）

祥瑞画像以上是绘有双虎的假门，两侧立一对细小的柱子，外侧的双阙绘守门的人物，门扉以上又有小窗，两侧的守卫则不是人的形象，而是牛首人身和鸡首人身的神怪，可能意味着通过假门后是另一个不同于人间的世界。再向上则是照墙的顶点，其拱起的顶部正是天的象征。

至此照墙图像的主题已比较明朗：死者的灵魂从墓门出发开始其升仙的旅行，四神中的青龙白虎确定他正确的方向，又有着高士陪伴、西王母引导和骑士护卫，上天降下种种祥瑞来迎接他，穿越这些祥瑞，最后的假门正是汉代画像中常见的"天门"①。终点接近地表，死者的灵魂似乎真要从这里去往遥远的天上。

我开始叙述墓室内的壁画时，我曾试图站在死者的角度；而看到照墙时我

----

① 赵殿增、袁曙光：《"天门"考——兼论四川汉画像砖（石）的组合与主题》，《四川文物》1990年6期，页3~11。

们显然已经转过身来面对墓门，背后是长长的墓道。也许这就是送葬的人们对这座墓葬的第一印象。照墙不是一张平面的纸，那些立体的砖雕是最为引人注目的部分，一眼望去，首先看到的其实不是那些复杂的升仙图像，而是一座高楼的轮廓。升仙的景象是虚幻的，而高楼形象却非常实在。因此照墙的功用有两层：一、它是墓葬豪华的门楼，走进去是死者在地下的"家"。二、它象征着死者升仙的通道。

丁家闸 5 号墓的照墙结构简单，壁画模糊不清，其升仙图像已转移到了前室的顶部。佛爷庙湾照墙上托山力士和骑士射虎图像上点缀的山，在这里已经扩展为大片的山峦，山峦中央升起两座上广下狭的山峰，应是昆仑山，山上端坐东王公与西王母，东王公在东披，西王母在西披，使得这一虚幻的宇宙与自然的方位相合。与照墙的结构不同，丁家闸墓隆起的顶部更适于表现广阔的天空，妙曼回转的胜云之间，不仅有日月的照耀，还有腾飞的玉女和天马、神鹿等祥瑞前来迎接死者的灵魂（图 180、181、182、183，又见图 34、35、36、37）。

图 180　酒泉丁家闸 5 号墓东披壁画（采自《酒泉十六国墓壁画》，
　　　　原书图版无页码及编号）

图 181　酒泉丁家闸 5 号墓南披壁画（采自《酒泉十六国墓壁画》，原书图版无页码及编号）

图 182　酒泉丁家闸 5 号墓北披壁画（采自《酒泉十六国墓壁画》，原书图版无页码及编号）

图 183 酒泉丁家闸 5 号墓西披壁画（采自《酒泉十六国墓壁画》，原书图版无页码及编号）

将以上几个墓例的壁画内容粗略概括起来，可以划分为两个大的方面，一是表现生产和消费活动的内容，二是升仙的内容。前者在许多研究中多被视为"世俗生活"或"现实生活"题材，并作为研究当时经济状况和阶级关系的直接材料。实际上，这些图像首先反映的是死者最基本需要，为死者在阴间的"生活"提供了衣食的保障，少量的乐舞百戏表现了精神的享乐。佛爷庙湾的母子图像则表现了对于死后子孙绵延、香火不绝的愿望①。归结起来即生存和繁衍。如果说这一方面内容的确

---

① 佛爷庙湾的母子图像见于 39 号墓西壁南侧下层，也与粮仓的图像联系在一起，甘肃省文物考古研究所戴春阳主编：《敦煌佛爷庙湾西晋画像砖墓》图版 8、58.1。这组画像可以与汉晋时期流行的一种铜镜铭文进行对读："××作竟（镜）四夷服，多贺国家人民息，胡虏殄灭天下复，风雨时节五谷熟，长保二亲得天力（利），传告子孙乐无极。"铭文中出现的丰收、双亲、子孙的概念，应与墓葬中的仓廪、墓主、儿童等图像是一致的，反映的也是相同的思想。关于这种镜铭与墓葬观念的联系，见郑岩《汉代艺术中的胡人图像》页 144～145 的讨论，中山大学艺术学研究中心编：《艺术史研究》第 1 辑，广州，中山大学出版社，1999 年。

像是对"世俗生活"或"现实生活"的模仿，那么后一类的升仙内容则反映了人们希望超凡脱俗、追求永恒的宗教需要。

（二）河西壁画墓在文化交流中的意义

为了进一步认识河西魏晋壁画墓在中国壁画墓发展史中的地位，还需要将这些资料放置在一个更广大的时空坐标中，对其来龙去脉及历史背景进行一些探索。

林少雄在谈到河西魏晋壁画墓渊源问题时，强调这些墓葬与当地汉墓的联系，他特别指出，在武威五坝山、张掖葫芦墩滩、酒泉下河清、石庙子滩等汉代墓群都发现有画像砖，这些汉代画像砖墓应是当地魏晋壁画墓直接的渊源[①]。这一视角无疑是有意义的，因为一个地区物质文化的面貌，往往不会因为改朝换代而发生突变，特别是像河西这样比较边远的地区，受中原政权更替的影响就更不明显。这些魏晋墓葬与当地汉墓的联系，说明该地区的文化自汉代以来是持续发展的，并没有因为战争或政局的变化而中断。也正是因为这些墓葬与当地汉代墓葬关系密切，所以在新城墓地发掘之初曾将其年代误定为汉代[②]。有的学者认为，新城壁画中的许多图像反映了曹魏以后河西实行屯田措施所带来的经济变化情况，其实曹魏的屯田正是汉代以来在西北屯田的继续。

不仅如此，河西魏晋壁画墓在其发展过程中也表现出很强的连续性，从嘉峪关新城曹魏墓到敦煌佛爷庙湾西晋墓，乃至酒泉丁家闸十六国墓，不同时期、不同区域的墓葬虽然或多或少地表现出一些差异，但从总体上看其共性是第一位的。这说明河西地区在 3 世纪初到 5 世纪初的几百年间虽然经历了多次政权更替，社会经济仍持续发展，文化传统得以延续。在中原地区流行薄葬的同时，这一地区依然风俗如旧，墓葬的规模没有明显的缩小，随葬品中也不乏金、银、玉、漆等贵重物品。值得注意的是，这些墓葬的茔域内没有守卫和防护性质的附属建筑，沙砾堆起的院墙极为低矮，也不具备防御的功能。同时期中原地区的墓葬不封不树，不起坟垄，很

---

① 林少雄：《古冢丹青——河西走廊魏晋墓葬画》，页 22～25。

② 嘉峪关市文物清理小组：《嘉峪关汉画像砖墓》，《文物》1972 年 12 期，页 24～41。

重要的一个原因是曹魏统治者从厚葬墓在战争中多遭盗发的事实吸取了教训①。河西魏晋墓茔域则与中原不同，它们虽然因为自然条件的限制而结构简单，但并非隐藏不显，这一现象也可说明当时河西地区的确较为安定，不存在墓葬被盗的威胁。

从西汉开始，中央政府就大量向河西地区移民，汉代迁入河西屯垦的人口估计在数十万以上②。西晋末年中原百姓纷纷避难，关中秦、雍地区人民除少部分南流巴蜀、荆州，大部分徙迁河西走廊，当地出现了为流民设置的郡县③。在中原兵连祸接，干戈不息的十六国时期，凉州担当着保存传递中原传统文化的重要角色。因此这种丧葬习俗方面的联系很大程度上是通过大批人口的迁移实现的。目前所见的十六国以后的资料尚不丰富，无法准确断定哪一些是十六国时期由于人口迁移而从中原带进的新的文化因素（这应是今后考古工作中一个需要注意的问题），但从这些壁画墓可以看出，在永嘉之乱以前，凉州地区已经有着较好的经济文化基础，《汉书·地理志》："自武威以西……地广民稀，水草宜畜牧，故凉州之畜为天下饶。"④因此，西晋末年的人口流徙方向的选择并不是完全被动盲目的。

汉代以来中原向凉州多次大规模人口迁徙的必然结果是文化的传播，因此，考察河西魏晋墓的渊源还必须将目光扩展到广大的中原地区。

从墓葬形制来看，河西魏晋墓与中原地区表现出较强的一致性。韩国河认为，凉州的"坟院式"茔域是吸收了内地墙垣结构形成的⑤。如本书第二部分所述，河西魏晋壁画墓墓室的结构也表现出对中原汉代传统的继承性。另外，关中和陕北地区汉代带斜坡墓道的砖室墓和石室墓的形制可能对河西地区有较大影响，如新城墓地前室穹隆顶，后室券顶的结构，即形成于陕西东汉墓中⑥。

---

① 杨泓：《谈中国汉唐之间葬俗的演变》，《文物》1999 年 10 期，页 60～68。
② 陈慧生：《两汉屯田和统一新疆的关系》，中国秦汉史研究会编：《秦汉史论丛》第 3 辑，页 184，西安，陕西人民出版社，1986 年。
③ 《晋书·张轨传》："及京都陷，……中州避难来者日月相继，分武威置武兴郡以居之。"《晋书》，页 2227，北京，中华书局，1974 年。
④ 《汉书》，页 1644～1645，北京，中华书局，1962 年。
⑤ 韩国河：《论秦汉魏晋时期的家族墓地制度》，《考古与文物》1999 年 2 期，页 63。需要指出的是，韩文在此处因袭了嘉峪关新城墓简报的错误，将其年代定为东汉。
⑥ 侯宁彬：《陕西汉墓形制试析》，页 559～560，《远望集——陕西省考古研究所华诞四十周年纪念文集》下，陕西人民美术出版社，1998 年。

酒泉、敦煌一带墓门以上砖砌的楼阁状照墙不见于洛阳，但类似形式的门楼在陕西潼关吊桥汉代杨氏墓群可以见到，如保存较好的 6 号墓门楼高达 4 米，在门券以上以砖雕砌出斗栱、双阙，涂红彩（图 184）[1]。武威雷台汉墓也有照墙，两侧各有向外增筑的砖墙，照墙高 3.6 米，以黑墨白粉相间涂饰，中间绘门、柱、梁枋、斗栱等建筑构件[2]，形式虽与吊桥墓稍异，但性质是一样的。照墙的修建到了曹魏以后在酒泉流行开来，佛爷庙湾西晋墓的照墙则更为踵事增华，成为整个墓室装饰最为繁复的部分。如果将上述几个地点连成一线，就不难发现这种风尚由关中地区向西北传播的事实。

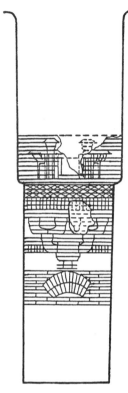

图 184　潼关吊桥 6 号墓照墙（采自《文物》1961 年 1 期，页 57）

除了关中地区以外，陕北东汉画像石墓的一些特征也值得注意。与其他地区的汉代画像石墓相比，陕北汉画像石墓特别注重墓门的装饰，其门楣中央刻画双阙和楼阁，加上楼阁旁边的各种祥瑞，与河西地区照墙上所表现的观念十分接近。这些门楣中央的楼阁形式极像凉州照墙上的"天门"，有的简直是"天宫"的写照，如米脂县党家沟墓葬门楣中央双层楼内坐二人，有翼，楼两侧有九尾狐、玉兔等，说明楼内的人物为东王公与西王母（图 185）[3]。这种程式在近年来发现的神木大保当20 号墓门楣图像中作了耐人寻味的调整，其中央的屋宇内刻一对夫妇，夫妇中间坐一小儿，旁边有嘉禾、仙人骑鹿、天马等（图 186）[4]，俨然是墓主全家升仙后在天界享受安乐生活的景象。此外，新城和佛爷庙湾照墙牛首人身和鸡首人身的怪物也是陕北以及晋西离石一带汉画像石十分流行的题材。时代更早的牛首人身像、鸡首人身像

① 陕西省文物管理委员会：《潼关吊桥汉代杨氏墓群发掘简记》，《文物》1961 年 1 期，页 57。
② 甘肃省博物馆：《武威雷台汉墓》，《考古学报》1974 年 2 期，页 88～89。
③ 李林、康兰英、赵力光：《陕北汉代画像石》，图版 25，西安，陕西人民出版社，1995 年。
④ 韩伟主编：《陕西神木大保当汉彩绘画像石》，图 109，重庆，重庆出版社，2000 年。

在鲁南苏北地区就已经出现（图187）①，说明西北地区的文化渊源可能更为久远。

从壁画题材方面还可以观察到河西与中原丧葬观念上的一些联系和变化。我在上文将河西魏晋墓壁画的题材归纳为生产消费与升仙两大类，这两类内容实际上是互相冲突的，前者将墓葬视为死者可以继续生活的"永恒家园"，后者则希望死者脱离幽冥的地下。这种矛盾早在西汉墓葬中就已经形成，巫鸿对此进行过深入探讨，认为古人对于死亡并没有一种绝对理性的认识，所以要把各种可能解决问题的方案都放在墓葬中②。在这一点上，可以很明确地看到河西魏晋墓葬壁画与汉代以来丧葬观念的共同性。

生产、庖厨、歌舞等内容，不仅是汉代墓葬壁画的基本主题，而且还通过随葬品表现出来，大量的实用器、明器的功能不外乎保障墓主在地下家园中的生活所需。

图185 米脂党家沟画像石墓墓门画像
（采自《陕北汉代画像石》，图
版25）

图186 神木大保当20号墓门楣画像
（郑岩绘图）

---

① 在山东地区的西汉墓中，有马（？）首人身神怪与鸡首人身神怪相并列的图像，如微山县微山岛西汉墓就有这种画像出现（俞伟超主编：《中国画像石全集》第2卷，图54、59，济南，山东美术出版社；郑州，河南美术出版社，2000年）。这种组合一直延续到东汉时期，如嘉祥县宋山、南武山，滕州西户口仍有这种图像（俞伟超主编：《中国画像石全集》第2卷，图98、134、222）。但李凇发现也有牛首人身像、鸡首人身像相并列的现象，见李凇《论汉代艺术中的西王母图像》，页170～171，长沙，湖南教育出版社，2000年。

② Wu Hung, "Art in Its Ritual Context: Rethinking Mawangdui," *Early China* 17 (1992), pp. 111–145；译文见陈星灿译《礼仪中之美术：马王堆的再思》，中国社会科学院考古研究所：《考古学的历史·理论·实践》，页404～430，郑州，中州古籍出版社，1996年。

图187　牛首人身、鸡首人身神怪

1. 敦煌佛爷庙湾133号墓壁画（采自《敦煌佛爷庙湾西晋画像砖墓》，页74）　2. 离石马茂庄2号墓画像（采自《文物》1992年第4期，页26）　3. 徐州元和三年画像（采自《文物》1990年第9期，页66）
4. 米脂党家沟墓画像（采自《中国画像石全集》第5卷，页37）

如河西壁画中多见仓房的形象，中原汉墓则流行随葬陶仓模型。在山东沂南北寨东汉画像石墓中的收获图像与佛爷庙湾37号所见十分相似[1]，佛爷庙湾37号墓画像砖的粮仓、饮食的主人、手捧量器的人物、卸套休息的牛、成堆的粮食以及39号墓画像砖中所见的鸡群等细节，都可以在沂南墓的这幅画像中找到（图188）。汉画像石题记中常见"此中人马皆食大仓"之类的套语（见图193-1），反映了同样的观念，即死者及受其役使各种奴仆、生灵皆可就食于取之不尽的"大仓"（又作"太仓"或"天仓"）。升仙的思想可见于战国甚至更早时期的墓葬中，东汉以后随着神仙思想和早期道教的传播更为流行，千变万化的奇禽异兽、庆云瑞气是汉墓中最普通的装饰。如上文所述，佛爷庙湾"表格式"祥瑞画像在东汉祠堂和墓葬中也早已出现。

---

① 曾昭燏、蒋宝庚、黎忠义：《沂南古画像石墓发掘报告》，图版48，北京，文化部文物事业管理局，1956年。

图188　沂南画像石墓中的收获画像（郑岩绘图）

由此可见，河西魏晋墓壁画中的两大类主题，都是汉代墓葬艺术最为常见的内容。

　　另一方面，还要看到河西魏晋墓壁画与汉代画像的差异。汉代是中国古代墓葬装饰艺术发展的一座高峰，许多题材都在这一时代发明、试验并走向成熟；而居于边远地区的河西魏晋墓葬壁画只是对这些既有成果的继承和延续。在这些壁画中，还没有明显地看到某种全新内容的题材被发明，不仅如此，汉代画像中一些重要的内容在河西地区也没有被继承下来，不能因为强调河西壁画的历史价值而无视这一现象。例如，汉画中常见的三皇五帝、刺客忠臣、孝子列女等故事题材，在河西基本不见。各种叙事性的故事画像反映了当时的人们对历史的认识和对儒家思想的信奉，虽然它们和丧葬观念及礼仪的联系仍然是有待深入探讨的问题，但可以肯定，这类画像表现了较高社会层面的文化追求。这些画像可能集中出现在一些具有较多儒家思想修养的知识分子的墓葬建筑中①，同时又形成一种文化的时尚，影响到其他社会阶层人士的墓葬装饰。又如汉代表现死者官位和身份的车马出行②、城池衙署、宾客故吏等内容，在河西魏

---

① 如东汉儒家学者赵岐为自己建墓时就曾在自己的肖像旁描绘了子产、晏婴、叔向等人的画像，见《后汉书·赵岐传》，页2124，北京，中华书局，1965年；作为韩诗学派的儒生武梁在其祠堂中也大量装饰这类画像，朱锡禄：《武氏祠汉画像石》，济南，山东美术出版社，1986年。

② 林巳奈夫、巫鸿、信立祥等学者都曾对车马出行图像进行过专题讨论。林巳奈夫：《後漢時代の車馬行列》，《東方学報》第37號，1966年，頁183~226；Wu Hung, "Where Are They Going? Where Did They Come From? —Hearse and 'Soul – carriage' in Han Dynasty Tomb Art," *Orientations*, June, 1998, pp. 22 – 31；信立祥：《汉代画像中的车马出行图考》，《东南文化》1999年1期，页47~63。这种题材的含义在不同墓葬中要作具体的分析，有的可能与丧葬的仪式有直接关系，而像内蒙古和林格尔东汉壁画所见，应是用来表现墓主官位等级的一种程式化图像。

晋墓中也十分少见。这些画面或是墓主生前仕宦生涯的真实再现，或者像铜镜铭文中大量"君宜高官"、"位至三公"的套话一样，仅仅体现死者一厢情愿的向往，不无虚张之嫌，但不管如何，它们都反映了死者或其后人的价值观。而汉代最常见的车马出行图像在河西已大大简化，只在酒泉一带的墓葬中出现，成为可有可无的题材。总的看来，河西墓葬壁画的题材所反映的是汉代以来人们观念中死后最基本、最必须的需求，而大量汉代原有的表现哲学思想和政治追求的题材则不再流行。

与壁画题材形成对比的是文献中记载的一个事件，402 年，建立西凉的陇西大族李暠在敦煌南门外起"靖恭之堂"，堂内亦有壁画：

> 图赞自古圣帝明王、忠臣孝子、烈士贞女，玄盛（李暠字）亲为序颂，以明鉴戒之义，当时文武群僚亦皆图焉。又立泮宫，增高门学生五百人，起嘉纳堂于后园，以图赞所志[1]。

这是文献中难得的对于当时艺术活动的记载，从中可以看到几个问题，其一，这一事件有明显的政治色彩，与汉代皇帝在宫殿中画像以表彰大臣的做法如出一辙，所选取的壁画题材也与汉代宫廷的壁画相同，再次表现出凉州汉人政权对于中原传统文化的利用。其二，这些题材在汉代尚能够影响到墓葬，而在河西地区因为缺少儒家文化的土壤，作为一种偶然为之的政治手段，便很难对民间的丧葬观念产生较大影响。文献中已提到凉州儒学在较高的社会阶层流行，至于在民众中的影响如何，今后尚需进一步作具体的分析。

以上分析了河西壁画墓与汉代壁画墓的整体关系。这些墓葬缺乏判断墓主人的材料，新城 1 号段清墓可能属于河西的大姓段氏家族（图 189），《晋书·段灼传》称段氏"世为西土著姓"[2]。佛爷庙湾墓群的砖室墓占墓葬总数的 1.6%，墓主可能是有一定势力的地方豪强[3]。丁家闸 5 号墓的规模较大，墓主画像头戴三梁进贤冠，身份似在王侯、三公之列[4]，但证据尚嫌不足。总的看来，这些墓葬的主人并非是政

---

① 《晋书》卷八七《凉武昭李玄盛》，页 2259。
② 《晋书》卷四十八，页 1336。
③ 甘肃省文物考古研究所戴春阳主编：《敦煌佛爷庙湾西晋画像砖墓》，页 105～106。
④ 详吴礽骧的论述，见甘肃省文物考古研究所《酒泉十六国墓壁画》，页 11、17。

图 189 嘉峪关新城 1 号墓墓主画像砖（采自《甘肃嘉峪关魏晋一号墓彩绘砖》，页 15）

治或文化精英人物，但正因为如此，我们可以据此来考察当时民间所普遍具有的一些文化特征。五凉时期统治者采取了一系列政治措施，进一步加强了与中原传统文化的联系，这些措施之所以会取得成效，从根本上说，就是因为在历史上凉州就与中原关系密切，当地民间深层文化背景中也包含着与中原传统文化强烈的共同性，这种共同性决定了河西地区在十六国时期对中原文化的需求。

河西走廊是中西文化交流的必经之地，地理位置特殊。中原传统文化在源源不断地涌入此地的同时，又与来自西域的文化因素发生碰撞。一方面，河西地区的魏晋壁画墓的习俗继续向西传播；另一方面，来自西域的佛教也深刻地影响了当地的文化面貌。

新疆吐鲁番地区阿斯塔那与哈喇和卓发现的十六国墓的壁画绘于用白灰涂抹的沙砾石墙面上，四周以墨线勾框，画面又分为数格，题材有墓主夫妇像、庄园、庖厨、驼马、牛车、弓箭等（图190）①。这些题材的确与河西地区有明显的联系；而以墨线勾画框并划分为若干小格的做法，则有可能是对于画像砖构图的模仿。但目前这一地区的材料尚不丰富，详细的情况还不十分清楚。

图 190 吐鲁番哈喇和卓 98 号墓壁画（郑岩绘图）

① 孟凡人：《吐鲁番十六国时期的墓葬壁画和纸画略说》，赵华编：《吐鲁番古墓葬出土艺术品》，页 1 ~ 9，乌鲁木齐，新疆美术摄影出版社、新西兰霍兰德出版有限公司，1992 年；新疆博物馆考古队：《吐鲁番哈喇和卓古墓群发掘简报》，《文物》1978 年 6 期，页 1 ~ 14。

佛教对于河西墓葬的影响是该问题另一个重要的方面。佛教从西域向东传播，首先经过凉州地区，在西晋至十六国时期，该地区的佛教极为兴盛，严格意义上的佛教艺术体系也已被当地接受，人们对佛教的认识不再是道听途说地了解片鳞只甲的阶段了。凉州地区一方面转移保存中原的文化，另一方面又接受了西来的佛教，这两种渊源不同的文化首次在同一个地区正面碰撞。所以，此时此地的意义不同于历史上任何其他时代和地区，以河西墓葬的材料来观察该地区佛教与道教的关系问题，具有特殊的价值。通过对于墓葬画像的研究大致可以看到，佛教轮回转世的理论与中国传统的丧葬观念有着本质上的差别，佛教艺术题材从整体上说，很难全面地影响墓葬装饰，传统的儒学思想、神仙道教学说和外来的佛教互相交融的同时，常常又占据着社会生活的不同空间和层面。

敦煌地区在西晋时期已受到来自西方的佛教文化影响，如月支名僧竺法护于西晋初年开始在敦煌翻译佛经，并建立寺院。但是，该地区的墓葬是否有佛教性质的内容，则需要进行具体分析。张朋川从绘画风格方面着眼，认为这些壁画中看不出佛教艺术的成分和外来文化的影响，而以传统画风为主流[1]。佛爷庙湾西晋壁画墓报告认为这些壁画内容方面有"带有佛教色彩的瑞兽与花卉"[2]，包括白象（图 191）和莲花（图 192）。报告进一步指出：

> 但佛爷庙湾出现白象的画像砖墓无一例外地将其与中国传统的神禽灵兽并列。这种排列方式表明其原本特有的文化涵义已被异化为"瑞兽"了，莲花则被用来装饰藻井。显然，莲花在画像砖中的装饰功能远远超过其特有的宗教意义。[3]

报告在此将白象和莲花图像按照它们在墓中原有的组合方式与相关图像结合起来进行观察，其思路是正确的。至于象和莲花是否可以判定为"带有佛教色彩"，还值得讨论。象的图像也见于酒泉下河清 1 号墓[4]，并不是佛爷庙湾所特有

① 张朋川：《酒泉丁家闸古墓壁画艺术》，《文物》1979 年 6 期，页 21。
② 甘肃省文物考古研究所戴春阳主编：《敦煌佛爷庙湾西晋画像砖墓》，页 77。
③ 甘肃省文物考古研究所戴春阳主编：《敦煌佛爷庙湾西晋画像砖墓》，页 115。
④ 甘肃省文物管理委员会：《酒泉下河清第 1 号和第 18 号墓发掘简报》，《文物》1959 年 10 期，页 85、封二。

的题材。姑且不论商周青铜器中数量众多的象的形象，即使汉代以后，象也是不难见到的艺术题材，如河北定县三盘山西汉中山王墓出土的车伞柄的祥瑞纹饰就有象①，东汉画像石中则更为普遍，一般与骆驼并列，属于远方的贡物，也有祥瑞的色彩。莲花在东汉墓葬和祠堂中是藻井常用的装饰母题，我们可以从花瓣的布列形式、四周的鱼纹等看到它们与佛爷庙湾藻井的联系（图193）。因此，这些图像在河西墓葬中再次出现时，只是沿袭了传统的题材，并不一定具有特别鲜明的时代和地域特色。

除了象与莲花以外，值得注意的还有一种定名为"舍利"的画像砖。这种砖有一块出土于167号墓，原应是照墙祥瑞画像的一幅，该砖绘有一动物，双耳尖长，巨口长牙，

图191　敦煌佛爷庙湾西晋壁画墓大象画像（采自《敦煌佛爷庙湾西晋画像砖墓》，页77）

粗颈修尾（图194），而同样内容的画像砖也见于敦煌市博物馆1992年在该墓地清理的一座墓中，后者还有"舍利"的题记。在佛爷庙湾画像中，这种被神化的动物原型估计是食肉动物猞猁②，与佛教中的舍利无关。张衡《西京赋》所谓的"含利颬颬，化为仙车"之"含利"一作"舍利"③，也应是指这种动物。据说和林格尔小板申东汉墓祥瑞画像中曾发现"猞猁"的题记，图像为放置4个圆球的盘状物，有学者认为"猞猁"即佛教中的舍利，反映了早期道教中所杂糅的佛教信仰④。这一论点

---

① 史树青：《我国古代的金错工艺》，《文物》1973年6期，页70，图版6。

② 冯德培等主编：《简明生物学词典》，页1302～1303，上海，上海辞书出版社，1983年。

③ 费振刚、胡双宝、宗明华辑校：《全汉赋》，页419、435"校记"219，北京，北京大学出版社，1993年。

④ 俞伟超：《东汉佛教图像考》，《考古》1980年5期，页71～72；重刊于俞伟超：《先秦两汉考古学论集》，页157～169，北京，文物出版社，1985年。

图 192　敦煌佛爷庙湾 39、37 号墓藻井莲花画像砖（采自《敦煌佛爷庙湾西晋画像砖墓》，
　　　　图版 45）

1　　　　　　　　　　　　　　　2

图 193　莲花藻井画像

1. 嘉祥宋山画像石（题记为"阳燧富贵此中人马皆食大仓饮其江海"）　2. 敦煌佛爷庙湾 39 号墓壁画

所根据的是该墓正式清理以前目击者的笔记，而画面在清理时已被破坏，无从核对①。和林格尔墓"猞猁"图像的性质及其与佛爷庙湾的"舍利"图像的关系，似乎都有待于进一步讨论。

---

① 　俞伟超：《东汉佛教图像考》，页 69 引文。

十六国时期凉州地区高僧云集，是著名的译经中心，佛教石窟和造像的"凉州模式"，对后来中原的佛教艺术产生了重要的影响。但是，在十六国时期的酒泉丁家闸 5 号墓中，也看不到明显具有佛教色彩的绘画题材。

图 194　敦煌佛爷庙湾 167 号墓舍利画像（采自《敦煌佛爷庙湾西晋画像砖墓》，页 98）

在敦煌祁家湾西晋和十六国时期的土洞墓中出土了许多斗瓶，写有道教巫术意义的镇墓文。姜伯勤指出，这些镇墓文"颇受洛阳、长安及凉州地区方术并'方仙道'这一道教前驱形式的影响，……反映了本地天师道与'方仙道'的融合。"① 敦煌墓葬中偶尔出现一些带有佛教色彩的习俗，但也不能改变墓葬所体现的传统丧葬观念。如祁家湾 310 号墓左尸床上撒有故意打碎的陶钵碎片，上面的文字难以通读，似涉及佛教：

> ……皇子□女宝女……宽□申□觉□光生南□□儿道□教之效女佛生德文佛德□□②

但该墓随葬的两件斗瓶的镇墓文行文与其他镇墓文相当一致，并无性质上的差别：

> 神玺二年八月辛酉朔廿三日癸未，敦煌郡西乡里民佣富昌命绝身死。今下斗瓶、铅人、五谷，用当地上之福。死者自受其央咎，生死各异路，不得相注仵，便利生人，如律令！
>
> 神玺二年十一月己丑朔八日丙申，敦煌西乡里民……不仵，如律令！③

甚至有些生前可能曾信仰佛教的人，在死后营造墓室时，仍摆脱不了传统道教或巫术观念的影响。如敦煌三危山下出土的建兴三十年（343 年）前凉墓中一件称墓主为

① 姜伯勤：《敦煌艺术宗教与礼乐文明——敦煌心史散论》，页 280，北京，中国社会科学出版社，1996 年。

② 甘肃省文物考古研究所戴春阳、张珑：《敦煌祁家湾西晋十六国墓葬发掘报告》，页 86～87。

③ 甘肃省文物考古研究所戴春阳、张珑：《敦煌祁家湾西晋十六国墓葬发掘报告》，页 116～117。

"佛女"的纪年斗瓶,其镇墓文内容和文风与祁家湾斗瓶的镇墓文十分雷同:

> ……地上生人,青鸟子诏令死者佛女自受其殃,……不加罪福,……远去他乡,不得复来,急急如律令!①

关于佛教与墓葬关系的认识,在学术界有较大的分歧②。笔者认为,对于这一问题的认识不能过于笼统,在不同的历史时期,不同的地区,情况应有所差别。许多学者注意到东汉山东沂南墓、东吴"魂瓶"、四川乐山麻浩蜀汉墓和四川墓葬中出土的摇钱树所发现的佛像和有佛像特征的偶像,论者或举以为佛教在民间开始普遍流行的证据。但是,此说所依据的材料极为零碎,忽视了这些图像在墓葬中与其他图像的关系,而且难以从文献方面得到支持。不少学者将这些偶像视为佛教初传时期人们对其认识尚比较模糊时的产物,应是有说服力的。有学者举吉林集安长川1号高句丽墓的佛像、菩萨像为例对此提出异议③。但该墓为5世纪的边疆民族的遗存,时代相差玄远,应另作别论。此外在南朝墓葬中也常见有佛教因素的图像,甚至出现有佛像,如湖北襄阳贾家冲墓就有佛像与各种孝子故事并存④,可能是民间在营造墓葬时具有功利目的的设计,未必有制度化的意义。总之,这一问题所涉及的材料极为复杂,应分别予以具体的解释,不能一概而论。

文化交流并不是由此及彼的单向影响,河西文化的历史地位还表现在它对后来中原文化的贡献方面,这一点在文献资料上已有所反映。如陈寅恪指出,北魏平凉州后曾徙凉州民户于平城,虽然平城的建设受河西文化影响的程度难以确知,但北

---

① 段文杰:《道教题材是如何进入佛教石窟中的——莫高窟249窟窟顶壁画内容探讨》,《段文杰敦煌艺术论文集》,页331。

② 如晁华山认为:"中原北方的广大地区没有发现把供奉用的佛像作为随葬品埋入墓中,也没有特意制作的佛像随葬品。"见何志国、李凡《京都中日学术讨论会综述》,《佛学研究》1993年2期,页262~266。温玉成则认为:"佛教图像在中国一开始就与仙道信仰相结合,并与丧葬习俗相关涉,表现了佛教初传阶段特有的文化风貌。"见温玉成《"早期佛教初传中国南方之路"质疑》,《四川文物》2000年2期,页45。

③ 见温玉成《"早期佛教初传中国南方之路"质疑》,页45;但该文对于"早期佛教初传中国南方之路"观点的批评总的说来是可取的。

④ 襄樊市文物管理处:《襄阳贾家冲画像砖墓》,《江汉考古》1986年1期,页16~33。

魏洛阳城的规制则可能由于设计者的家世与凉州有关而受其直接影响①。在佛教艺术方面，"凉州模式"则直接影响到云冈石窟北魏造像。通过对于河西地区魏晋壁画墓的考察，也能够在这个问题上发现一些线索。

中原墓葬壁画艺术的历史在两汉与南北朝之间有一个大的"断裂带"。从黄巾起义后，以画像石、画像砖和彩绘壁画装饰墓室、祠堂的风习在中原地区销声匿迹，大约200年之后墓葬壁画在北魏统治的中原地区逐渐复苏。再次出现的墓葬装饰从内容到形式都有许多新的特色，但同时与两汉墓葬艺术又有着千丝万缕的联系。河西魏晋壁画墓既然承继了汉代壁画墓葬的许多因素，也很有可能将墓中装饰壁画的风俗传递下去。

照墙上门楼的营造与装饰在凉州地区发展定型后，可能反过来又影响到关中的墓葬。陕西华阴发现的北魏杨舒墓墓门以上的照墙就用砖雕砌为仿木的斗栱和屋顶，中间仍保留一个假门（图195）②。北魏去汉代已远，潼关吊桥杨氏墓门的做法恐怕难以对其产生直接的影响，因此这种结构很可能受到河西葬俗的影响。在宁夏固原发现的北周天和四年（569年）柱国大将军原州刺史、河西公李贤墓天井过洞上方的壁面以朱彩绘木构门楼③，已不见升仙的气息，而突现出院落重重的空间感，这种题材与同时期北齐墓在相应部位绘朱雀或兽面的做法迥异，在形式方面应是沿袭了河西壁画的规制④。杨泓指出，固原小马庄大业六年（610年）隋右领军骠骑将军史射勿墓第一过洞券门上方绘门楼的做法源于北周，此

图195　华阴杨舒墓墓门
（郑岩绘图）

① 陈寅恪：《隋唐制度渊源略论稿》，页62～81。

② 崔汉林、夏振英：《陕西华阴北魏杨舒墓发掘简报》，《文博》1985年2期，页4～11页。

③ 宁夏回族自治区博物馆、宁夏固原博物馆：《宁夏固原北周李贤夫妇墓发掘简报》，《文物》1985年11期，页1～20。

④ 山西祁县白圭北齐天统三年（567年）骠骑大将军、青州刺史韩裔墓的墓门发现有仿木结构的门楼，是一个例外，但祁县位置偏于北齐西鄙，可能与来自西魏北周墓葬的影响有关。陶正刚：《山西祁县白圭北齐韩裔墓》，《文物》1975年4期，页64～73。

后又为唐墓壁画所承继①。由此一斑可见河西魏晋壁画墓余风流布之长久。

　　由于河西壁画墓大都被盗，所以无法将壁画与墓中葬具、随葬品等遗物系统地结合起来进行分析，现在举的一个例子是在墓中的几具画像棺的残块。在嘉峪关新城 1 号墓中发现两具黑漆木棺，内面朱绘伏羲、女娲的形象（图 196、197）。新城 6 号墓黑漆棺上则浅刻出两个正面端坐的人物，疑为东王公和西王母（图 198）。在新城 12 号墓也发现男棺盖板上绘有东王公、西王母，女棺盖板绘伏羲女娲，皆以云气纹衬底②。这些漆棺上的图像很显然继承了汉代画像的题材。值得注意的是，在同时期的中原墓葬中并不流行带画像的棺，而北魏后期在洛阳等地又大量使用画像石棺。根据宁夏固原发现的北魏早期彩绘漆棺来判断，这种使用画像棺的风俗，很可能来自西北地区③。而新城 6 号墓棺上的东王公与西王母图像很可能就是固原漆棺上同类题材的渊源之所在。

　　最后还要谈到丁家闸 5 号墓前室的天顶画像格局对于其他地区的影响。我在上文已经指出这套复杂的体系实际上是门楼画像的扩展，可以认定这种具有空间感的形式即形成于酒泉一带。学者们已经指出这种画像从内容到形式都与敦煌莫高窟西魏 249、285 窟壁画有许多共同之处（图 199、200）④，可以证明中国传统艺术对于佛教绘画艺术的影响。此外，远在朝鲜平壤德兴里发现的 408 年□□镇墓前室天顶的壁

图 196　嘉峪关新城 1 号墓男性墓主棺上画像（采自《嘉峪关壁画墓发掘报告》，页 23）

---

① 杨泓：《隋唐造型艺术渊源简论》，荣新江主编：《唐研究》第 4 卷，页 361～372，北京，北京大学出版社，1998 年。

② 嘉峪关市文物管理所：《嘉峪关新城十二、十三号画像砖墓发掘简报》，页 12。

③ 固原漆棺与洛阳石棺的画像题材上可能存在继承关系，如二者都装饰孝子图像。

④ 段文杰：《道教题材是如何进入佛教石窟中的——莫高窟 249 窟窟顶壁画内容探讨》，《段文杰敦煌艺术论文集》，页 323～324；张朋川：《酒泉丁家闸古墓壁画艺术》，页 20；苏莹辉：《略论河西发现的墓室壁画与石窟寺壁画的画艺传承——兼谈山水画之南北分宗问题》，《故宫季刊》16 卷 2 期（1981 年），页 71～88。

图 197　嘉峪关新城 1 号墓女性墓主棺盖内面女娲画像（采自
《甘肃嘉峪关魏晋一号墓彩绘砖》，页 31）

图 198　嘉峪关新城 6 号墓木棺上画像（采自《嘉峪关壁画墓发掘报告》，页 23）

图 199　敦煌莫高窟西魏 249 窟窟顶（采自《中国石窟·敦煌莫高窟》第 1 卷，图版 101）

图 200 敦煌莫高窟西魏 285 窟窟顶（采自《中国石窟·敦煌莫高窟》第 1 卷，图版 114）

图 201 朝鲜平壤德兴里墓前室天顶壁画（采自《德兴里高句丽壁画古坟》，页 10~15）

画（图 201）也与丁家闸墓壁画十分相似①。或者可以大胆地推测，中国北方经由黄

① 朝鲜民主主义人民共和国朝鲜画报社：《德兴里高句丽壁画古坟》，页 72~77，东京，讲谈社，1986 年。

河河套地区至东北地区在十六国到北朝时期曾存在着一条文化通道，将二者联系起来，沿线发现的诸如拜占庭金币、罗马风格的玻璃器等，可能都与之相关，而这一带也正是北方游牧的柔然、突厥等民族活跃的区域。由此可见，河西在历史文化地图上的位置之特殊，影响之广远，很可能超乎人们的想象。

当然也不能将这一问题看得过于简单。目前尚缺乏北朝早期壁画墓的材料，西魏与北周壁画墓的资料也不丰富，因此还不能具体估量河西魏晋壁画墓对中原的影响程度。我们可以肯定这种影响力的存在，但这种"反作用力"显然不像中原文化深入凉州时那么强大。就目前发现的北朝墓葬艺术来看，在墓中装饰壁画这种作风本身固然在很大程度上可能受到了来自西北的一些影响，但就题材和绘画风格的变化而言，则更多地接受了南朝的影响。如果说魏晋时期河西壁画墓还是对汉代传统的承续的话，那么，融合了多种文化因素而形成的北朝墓葬艺术则预示着一个新时期的到来。在河西与中原的文化交流过程中，中原地区因为有着深厚的历史根基，所以不管潮起潮落，总能够在融合新的文化因素的基础上产生出具有原创性的新内容，而河西这样的边地更易于接受先进文化，并凭借地理优势将其传播光大。

六 "邺城规制" 初论

魏晋南北朝文化既有显著的地域性，又有鲜明的过渡性。本书第五部分将一批特定时段（魏晋）特定地域（河西）内的壁画墓与其他时段（汉代、北朝）其他地域（中原、西域）的壁画墓进行比较，以揭示这些墓葬在文化史上地位。这种研究还可以进一步拓展。在河北邺城地区，因为材料比较丰富，过渡性和开创性的特征表现得尤为明显。邺城是东魏北齐的首都，这一地区的壁画墓属于皇室和异姓贵族，由于墓主身份较高，因此墓葬形制和壁画内容都受到制度的约束，形成了一定的规制，对于其他社会阶层、其他地区和时代都产生了显著影响，在中国壁画墓发展史上具有重要意义。

（一）邺城地区墓葬壁画的特征

邺城地区发现的东魏北齐墓葬壁画代表了汉唐之间墓葬彩绘壁画发展的最高水平。为了探讨这些壁画墓的特征及其在古代壁画墓发展史上的地位，有必要先从宏观的角度对汉代墓葬装饰的传统进行粗略的回顾。

汉代是壁画墓发展史上的第一个高峰，有彩绘壁画、画像石和画像砖等多种壁画形式，资料十分丰富。汉代壁画墓形制多样，大中型的墓葬往往有多个墓室，各个墓室具有不同的功能，仿佛地上建筑的重重院落，具有"第宅化"的特征[1]。以内

---

[1] 吴曾德、肖亢达：《就大型汉画像石墓的形制论"汉制"》，《中原文物》1985年3期，页55~62。

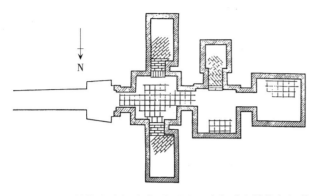

蒙古和林格尔新店子小板申东汉壁画墓为例,这座大型壁画墓有前中后三室,前室附设左右两个耳室,中室设右耳室,全长 19.85 米(图 202)①。墓室不同的单元分别象征着庭、明堂、后寝(室)、更衣、车马库、炊厨库,以及农田和牧野②。

图 202 和林格尔小板申墓平面图(采自《和林格尔汉墓壁画》,页 3)

信立祥曾将汉画像石的题材分为 9 类 55 种③,尽管这一比较直观的分类方法后来被信氏本人所扬弃④,但是其结论在一定意义上反映出汉代墓葬画像艺术在题材方面的多样性。我仍以和林格尔小板申墓为例,对这一时期壁画墓的题材与布局进行一些观察。从前室的甬道开始,经过前室四壁、前中室之间的通道两侧,一直到中室,所绘壁画描绘了城池、粮仓、府舍、署吏和车马行列,并写有大量的榜题,包括"举孝廉"、"郎"、"西河长史"、"行上郡属国都尉"、"繁阳令"、"使持节护乌桓校尉"、"使君从繁阳迁度关时"、"宁城"等,这些画面被学者们认为是墓主生前仕途经历的再现。前室顶部描绘了各种仙人瑞兽。在中室西壁至北壁绘有燕居、乐舞百戏、宴饮、祥瑞,以及孔子见老子、列女、孝子等历史故事。后室壁画的题材则全然不同,四壁主要描绘了农桑、畜牧和各种手工业活动,表现庄园内的生产状况。后室顶部绘有四神。前室与中室所附耳室内也绘有庖厨、谷仓和各种农牧活动。

可以看到,这是一个十分庞大的图像体系。墓室被分割成若干个结构复杂、功能不同的空间,壁画的题材包括对墓主生前经历的回顾、为死者在地下"生活"所准备的衣食与享乐活动、表现道德与伦理观念的故事、象征着天命的祥瑞,以及对

① 内蒙古自治区博物馆文物工作队:《和林格尔汉墓壁画》,北京,文物出版社,1978 年。
② 俞伟超:《汉代诸侯王与列侯墓葬的形制分析》,俞伟超:《先秦两汉考古学论集》,页 123,北京,文物出版社,1985 年。
③ 信立祥:《汉画像石的分区与分期研究》,俞伟超编:《考古类型学的理论与实践》,页 234~306,北京,文物出版社,1986 年。
④ 信立祥:《汉画像石综合研究》,页 59~62,北京,文物出版社,2000 年。

于神仙世界十分具象的描绘，等等。在这个围绕着死亡而展开的图像体系中，包含了汉代人对宇宙、历史和自我的各种认识。更为重要的是，和林格尔小板申汉墓只是一项个案，而不是汉代壁画墓的标准或样板，同一时期的其他壁画墓虽然也有类似的题材，但是在对题材具体的选择、组织和表现方式上则各有侧重，所表达的思想观念或多或少都有一定的差异；就同一观念的表现来说，不同的墓葬或祠堂可以选取不同的题材，缺少某种必须遵循的规制①。在山东安丘董家庄东汉画像石墓中，除了几根立柱的雕刻可以看出是经过特别的设计外，更多画面则可能是工匠们利用预制的构件进行拼装（图203）②，所以尽管墓葬规模宏大，却表现不出十分系统有序的思想。与后来各个时代相比较，汉代墓葬壁画在内容上是一个发明与试验的大时代，一切关于死亡之后另一个世界的想象都表现在墓葬之中，而后来各个时代的各种绘画题材似乎都可以从中找到自己的源头③。

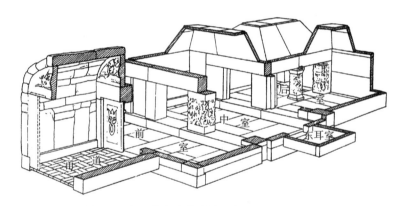

图203　安丘董家庄墓结构示意图（郑岩绘图）

---

① 例如，在山东安丘董家庄同一座东汉画像石墓中，两幅雷神出行的画像就有很大的不同。而在王充的《论衡》一书中也指摘雷神图像与口头传说难以吻合；王充还提到口头传说的仙人"无翼而飞"，而画像中则"为之作翼"。这些资料都反映出汉代图像的复杂性和不确定性。安丘县文化局、安丘县博物馆：《安丘董家庄汉画像石墓》，图版15、60，济南，济南出版社，1992年。《诸子集成》第七册《论衡》，页65~66，上海，上海书店，1986年。

② 曾蓝莹：《作坊、格套与地域子传统：从山东安丘董家庄汉墓的制作痕迹谈起》，《台湾大学美术史研究集刊》第8期，页33~86，2000年3月；Zheng Yan, "Stone – Engraving Workshop Practice in Han Dynasty China（206B. C. – A. D. 220），" Center 19, pp. 136 – 139, Washington, National Gallery of Art, 1999.

③ 2000年7月罗森（Jessica Rawson）在北京大学"汉唐之间文化互动与交融国际学术研讨会"的发言中也表述了类似的观点。

形成汉代墓葬壁画题材多样性的原因是多方面的，其中有一个现象值得注意，即汉代装饰画像的墓葬虽然数量众多，但多属于社会中下层人物的墓葬。目前秦汉帝陵的墓室均未发掘，《史记·秦始皇本纪》所言秦始皇陵中"上具天文，下具地理"① 的设计是否以画像来表现尚不清楚，两汉帝后陵墓内的装饰情况也不为人所知。而目前所见诸侯王陵，装饰画像的并不多见。已经发掘的诸侯王陵中，有画像的只有如下几例：

一、河南永城芒砀山柿园西汉梁王陵发现壁画，形式模仿漆棺的装饰（图204）②。但在同一墓地的其他王陵中未发现壁画，可知该墓只是一个特例。

二、广州西汉南越王赵眜墓前室周壁、室顶及南北两道石门上饰有朱墨两色彩绘的云纹图案③，可视作墓葬壁画的雏形。

三、江苏睢宁九女墩画像石墓出土有玉衣片，可能为某一位楚王的陵墓④。

四、安徽亳县董园村 1 号墓发现有少量画像石和彩绘残迹，该墓出土银缕玉衣和铜缕玉衣各一件，墓砖上有延熹七年（164 年）和"曹侯"的题记⑤。

五、亳县董园村 2 号墓有部分画像石和彩绘壁画残迹，墓中出土有铜缕玉衣残片，说明墓主可能为列侯一级⑥。

这有限的几座墓葬的画像彼此之间差异很大，说明在汉代王一级的陵墓使用画像并没有形成一定的制度。

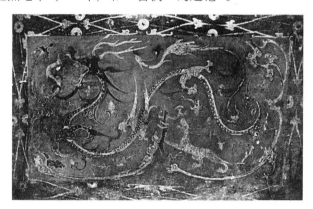

图 204　永城柿园墓主室顶部壁画（采自《芒砀山西汉梁王墓地》，彩版 1）

① 《史记》，页 265，北京，中华书局，1959 年。

② 河南省商丘市文物管理委员会、河南省文物考古研究所、河南省永城市文物管理委员会，阎根齐主编：《芒砀山西汉梁王墓地》，页 115～120，彩版一～四，北京，文物出版社，2001 年。

③ 广州市文物管理委员会、中国社会科学院考古研究所、广东省博物馆：《西汉南越王墓》上，页 28～29，北京，文物出版社，1991 年。

④ 李鉴昭：《江苏睢宁九女墩汉墓清理简报》，《考古通讯》1955 年 2 期，页 31～33。

⑤ 安徽省亳县博物馆：《亳县曹操宗族墓葬》，《文物》1978 年 8 期，页 34～35。

⑥ 安徽省亳县博物馆：《亳县曹操宗族墓葬》，页 35～36。

目前所见的大型画像石墓多为二千石的官吏或地方豪强，大型彩绘壁画墓的墓主等级也大致相同。而数量众多的中小型彩绘壁画墓、画像石墓和画像砖墓的墓主则多属于下层官吏、知识分子和富裕农民。

　　墓葬中装饰画像的传统长期在社会中下层流行，所反映的丧葬观念和其他相关的思想很难一致，更难以形成比较严格的制度。在许多情况下，墓葬中能否采用画像，选取什么样的题材和形式，往往由地方传统习俗、死者家族的经济实力以及其他各种人为的因素决定①，而不是由官方的制度决定的。在许多大型墓葬中，墓主身份等级一般不是以画像来反映，而是以墓葬形制、棺椁、玉衣和其他随葬品来体现。

　　汉代壁画墓的许多特征在河西和东北地区的魏晋墓中还有所遗留，但正如本书第五部分所指出的，河西壁画墓也只是继承了汉代画像传统一部分，而在题材和观念上缺乏创新，似乎预示着一个时代的结束。随着拓跋鲜卑入主中原而崛起的北朝壁画墓则面目一新，特别是邺城地区东魏北齐壁画，在墓葬形制、壁画内容等方面完全是另外一种格局。

　　汉代流行的多室墓在北朝时期完全为带长斜坡墓道的单室墓所代替，墓室的多少不再是代表墓葬规格的标准。平面呈方形的单室墓从西晋时期即开始在中原出现，是所谓"晋制"的一个主要特征②。这种墓葬形制而后为入主中原的北魏统治者所继承，即使帝陵也采用单室墓。大同方山北魏冯太后永固陵代表了双室墓转化为单室墓的最早形态（图205）③，而洛阳北魏宣武帝景陵已完全确立了单室墓的制度（图206）④，这一传统继续为磁县湾漳北朝大墓所继承（见图103）⑤。其他等级的壁画墓也采用单室墓的形制。单室墓的出现必然使得墓室在空间方面的象征意义发生改变，越来越趋于单一化。而汉代比较简单的墓道，在这一时期却变得异常重要，不仅长度大大增加，而且许多大墓的墓道还经过了特殊的加工。

① 巫鸿将这些因素归纳为4种"声音"（voice），分别来自家庭、朋友同事、死者和建造者。Wu Hung, *Monumentality in Early Chinese Art and Architecture*, pp. 189－250, Stanford, California, Stanford University Press, 1995.
② 俞伟超：《汉代诸侯王与列侯墓葬的形制分析》，页124。
③ 大同市博物馆、山西省文物工作委员会：《大同方山北魏永固陵》，《文物》1978年7期，页29～35。
④ 中国社会科学院考古研究所洛阳汉魏城队、洛阳古墓博物馆：《北魏宣武帝景陵发掘报告》，《考古》1994年9期，页801～814。
⑤ 有关分析见赵永洪《由墓室到墓道——南北朝墓葬所见之仪仗表现与丧葬空间的变化》，巫鸿主编：《汉唐之间文化艺术的互动与交融》，页427～462，北京，文物出版社，2001年。

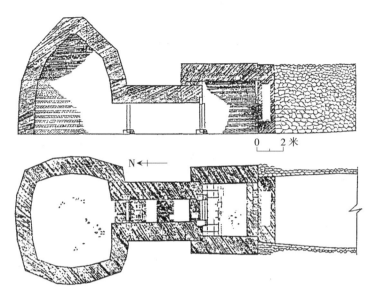

图 205 大同永固陵平、剖面图（采自《文物》1978 年 7 期，页 30）

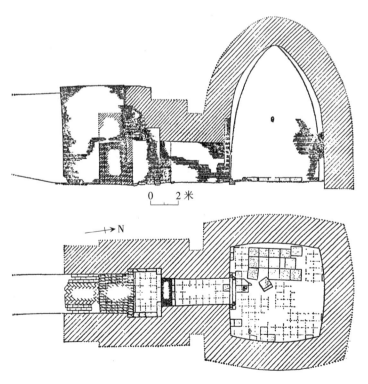

图 206 洛阳景陵平、剖面图（采自《考古》1994 年 9 期，页 805）

与墓葬形制的变化相应，这时期的壁画题材也发生了显著的变化。本书第四部分叙述了邺城地区东魏北齐壁画的基本情况，为了进一步说明问题，再选取几座壁画保存较好的墓葬，以下表显示题材及其在墓葬内的分布情况：

墓例	闾叱地连墓①	尧峻墓②	高润墓③	湾漳墓④
墓主身份	茹茹邻和公主	辅国将军、持节东郡太守、当郡督尉、使持节、南岐州刺史主衣督统、征羌侯、征西将军、征羌县开国子、开府仪同三司、使持节怀州诸军事、怀州刺史、使持节都督赵安平三州诸军事、骠骑大将军、赵州刺史、开府仪同三司、中书监、开国侯（从一品）	赠侍中，使持节假黄钺、冀定沧瀛赵幽安平常朔并肆十二州诸军事、左丞相、太师、录尚书事、冀州刺史、品爵如故（冯翊郡王，正一品），谥号文昭王	推测墓主为东魏文襄王高澄⑤或北齐文宣帝高洋⑥
年代	武定八年（550年）	天统三年（567年）	武平七年（576年）	北齐

① 磁县文化馆：《河北磁县东魏茹茹公主墓发掘简报》，《文物》1984年4期，页1~15。
② 磁县文化馆：《河北磁县东陈村北齐尧峻墓》，《文物》1984年4期，页16~22。
③ 磁县文化馆：《河北磁县北齐高润墓》，《考古》1979年3期，页235~243、234。
④ 中国社会科学院考古研究所、河北省文物研究所邺城考古工作队：《河北磁县湾漳北朝墓》，《考古》1990年7期，页601~607、600。
⑤ 河北省临漳县文保所：《邺城考古调查和钻探简报》，《中原文物》1983年4期，页9~16。
⑥ 马忠理：《磁县北朝墓群——东魏北齐陵墓兆域考》，《文物》1994年11期，页56~67。

续表

墓例		间叱地连墓	尧峻墓	高润墓	湾漳墓
墓道壁画	东壁	前段绘青龙；中段绘立姿仪卫7人；后段下栏绘廊屋内兵栏列戟，兵栏后有坐姿仪卫6人，最后绘门吏1人，上栏绘羽人、怪兽、瑞鸟、忍冬、莲花、流云	不详	上部绘莲花、忍冬、流云等，其他不详	前端绘青龙、神鸟、怪兽等；后段下栏绘53个仪仗人物，末段仪仗人物身后绘廊屋，上栏绘各类神兽20个以及莲花、忍冬、流云等
	西壁	前段绘白虎；后段下栏绘廊屋内兵栏列戟，兵栏后有坐姿仪卫6人，最后绘门吏1人，上栏不清	不详	不详	前端绘白虎、神鸟、怪兽等；后段下栏绘53个仪仗人物，末段仪仗人物身后绘廊屋，上栏绘各类神兽20个以及莲花、忍冬、流云等
	地面	花草纹图案	不详	不详	莲花图案
	照墙	中央绘正面朱雀，两侧绘怪兽、莲花、流云等	中央绘正面朱雀，两侧绘羽人、莲花、流云等	不详	中央绘正面朱雀，两侧绘神兽、莲花、流云等
甬道壁画	东壁	残存3侍卫立像	不详	不详	残留侍卫形象
	西壁	残存4侍卫立像	不详	不详	残留侍卫形象

续表

墓例		闾叱地连墓	尧峻墓	高润墓	湾漳墓
墓室壁画	北壁	下栏绘墓主及持盖、扇的侍女立像，上栏绘玄武	不详	绘墓主坐于帷帐中，两侧各有侍者6人，持伞盖等物	四壁被烟熏黑，北壁下数第一栏可见帐幔、羽扇，推测为人物仪仗；第二栏只有南壁可见绘一对朱雀，东壁有怪兽残迹，推测该栏绘四神等；第三栏绘三十六禽；第四栏有建筑的残迹
	东壁	下栏绘侍者立像，现存7人头部，上栏不详	不详	残存牛（？）车、伞盖、扇等	
	西壁	下栏绘侍女立像10人，上栏绘白虎	不详	残存侍者2人，其余不详	
	南壁	不详	不详	不详	
	顶部	星象	不详	不详	星象

（注：以上各墓均坐北朝南）

此外，在冀南豫北以邺城为中心的地区还有其他一些壁画墓，但壁画大都没有保存下来。

这一表格反映了邺城壁画一个最显著的特征，即内容的规制化。这批位于东魏北齐京畿地区的墓葬包括当时最高规格的墓葬，壁画与帝王陵墓制度结合在了一起。宿白已注意到这些壁画中有着制度的因素，湾漳墓和闾叱地连墓墓道前端的巨幅青龙、白虎画像（图207、208，又见图107）不见于北齐东安王娄叡墓，对此他指出：

> 这个现象似乎暗示此图画内容为更高等级的墓葬所特具。它的来源如果可以和《梁书·武帝纪》中所记："天监七年（508年）春正月……戊戌作神龙仁虎阙于端门、大司马门外"、《梁书·敬帝纪》所记："太平元年（556年）……冬十一月乙卯，起云龙神虎门"相比拟，那就仅限于皇帝可以使用；这样，这个礼仪制度溯源，有可能又找到"中原士大夫望之以为正朔所在"的"江东吴儿老翁"那里去了。①

---

① 宿白：《关于河北四处古墓的札记》，《文物》1996年9期，页58。

图207 磁县湾漳墓墓道东壁青龙画像（采自《磁县湾漳北朝壁画墓》，彩版34.1）

图208 磁县湾漳墓墓道东壁青龙画像（采自《汉唐之间文化艺术的互动与交融》，页441）

如果将"规制"理解得比宿白此处所提到的"制度"更为宽泛一些，那么我们可以看到邺城北朝壁画还包括其他一些比较规整的内容，杨泓将邺城地区壁画的特征进行了总结：

第一，墓道壁画以巨大的龙、虎布置在最前端，青龙和白虎面向墓外，衬以流云、忍冬，有时附有凤鸟和神兽。

第二，墓道两侧中段绘出行仪仗，间叱地连墓出现廊屋内的列戟，湾漳墓仅存廊屋残迹。墓道地面有莲花、忍冬、花卉等图案，或认为是模拟地毯。

第三，墓门正上方绘正面的朱雀，两侧有神兽等图案，间叱地连墓、尧峻墓和湾漳墓保存较好，高长命墓仅残存神兽及火焰，余二墓（指高润墓和颜玉光墓——引者注）残毁不详。门侧多有着甲门吏。

第四，甬道侧壁为侍卫人像。

第五，墓室内壁画仍按传统作法，在正壁（后壁）绘墓主像，旁列侍从卫士。侧壁有牛车葆盖或男吏女侍。墓主绘作端坐帐中的传统姿势，如高润墓。室顶绘天象，其下墓壁上栏分方位绘四神图像，间叱地连墓保存较完整。[①]

这些特征反映出了汉唐之间壁画墓的一个大的变化，即在墓葬规格提高的同时，壁画题材和分布趋于同一。我们不妨将这些特征称作"邺城规制"。

（二）邺城地区墓葬壁画的主题

邺城壁画的内容与布局在某种意义上体现了当时人们对丧葬的认识。一座墓葬以墓门为界，大致可以分成墓室和墓道两大部分，每一部分的画像表现了不同的主题。

墓室顶部绘银河、星象和四神，这些传统的内容强调了人与天的关系（图209）。后壁绘正面墓主像，这种画像流于程式化和概念，并不是严格意义上的肖像，而是墓主灵魂的替代物，其正面的形式有着偶像的色彩（见图125）[②]。这种偶像式画像采取了人物最"标准"的姿态，加上它在墓室中的特殊位置，以及帷帐、屏风和侍从等辅助性图像，使得墓室变得如同宫廷或官署。

如果说偶像性质的正面墓主画像是表现神灵所在的一种符号，那么，牛车鞍马题材则是表现人物身份的一种固定模式。从西晋开始，高官豪门以牛车为贵，所随

---

① 杨泓：《南北朝墓的壁画和拼镶砖画》，页434。

② 郑岩：《墓主画像研究》，山东大学考古学系编：《刘敦愿先生纪念文集》，页450～468，济南，山东大学出版社，1998年；郑岩：《古人的标准像》，《文物天地》2001年6期，页55～57。

葬的陶俑便以牛车和鞍辔马具齐全的乘马为中心。到北朝时期，以牛车鞍马为中心的出行仪卫陶俑数量大增，成为显示死者身份的主要象征之一①。与陶俑的变化相一致，在许多礼佛的图像中，也可看到鞍马与牛车成对出现，如早年山东临淄出土的北魏正光六年（525年）曹望憘造像座的左右两侧即对称刻画有男女主人礼佛的群像和鞍马牛车（图210）②。陕西耀县出土的隋开皇八年（588年）徐景辉造像（道教造像）背面中层刻男子骑马，女子乘牛车，分别有"父徐默"、"母毛罗束"的题记，可知是已亡故的父母的形象（图211）③。北魏晚期洛阳一带墓葬中流行鞍马与牛车画像，并为北齐墓葬壁画所继承（见图114、126）。墓葬中的这类图像，马配有鞍具，但多无骑者，牛车中也不见乘者，显然是为死者所预备的出行工具。

图209 磁县湾漳墓墓室顶部（采自《磁县湾漳北朝壁画墓》，彩版63）

　　墓室中的画像除了延续传统的"天"的观念外，其四壁主要是对一个封闭的、私密的个人空间的复制。在墓葬封闭之后，这些壁画和陶俑成为墓主生命在另一个世界中延续所不可缺少的内容，因此这套图像也就具有了永恒的价值。墓道中的图像则全然不同，那些描绘精美的画像是一种公开的、暂时性的艺术。

　　墓道从商代出现到汉代一直作为下葬时的通道，仅甘肃武威雷台东汉墓的墓道有一些简单的花草装饰④，而大面积的墓道壁画是在邺城地区的东魏北齐墓中开始出现的⑤。湾漳墓和闾叱地连墓的墓道壁画下层皆描绘大规模的仪仗（图212、213、

① 详细的论述见杨泓《谈中国汉唐之间葬俗的演变》、《北朝陶俑的源流、演变及其影响》两文，杨泓：《汉唐美术考古和佛教艺术》，页1～10、126～139，北京，科学出版社，2000年。
② 周到主编：《中国美术分类全集·中国画像石全集·8·石刻线画》，图版39～42。
③ 周到主编：《中国美术分类全集·中国画像石全集·8·石刻线画》，图版130。
④ 甘肃省博物馆：《武威雷台汉墓》，《考古学报》1974年2期，页87～111。
⑤ 目前西魏壁画墓的甬道情况不详，在北周壁画墓的墓道中也有壁画发现，与邺城地区的墓道壁画有所区别，但是也不排除二者有互相影响的可能性。

图 210　临淄曹望憘造像座画像（采自《中国美术分类全集·中国画像石全集·
石刻线画》，图版 39）

图 211　耀县徐景辉造像局部（采自《中国美术分类全集·
中国画像石全集·石刻线画》，图版 130）

214，又见图 104、107），其中人物的安排以墓道地面为基线，而不采取与地面平行
的水平分栏方式，仪仗中的人物大部为正面，目光直对墓道的中轴线，这说明这些
画像是以下葬时运送棺柩的队伍为中心而设计的。这些画像是对葬礼的复制，是为

了在下葬死者时被人观瞻所绘的。当送葬人们沿着墓道行进时，迎面是照墙上正面的朱雀（图215，又见图108、109），背后是地上的神道和神道两侧的墓仪雕刻①，而与这个真实的队列相平行的，是墓道两壁庄严肃穆的龙虎和仪仗人物画像。这些画像中的人物与真人高度大致相同，在整个礼仪中极具有真实感。因为可以被当时送葬的人们看到，墓道两壁的壁画应受到制度严格的限制，我们可以从壁画中明确地看到湾漳墓与间叱地连墓仪仗规格的不同。

图212　磁县湾漳墓墓道西壁壁画局部（采自《磁县湾漳北朝壁画墓》，彩版51.2）　　图213　磁县湾漳墓墓道东壁壁画局部（采自《磁县湾漳北朝壁画墓》，彩版39.2）

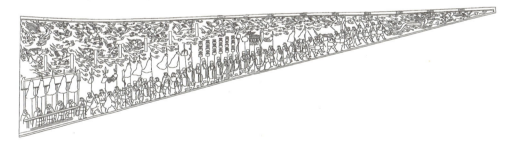

图214　磁县湾漳墓墓道东壁画像（采自《汉唐之间文化艺术的互动与交融》，页440、441）

---

① 北朝墓仪石刻发现数量不多，北魏宣武帝景陵和孝庄帝静陵前皆发现石人（黄明兰：《北魏洛阳景陵位置的确定和静陵位置的推测》，《文物》1978年7期，页36~41；中国社会科学院考古研究所洛阳汉魏城队、洛阳古墓博物馆：《北魏宣武帝景陵发掘报告》）。河北赞皇李希宗墓盗洞中发现一高50厘米的石人头部，发掘者认为原是神道石刻（石家庄地区革委会文化局文物发掘组：《河北赞皇东魏李希宗墓》，《考古》1977年6期，页382），待考。湾漳墓前也发现有石人。此外文献中对北朝墓仪石刻也有所记载，如《魏书·赵修传》记修葬父时，"于京师制碑铭，石兽、石柱皆发民牛车，传至本县。"（《魏书》，页1998，北京，中华书局，1974年）。

图 215　磁县湾漳墓照墙壁画（采自《磁县湾
　　　　漳北朝壁画墓》，彩版 62）

图 216　磁县湾漳墓门吏俑与墓室
　　　　内陶俑比较（郑岩绘图）

湾漳墓墓门两侧的一对陶俑，其高度也与真人相当。这对陶俑与墓室中上千件陶俑的体量大相径庭（图 216），这种差别的原因应在于二者的功用不同，前者和墓道中的壁画一样，是葬仪的参与者，而后者只是传统意义上的"俑"。

人们虽然在封闭墓室之前可以暂时看到墓室内的画像，但是像其他随葬品一样，墓室内的画像更主要是围绕死者的需要而设计的。但是，墓道壁画出现后，其"观者"发生了重要的变化。我们在考古报告中所看到的墓道壁画，实际上是考古工作者在发掘后，所"复原"的墓道被使用时的空间结构与视觉效果（图 217），而两壁的画像也只有在那个时候才有意义。葬礼结束后，墓室被封闭，从发表的线图来看，间叱地连甬道两侧画像中的几个人物便被封门墙所压，墓道中的壁画在封闭墓门后也与死者隔离开来，那些精心描绘的宏大的仪仗画面被回填，这个连续的图像体系的主要功能已经完成，因而就失去了存在的意义。

当然这种划分也不是绝对的，在封闭墓门之前，墓室内的壁画也会被人们看到，甬道两壁所绘的侍者将这两大部分连接为一个整体。墓室内的图像有些也可能成为送葬仪式的一部分。《通典》中载有晋朝礼家贺循所议定葬礼：

至墓之位,男子西向,妇人东向。先施幔屋于埏道北,南向。柩车既至,当坐而住,遂下衣几及奠祭。哭毕柩进,即圹中神位。既窆,乃下器圹中,荐棺以席,缘以绀缯,植翣于墙,左右挟棺,如在道仪。[①]

此处在"墓之位"进行的仪式虽然是地上的活动,但似乎可以在壁画中反映出来,如南向幔屋可见于高润墓(见图125),"男子西向,妇人东向"恰与闾叱地连墓室左壁为男侍(西向)右壁为女侍(东向)的人物安排相一致(见图111、112)。另一方面,墓室内的牛车和鞍马也暗示了墓主灵魂与外界的联系。在邺城以外的地区,有时墓室内出行的图像还会延续到墓道中(详下文)。

与墓道下栏严整的仪仗行列相比较,墓道上层的各种鸟兽则显得十分凌乱,从构图形式上看,这些图像互不相属,似乎是各种来源不同的粉本的拼凑。其实这种现象在汉代以来就已存在,除了西王母、祥瑞图有一套或几套较为严格的图像范式外,大部分的奇禽异兽变化多端,没有严格的规制。以湾漳墓的这类画像而言,既有人首鸟身的类似"千秋万岁"的形象[②],又有所谓的"畏兽"(图218),还有莲花、忍冬、流云等内容,各种图像有着不同的来源。它们被组合在一起,只能说明人们对与墓葬相关的神仙世界没有一套统一的理论化的描述。对于死后另一个世界的幻想一方面存在于墓葬中,而另一方面则更多地寄托在安阳、邯郸等地那些大大小小的庙宇和石窟中[③]。当然,这种局部的无序并不影响规制的存在,从大的方面来

图217　磁县闾叱地连墓剖面图(采自《文物》1984年4期,页2)

① 《通典》卷八十六(《礼四十六》),页468,北京,中华书局,1984年。

② 关于"千秋万岁"的研究,见朱岩石《"千秋万岁"图像源流浅识》,中国社会科学院考古研究所汉唐与边疆考古研究编委会:《汉唐与边疆考古研究》第1辑,页131~135,北京,科学出版社,1994年。

③ 在这个问题上,我们也能发现以往对于这类图像研究方法上的误区,即我们习惯于以某一种神怪形象的外貌特征与文献中的记载进行比照,通过比照似乎可以发现不少的资料,但是我们往往不注意文献中的记载是否与图像属于同一个思想体系,将问题简单化;同时对于单个的图像的孤立的考证并不能清楚地说明这些图像之间的联系,因此也无助于我们对于整套图像的含义的理解。

图 218　磁县湾漳墓墓道东壁神怪画像（采自《汉唐之间文化艺术的互动与交融》，页 441）

看，邺城壁画同一化的题材和严整的布局是前所未有的。

（三）邺城地区墓葬壁画的渊源

北魏迁都洛阳以后，作为一项政治措施，鲜卑贵族死后葬北邙而不归葬故里，加快了北魏葬俗的汉化，而相关的埋葬制度趋于规范化，这一点在随葬的陶俑方面表现比较明显①。但是壁画的规制最终则是在邺城完成的。

据简报所言，湾漳墓室的壁画均被烟火熏黑。这一现象颇值得推敲。一个被忽视的问题是，这些壁画是什么时候被破坏的？按照一般的理解，墓葬壁画的破坏应是盗墓或其他偶然的原因造成的，但是根据墓葬发掘现场所拍的照片来看，情况似乎并非如此。所谓烟熏的部分主要是墓室的四壁，其顶部仍保存下部分图像，而同样集中在底部的各种随葬品却没有被火烧的痕迹，西部的石棺床也没有被火烧（图219）。因此笔者推测墓室四壁的壁画被熏黑应是在随葬品放入墓室之前所为。即壁画绘制完成后，可能又以烟火熏黑。

这就使我们联想到在洛阳邙山发掘的北魏宣武帝景陵的墓室。该墓室内无壁画，但"在所有墓壁、墓顶表层砖的外露面上，全都涂了一层均匀、黝黑、光亮的颜色，

---

① 杨泓：《北朝陶俑的源流、演变及其影响》，页 129～131，杨泓：《汉唐美术考古和佛教艺术》，北京，科学出版社，2000 年。

从色调上强调了这一特定建筑的性格特征"。① 那么,湾漳墓在壁画完成后又熏黑墓室的做法,是否表现了对于洛阳旧制度的某种衔接,是很值得怀疑的。

退一步说,即使这一假设不能成立,仍可通过湾漳墓与景陵的比较,看到新规制与旧传统在湾漳墓中的冲

图219 磁县湾漳墓墓室内景(采自《磁县湾漳北朝壁画墓》,彩版5.1)

突。如在形制方面,二者均为单室墓,规模也比较接近,二者地上均发现有石人,这都说明了邺城在制度上对洛阳的继承;而湾漳墓一反常规地使用了壁画,又表现出对传统的否定。就墓道而言,前者没有装饰壁画,后者出现了壁画。尽管目前北魏壁画墓的墓道多未作清理,但北周壁画墓的墓道缺乏北齐墓葬所见的那种"长卷式"壁画,说明北齐与北周墓道的装饰可能并没有一个共同遵循的年代更早的样板。因此笔者推测墓道两壁大面积"长卷式"的壁画很可能是北魏分裂以后才开始出现的②。因此笔者将北朝壁画墓的变化称作"邺城规制",而不是"洛阳规制"。

邺城壁画与北魏洛阳壁画又有着密切的联系。如洛阳北向阳村孝昌二年(526年)江阳王元乂墓墓顶的银河与星象(见图93)③,孟津北陈村太昌元年(532年)安东将军王温墓中正面的墓主像(见图95)④ 等内容在邺城地区继续存在。随着今后洛阳考古工作的展开,还有可能继续发现这方面的资料。

---

① 中国社会科学院考古研究所洛阳汉魏城队、洛阳古墓博物馆:《北魏宣武帝景陵发掘报告》,页809,《考古》1994年9期。文献中屡见当时将墓室称作"玄宫"的记载,这种涂黑墓室的做法,或与"玄宫"的观念有关。

② 据说孝庄帝静陵的墓道与墓室发现有壁画,但发掘中止(徐婵菲:《洛阳北魏元怿墓壁画》,《文物》2002年2期,页91)。我们期待着更新的材料来检验和修正这一推测。

③ 洛阳博物馆:《河南洛阳北魏元乂墓调查》,《文物》1974年12期,页53~55。

④ 洛阳市文物工作队:《洛阳孟津北陈村北魏壁画墓》,《文物》1995年8期,页26~35。

更远一些说，邺城和洛阳壁画的许多题材可以上溯到汉代，例如墓顶描绘的天象，在汉代就已经十分流行（图220），东魏北齐墓葬只是延续了旧的套路，不管把星宿画得更加精确还是较为粗略，在观念上都没有实质性的改变。墓主正面的画像在东汉晚期的河北安平逯家庄墓壁画中就已经出现①。

由于时间上的缺环太大以及资料的局限，我们还难以充分说明北朝壁画与中原年代更早的壁画墓是如何建立联系

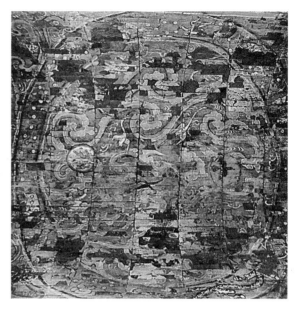

图220　西安交通大学附属小学墓顶部壁画（采自《西安交通大学西汉壁画墓》，图版2）

的。一种可能是数百年前的绘画粉本有可能流传下来并被再次利用。另一种可能是一些早期的墓葬偶然被发现，甚至重新加以利用②，会或多或少地影响当时的葬俗，例如我在第八部分中推测，北朝时期尚保留有一些汉代石祠，可能会影响当时对于墓葬的设计。更值得重视的一种情况是，中原传统的文化与习俗在其他边远地区保存下来并再次回流中原，即西晋与刘宋时期的学者所说的"中国失礼，求之四夷"③。本书第五部分中就曾对河西地区对汉代壁画墓传统保存与转移的问题进行了讨论，此外，更直接的影响应当来自"中原士大夫望之以为正朔所在"的南朝。

---

① 河北省文物研究所：《安平东汉壁画墓》，图6，图版40，北京，文物出版社，1990年。

② 汉代墓葬或祠堂也往往被后人再次利用，见周保平《徐州的几座再葬汉画像石墓研究——兼谈汉画像石墓中的再葬现象》，《文物》1996年7期，页70～74。

③ 《左传》昭公十七年："天子失官，学在四夷。"西晋陈寿所著《三国志·魏志·乌丸鲜卑东夷列传》和刘宋范晔《后汉书·东夷传》均将此语改作"中国失礼，求之四夷"，概念更为明确完整。关于该问题的讨论见刘敦愿《"天子失官，学在四夷"解——中国民族学前史上的一个问题》，刘敦愿：《美术考古与古代文明》，页563～573，台北，允晨文化公司，1994年。

如上所述，宿白已经指出湾漳墓道的龙虎与南方文化的联系①，他还曾谈到北朝壁画人物绘画的风格与南朝的联系②。赵永洪也仔细分析了湾漳大墓壁画题材与南朝的联系③。从时间上说，这一时期首先在帝陵中采用壁画的并不是湾漳墓，而是南京南朝西善桥宫山刘宋帝陵，只是南北方壁画的制作技术有所不同。邺城地区在帝陵中装饰壁画的做法既然不是从北魏继承的，就有可能与南朝文化的一再北传有关。

南朝帝陵中采用壁画装饰，应与当时思想文化史的背景有关。因为正是在这一时期，文学艺术获得了大的解放，绘画不再被视作奇技淫巧，而取得了独立的地位，人们开始从审美的角度评论绘画。大量便于携带与流传的卷轴画在这一时期出现，社会上出现了收藏名家作品的热潮，许多画家的作品受到皇帝的赏识。正如许多学者所指出的，西善桥宫山大墓中的竹林七贤与荣启期画像的粉本可能出自名家的手笔。而这种文化气氛在北朝则没有如此显著，所以邺城地区帝陵中出现壁画的做法，极有可能来自南朝。就题材方面来说，除了墓道中的龙虎，邺城墓中大幅的仪仗行列与南朝墓中的卤簿仪仗内容也同属一类，南方地区在社会上流传的"卤簿图"④ 实际上就可以作为粉本流传到北方。邺城地区流行的鞍马与牛车出行的图像与南朝的同类图像接近，如江苏常州田舍村南朝晚期墓就出土有这种题材的拼镶砖画（见图53）⑤。此外，邺城地区可能存在的神道墓仪石刻，可能也有来自南朝的文化因素。

南朝帝陵的壁画装饰显然也有制度的规定，特别是在宋齐时期，模印砖壁画的题材在帝陵中已经相当固定，这一点笔者在第三部分已有所论述。南朝壁画规制化的现象，应会对"邺城规制"的形成有重要的影响。

这种继承并不是全盘抄袭，除了与其他时代和地区壁画墓的共同之处外，许多传统题材在邺城地区的消失也值得注意。首先，汉代常见的庄园生产、庖厨宴饮等

---

① 宿白：《关于河北四处古墓的札记》，页58。
② 宿白：《北朝造型艺术中人物形象的变化》，宿白：《中国石窟寺研究》，页352，北京，文物出版社，1996年。
③ 赵永洪：《由墓室到墓道——从湾漳北朝壁画墓看南北朝时期埋葬制度的变化》。
④ 周一良：《魏晋南北朝史札记》，页165，北京，中华书局，1985年。
⑤ 常州市博物馆、武进县博物馆：《江苏常州南郊画像、花纹砖墓》，《考古》1994年12期，图版6。

图像不再流行，各种供死者在地下家园中享用的贵重物品不复存在。虽然在陶俑中还有少量的侍仆形象和庖厨用具的模型，但已不占很大的比例。庄园为中心的一系列表现经济活动的内容淡化，应当与墓主身份的变化相适应。流行这类图像的汉代乃至河西魏晋墓葬，多属于中产阶级，对他们而言，广置良田，桑麻绕宅，是一种理想化的生活。而对于更高层次的统治者来说，他们在世间从来没有衣食之忧，因此其死后的需要可能更加形而上，那些等级严格的仪仗类陶俑和壁画远比牛耕与庖厨更为重要。

其次，在邺城地区这些显贵的墓葬中，汉代流行的各种历史人物的图像也不再出现。最值得注意的是，在大同北魏司马金龙墓出土有列女画像的漆屏风，洛阳北魏墓葬的石棺、石棺床上也有大量的孝子故事（见图 98、99、100、101、251、306、307、308、309、310、311、312），而在邺城东魏北齐的壁画中，这些题材的流行却戛然而止。这类列女和孝子题材继承了汉代以来的传统，它们在北魏墓葬中出现，可以看作拓跋鲜卑汉化的反映①；而这些题材的消失，或许与东魏北齐时期上层社会反汉化的潮流有关，即那些儒家所标榜的汉人模范不再是这一时代统治者心目中的偶像。南朝的竹林七贤与荣启期画像只能影响到比较偏远的山东地区的北齐墓葬，在京畿地区的墓葬中也没有出现，这种现象背后可能有着同样的原因。

应当特别指出的是，尽管我们可以在其他更早的时代或其他地区找到邺城壁画某些画像的渊源，但是"邺城规制"并不是对旧有题材随意的组装，这些题材在墓葬中的空间配置关系严整而固定，所体现的思想观念不同于其他任何时代或地区。从邺城开始，壁画成为表现墓葬等级地位的比较稳定的指标，并影响到北方其他地区的墓葬和后代壁画墓的发展。

（四）"邺城规制"的影响

"邺城规制"在中国墓葬壁画发展史上具有重要意义，其一，它曾对同时代其他

---

① 例如，孙机认为宁夏固原漆棺上的孝子画像的出现即与冯太后的汉化政策分不开，见孙机《固原北魏漆棺画》，页 125～126，孙机：《中国圣火—中国古文物与东西文化交流中的若干问题》，沈阳，辽宁教育出版社，1996 年。

图221 太原王家峰墓墓道东壁壁画局部(采自《北齐徐显秀墓》,图版3)

地区的墓葬产生过影响;其二,其中的一些内容为后来的壁画墓所继承。

关于第一个方面,主要表现在"邺城规制"对东魏、北齐政权所统治的其他地区的影响。目前在其他地区东魏壁画墓发现数量较少,北齐壁画墓主要分布在晋阳(太原)及其附近地区和山东地区,即当时的并州和青齐地区。

晋阳是掌握北齐军政权力的高欢家族的根据地,今太原一带所发现的北齐壁画墓比较典型的有寿阳贾家庄太宁二年(562年)库狄迴洛墓[①]、太原王郭村武平元年(570年)娄叡墓[②]、太原南郊第一热电厂北齐墓[③]和正在发掘中的太原王家峰村北齐墓[④]。这一地区的墓葬壁画题材与布局基本上与邺城壁画一致,如娄叡墓墓室后壁绘墓主端坐帐中,左壁绘鞍马羽葆,右壁绘牛车伞盖(见图114),顶部也有四神和星象;库狄迴洛墓甬道两壁绘侍卫;正在发掘的王家峰墓墓道和甬道两壁绘仪仗(图221)。等级可能较低的太原南郊第一热电厂北齐墓也比较多地受到了"邺城规制"约束,该墓墓室后壁绘墓主正面像,左右两壁绘鞍马与牛车,顶部绘四神与星象(见图131)。这些特征与邺城地区的壁画墓是比较一致的。

---

① 王克林:《北齐库狄迴洛墓》,《考古学报》1979年3期,页377~402。

② 山西省考古研究所、太原市文物管理委员会:《太原市北齐娄叡墓发掘简报》,《文物》1983年10期,页1~23。

③ 山西省考古研究所、太原市文物管理委员会:《太原南郊北齐壁画墓》,《文物》1990年12期,页1~10。

④ 市所:《太原发现大型北齐壁画墓》,《中国文物报》2001年10月3日,第1版;《发掘中的太原北齐壁画墓》,《文物天地》2001年6期,封二。

　　另一方面，该地区的壁画墓也有一些不同于邺城的特点，如娄叡墓墓道按水平方向分为三栏，分别绘有出行和回归的行列（图222、223，又见图114、115、116、117、1118、119、120）①；娄叡墓与库狄迴洛墓的门扉上均有青龙、白虎等装饰，娄叡墓门楣上绘兽面，库狄迴洛墓门楣上则绘有侧身的朱雀；娄叡墓墓室顶部还绘有十二辰和雷公像（图224，又见图122、123），等等。这些不同于邺城壁画的现象或者另有来源②，或者是当地独有的发明。但总的说来，这一地区的北齐墓葬壁画与邺城地区是大同小异的。

　　山东地区发现的北齐壁画墓主要有济南马家庄武平二年（571年）□道贵墓③、

① 娄叡墓壁画的题材最有特色的是墓道两壁由骑吏步卒和驼马组成的规模宏大的行列，其西壁者面向墓外行进，东壁则方向相反。发掘简报将这两幅壁画命名为"出行图"与"归来图"。有的学者将这些画面解释为表现墓主人生前的生活，或者直接与鲜卑人的游牧生活联系起来，但是这种解释过于笼统，没有提出具体的依据，也没有与画面一"出"一"入"的形式联系起来。巫鸿在研究汉代墓葬艺术中车马图像的含义时，也注意到了这一材料。他分析了汉代墓葬中大量出现的运动方向相反的几组车马画像，结合对题记的分析，认为汉代的车马画像中一些走向墓内的行列，可能表现了送葬的场面，而面向墓外者则是去往想象中仙界的队伍。他认为娄叡墓内的这两幅画像应是汉代传统的余音。Wu Hung, "Where Are They Going? Where Did They Come From? —Hearse and 'Soul – carriage' in Han Dynasty Tomb Art," *Orientations*, vol. 29, no. 6, June, 1998, pp. 22 – 31. 此说揭示了这种题材的渊源，颇具有启发性。此外，文献中有一些能够反映当时人关于墓葬的观念的文字，可以作为今后思考这一问题时的参考。当时人们的确曾想象地下的死者可以出入于墓葬内外，如陶渊明《挽歌诗三首》之二以死者的口吻写出："在昔无酒饮，今但湛空觞。春醪生浮蚁，何时能更尝？肴案盈我前，亲旧哭我傍。欲语口无音，欲视眼无光。昔在高堂寝，今宿荒草乡。荒草无人眠，极视正茫茫。一朝出门去，归来夜未央。"逯钦立辑校：《先秦汉魏晋南北朝诗》中册，页1013，北京，中华书局，1983年。又《洛阳伽蓝记》卷二：（孝义）里西北角有苏秦冢，冢旁有宝明寺。众僧常见秦出入此冢，车马羽仪，若今宰相也。"范祥雍：《洛阳伽蓝记校注》，页117，上海，上海古籍出版社，1978年新1版。这类传说似乎也反映了同样的观念。

　　有趣的是，娄叡墓墓道中的这些壁画以水平方向上下罗列，而不是像邺城墓道壁画所绘人物那样以倾斜的墓道底线为基准。如前文所述，邺城墓道的构图是从步入墓中的送葬者的视点出发的，娄叡墓墓道壁画在形式上违反了这一规制，主题也一反常规，可以看作是墓室内的壁画内容向墓道的延伸。巫鸿已谈到这一画面在内容上与汉代的联系，从构图上讲，这种上下水平罗列的方式也是汉代墓室壁画最为常见的。

② 如娄叡墓的雷公画像也见于洛阳北魏孝昌二年（526年）江阳王元乂墓，门楣上装饰兽面与邓县学庄南朝墓的做法一致；十二辰画像是否与湾漳墓中所谓的"三十六禽"图像有关，尚不能确定。

③ 济南市博物馆：《济南市马家庄北齐墓》，《文物》1985年10期，页42~48、66。

图 222　太原娄叡墓墓道西壁壁画局部
　　　　（采自《北齐东安王娄睿墓》，
　　　　彩版 3.1）

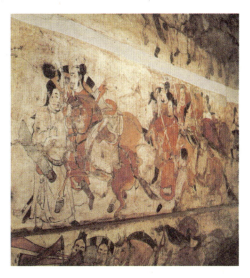

图 223　太原娄睿墓墓道东壁壁画局部
　　　　（采自《北齐东安王娄睿墓》，
　　　　彩版 3.2）

图 224　太原娄叡墓墓室顶部壁画局部（采自《北齐东安王娄睿墓》，彩版 83.1）

临朐冶源天保二年（551 年）崔芬墓[1]和济南东八里洼北齐墓[2]。这一地区的墓葬目前还没有发现墓道中有壁画的墓例，其中□道贵墓无斜坡墓道；东八里洼墓墓道较

---

[1]　山东省文物考古研究所、临朐县博物馆：《山东临朐北齐崔芬壁画墓》，《文物》2002 年 4 期，页 4 ~ 25；
　　Wu Wenqi，"Painted Murals of the Northern Qi Period," *Orientations*, vol. 29, no. 6, June 1998, pp. 60 – 69.
[2]　山东省文物考古研究所：《济南市东八里洼北朝壁画墓》，《文物》1989 年 4 期，页 67 ~ 78。

短，不可能有壁画。这是否与墓葬等级有关，还是该地区壁画墓的一个特点，因为资料太少，还难有定论。目前所见山东地区北齐墓的壁画主要出现于墓室内。□道贵墓后壁绘墓主正面像，左右两壁绘鞍马与牛车，门两侧绘侍卫，墓顶绘星象（见图 140、141、142、143），这种格局明显受到了"邺城规制"的影响。□道贵墓墓门上方装饰兽面，与娄叡墓相似；墓主像背后绘屏风的做法，也见于太原南郊第一热电厂北齐墓，似乎说明该地区的壁画墓同时也受到了来自并州等地区的影响。崔芬墓壁画直接绘于石壁上（图 225），与邺城等地的做法不同，壁画内容则融合了多种因素，一方面前后两壁和墓室顶部大幅的四神画像，明显与洛阳和邺城等地的习俗有密切联系，另一方面后壁与左右两壁上还出现了装饰有高士画像的屏风（见图 134、136、138、232）。同样的题材也见于济南东八里洼北齐墓（见图 145）。此外，崔芬墓右壁绘墓主出行画像，风格与传为顾恺之所绘《洛神赋图卷》中的曹植画像一致（图 226）。正如杨泓所指出的，这些题材应来源于南朝①。山东地区因为曾经有较长的时间在南朝的版图中，又距离北齐的统治中心较远，"邺城规制"的影响已不像太原一带那么强烈。至于青州傅家北齐武平四年（573 年）画像石的题材则深受入华粟特美术的影响，属于另外的系统，本书第八部分将对这批画像作具体的分析。

图 225　临朐崔芬墓西壁与北壁（采自《北齐崔芬壁画图》，彩图 15）

与邺城政权同时并存的南朝梁、陈和北朝西魏、北周的葬俗与东魏、北齐葬俗的关系，我们了解得不多。以前学者们较多地讨论了南朝文化对北朝的影响，而北朝墓葬是

① 杨泓：《北朝"七贤"屏风壁画》，杨泓、孙机：《寻常的精致》，页 118～122，辽宁教育出版社，1996 年。

否对南朝也会有一定的影响，目前还不十分清楚。西魏、北周的壁画墓至今发现的资料也不多，初步看来，它们与"邺城规制"的关系不太大，二者似乎有着不同的发展轨迹。

繁荣的隋唐文化是在南北朝文化的基础上建立起来的，陈寅恪曾经从典章制度方面深入研究了隋唐文化的渊源问题，认为北魏、北齐是隋唐制度最重要的源头之一①。这个问题从墓葬壁画

图 226　传顾恺之《洛神赋图》局部（采自《中国古代舆服论丛》，页 171）

方面也比较明显地表现出来。杨泓在《隋唐造型艺术渊源简论》一文中对此已作了较多的讨论。例如该文比较了山东嘉祥英山开皇四年（584 年）隋驾部侍郎徐敏行墓和宁夏固原小马庄大业六年（610 年）隋右领军骠骑将军史射勿墓的壁画，指出二者的差异在于有不同的渊源，其前者继承了北齐的传统，后者继承了北周的传统②。徐敏行墓的壁画主要保存在墓室中，其顶部绘天象。正壁绘墓主夫妇坐在帐内的屏风前宴饮（见图 275、303）。右壁上层绘白虎，下层绘鞍马和持伞盖的仆从（图 227）；左壁上层绘青龙，下层绘牛车和女侍（图 228）。前壁墓门两侧是挂仪刀的门吏③。这些内容与济南马家庄北齐□道贵墓的壁画一脉相承，从根本上说，乃是对"邺城规制"的继承。

隋唐文化并不只有东魏—北齐一源，而是随着南北的统一，在凝聚、融汇不同

① 陈寅恪：《隋唐制度渊源略论稿》，北京，生活·读书·新知三联书店，1954 年。

② 杨泓：《隋唐造型艺术渊源简论》，页 157～158，杨泓：《汉唐美术考古和佛教艺术》，页 156～163，北京，科学出版社，2000 年。

③ 山东省博物馆：《山东嘉祥英山一号隋墓清理简报》，《文物》1981 年 4 期，页 28～33。

图 227   嘉祥徐敏行墓墓室右壁　　图 228   嘉祥徐敏行墓墓室左壁牛车画像（山东博物馆
　　　仪仗画像（山东博物馆提供）　　　　　　　提供）

地区文化成果的基础上发展而成。杨泓进一步指出，初唐的墓葬壁画继承了北齐与
北周两方面的内容拼合在一起，缺乏磨合融汇。在这一时期的壁画中，"墓道前端两
壁绘面朝墓外的大幅青龙和白虎，本源于南朝而在北朝晚期流行于东魏—北齐的邺
城地区，门前列戟也是邺城地区墓中在东魏武定年间出现的壁画题材，外出游猎则
是北齐晋阳地区墓道壁画的主要题材。"①

　　此外，唐代墓葬壁画还有一个显著的特征，即墓主的身份地位较高。虽然在初
唐时期壁画的内容尚未形成新的制度，但在皇室贵族等高等级大墓中装饰壁画的传
统仍保留下来，这种现象，应与邺城地区东魏—北齐壁画墓有一定的渊源关系。

---

① 　杨泓：《隋唐造型艺术渊源简论》，页 161。

七 南北朝墓葬中竹林七贤与荣启期画像的含义

关于图像题材的探讨是壁画墓研究的关键一环。魏晋南北朝墓葬壁画中最早引起学术界广泛关注的题材是南京一带发现的竹林七贤与荣启期模印拼镶砖画（图229、230，又见图43、245）①，相关的讨论主要集中在几个方面：一、考察墓葬年代与墓主人；二、结合文献资料探讨竹林七贤与荣启期的生平与思想；三、讨论绘画风格和粉本作者，此外还涉及技术渊源以及社会文化风尚等多方面。这些研究中不乏富有创见的成果，具有重要的价值，是今后进一步讨论的基础之所在。

竹林七贤与荣启期砖画是六朝绘画史的研究最直接、最可靠的实物材料。在这些壁画发现之前，六朝绘画史的研究主要局限于对绘画理论的探讨，而对于绘画作品的研究无法展开，其主要原因是由于这一时期绘画的实物资料十分缺乏，可资参考的只有少数传世的卷轴画晚期摹本，其中鲁鱼之讹在所难免。因此这些砖画的出土，在某种意义上填补了六朝绘画史的空白。

但是这种背景也在一定程度上限定了部分研究者的思路。如风格样式的研究、作者的考证、七贤生平与思想的探讨等，提出问题的出发点主要是文献中的记载，

---

① 南京一带大墓中"竹林七贤"与荣启期拼镶砖画已发现4幅。南京博物院、南京市文物保管委员会：《南京西善桥南朝墓及其砖刻壁画》，《文物》1960年8、9期合刊，页37~42；罗宗真：《南京西善桥油坊村南朝大墓的发掘》，《考古》1963年6期，页291~300、290；南京博物院：《江苏丹阳胡桥南朝大墓及其砖刻壁画》，《文物》1974年2期，页44~56；南京博物院：《江苏丹阳胡桥、建山两座南朝墓葬》，《文物》1980年2期，页1~17；姚迁、古兵：《六朝艺术》，北京，文物出版社，1981年。

图 229　南京西善桥宫山墓竹林七贤与荣启期画像（采自《六朝时代美术の研究》，页 44、45）

图 230　南京西善桥宫山墓嵇康画像（郑岩摄影）

而不是考古材料本身，即有的研究者在某种意义上是带着阅读文献时已经存在的一些问题和概念来看这批材料，试图通过考古材料来印证、理解文献的记载。这些研究成果当然十分重要，但问题是在有些讨论中，考古材料只是作为辅助材料使用的。

换一个角度来看，这些画像不是独立的卷轴画，而是墓葬中的装饰，这些作品与文献的联系可能并不那么直接和简单，它们是整个墓葬体系的一部分，有着与所处环境相关的一些特征。从这个角度来看，有些问题的探讨相对还比较薄弱，其中最为突出的是对这些图像的功能研究不足，我在此提出的问题是：为什么要在墓葬中装饰这些高士的形象？这些题材在墓葬中有什么含义？为解决这类的问题，我们需要更完整地使用墓葬材料，更仔细地寻找解读图像的途径。

（一）竹林七贤与荣启期画像的象征性

自战国开始，庙堂壁画就出现了历史人物的题材，汉代以后在壁画中绘贤王忠臣、孝子列女，更是蔚然成风。论者一般认为这些题材具有"成教化，助人伦"的功能，而丧葬艺术中这类绘画的功能问题则更为复杂。一般说来，墓葬是属于死者个人的隐秘的空间，生者也希望"闭旷（圹）之后不复发"[1]，因此这些画像要符合死者及其亲属政治、伦理等方面的好尚，同时还要与他们个人的切身利益结合起来。近年来发现的陕西绥德辛店呜咽泉汉画像石墓后室门洞左右各竖刻 18 个字（图231）：

> 览樊姬观列女崇礼让遵大雅贵□□富支子，
> 帷居上宽和贵齐殷勤同恩爱述神道熹苗裔。[2]

此处"览樊姬"[3]、"观列女"等行为的最终落脚点是"富支子"、"熹苗裔"，涉及死者身后子孙繁衍，香火延续等个人利益。这些文字之间思维的跳跃极大，尚

---

① 山东苍山东汉元嘉元年（151 年）墓题记，山东省博物馆、山东省文物考古研究所：《山东汉画像石选集》，页 42，济南，齐鲁书社，1982 年。

② 吴兰、志安、春宁：《绥德辛店发现的两座画像石墓》，《考古与文物》1993 年 1 期，页 17～22。

③ 樊姬事迹见于《列女传·贤明》，张涛：《列女传译注》，页 63，济南，山东大学出版社，1990 年。

无法完全修复中间的环节，但
我们至少可以知道，在墓葬中
许多儒家标榜的模范人物形象
的背后，可能有着功利性象征
意义。

　　南朝时期，墓葬中的儒家
样板被竹林七贤等高人逸士所
取代。关于南京一带装饰竹林
七贤与荣启期模印拼镶砖壁画
大墓的情况，已在本书第三部
分作了介绍。研究者一般认为
装饰竹林七贤与荣启期画像的
几座大墓为南朝帝陵。有些学
者指出，画像表现了死者对于
这些著名人物的尊崇和对于士
族文化的仰慕。的确，根据文
献中的记载，我们不难了解七

图 231　绥德呜咽泉墓题记（采自《绥德汉代画像石》，页 154）

贤在当时名噪一时的情况和艺术创作中崇尚隐逸追摹虚玄的热情，对此学者们已进
行了很多讨论。这种背景也可能影响到死者生前的思想，例如北齐《朱岱林墓志铭》
中就称死者生前“结四子七贤之交”①；但是这只是问题的一个方面。从墓葬等级来
看，七贤等高士题材不仅出现在南朝皇帝的陵墓中，在下至中小官吏的北朝墓葬中
也有所发现（图232，又见图134、136、138）。绘有高士屏风的山东临朐冶源北齐墓
的主人崔芬曾任东魏南讨大行台都军长史，他身在行伍，平生追求似乎与高士的精
神无涉。从地域来看，这类画像题材不仅在南方流行，而且影响到北朝的墓葬，学
者们早已注意到山东地区北齐墓壁画屏风中绘有高士的形象。再早一些，山西大同
雁北师院北魏太和元年（477 年）宋绍祖墓出土的石椁正壁所绘弹奏琴和阮咸的人

---

①　严可钧辑：《全北齐文》卷八，页 94～95，北京，商务印书馆，1999 年。

物（图233、234）①，也有可能受到了
南朝的影响。这类题材如此广泛地流
行，使我们有理由认为，除了七贤等形
象作为名士所具有的魅力外，还应当有
着与丧葬观念密切相关的象征意义。

　　文献中记载，当时许多著名画家都
曾画过七贤，正如许多学者所指出的，
这类砖画表现出极高的艺术水准，应是
受到了东晋以后"传神"等理论的影
响，其粉本完全可能出自名家之手。在
粉本创作的过程中，高明的画家总是尽
量使不同人物接近其原型或文本（在
当时有许多文字和口头传承的关于七贤
事迹和外貌的资料），但是画家富有个

图232　临朐崔芬墓高士画像（采自《北齐
崔芬壁画墓》，彩图15）

性的艺术追求与这些画作在墓葬中的象征意义不能完全等同起来。如果说名家笔下
的粉本可以算作精英艺术的产物，那么它一旦被复制到墓葬中并流行开来，就必须
具备为公众所普遍认可的意义，尽管二者有着千丝万缕的联系，但毕竟属于不同的
文化层面，前者要突破陈规，后者则要契合共同的观念。也许只有贵族墓葬的装饰
才可能使用名家绘制的粉本，而山东地区所见的同类壁画已经离那些著名的绘画理
论有一定的距离。因此就画像与墓葬的关系而言，每个人物的个性特征并没有多少
意义。长广敏雄认为，竹林七贤与荣启期砖画是以嵇康为中心，两壁的人物在聆听
他的琴声②。然而在这种一人一树相间的画面格局中，人物互不相干，很难建立起人
物之间叙事性的联系。实际上，这些画像既非叙事性的，也与正襟危坐的宗教偶像
不同，它们就像现代社会流行的明星照片，人物只需随便摆一个姿势，观众并不十

---

①　山西省考古研究所、大同市考古研究所：《大同市北魏宋绍祖墓发掘简报》，《文物》2001 年 7 期，页
　　31。

②　長広敏雄：《晋·宋間の竹林七賢と栄啓期の画図》，《国華》第 857 號，1963 年，頁 15～21。又載長
　　広敏雄：《六朝時代美術の研究》，頁 41～53，東京，美術出版社，1969 年。

图 233　大同宋绍祖墓石椁壁画（采自《大同雁北师院北魏墓群》，彩版 51.2）

图 234　大同宋绍祖墓石椁壁画（郑岩绘图）

分在乎他们在干什么。尽管竹林七贤与荣启期画像刻意表现人物不同的神情与姿态，但是如果没有题记，没有人物手中那些标志性的"道具"（如阮咸手中的乐器"阮咸"），我们恐怕很难一一指出他们的姓名。司白乐（Audrey Spiro）指出画像中的人物是一种"集合式肖像"（collective portrait），各个不同的人物表达了一种相同的"理想形式"（ideal - type）①，这种观点是接近事实的。

这些人物不同的个性建立在一种程式化基础之上，无论在南方还是北方，也无论在什么等级的墓葬中，均以各种姿势坐在地上饮酒奏乐，以树木间隔。论者普遍认为，南京西善桥宫山大墓可能年代较丹阳其他的几座大墓略早，该墓所发现的竹林七贤与荣启期画像较忠实于原有的粉本，而其他几座墓葬中同一题材的画像细部有明显的改造痕迹，其题记多有错讹，出现了张冠李戴的错误。受南朝影响，临朐冶源北齐崔芬墓（见图 134、135、136、232）、济南东八里洼北齐墓（见图 145）装饰有类似竹林七贤的高士画像。这些"次生"形态的画像中人物皆无题名，可以看

---

① Audrey Spiro，*Contemplating the Ancients*，Berkeley，University of California Press，1990，p. 98.

到，画像中人物的个人身份越来越淡化。

陈寅恪谈到竹林七贤时说：

> "七贤" 所取为《论语》"作者七人" 的事数，意义与东汉末年"三君"、"八俊" 等名称相同，即为标榜之义。西晋末年僧徒比附内典、外书的"格义"风气盛行，东晋之初，乃取天竺"竹林" 之名，加于"七贤" 之上，成为"竹林七贤"。……"竹林" 则非为地名，亦非真有什么"竹林"。①

墓葬中的七贤画像又加进了春秋时代的荣启期像。荣启期深受魏晋人的崇拜，皇甫谧《高士传》亦列有其名②；但荣启期与七贤时代差距甚大，加入这一角色，很重要的一个原因是为了求得画像在墓葬中的对称。可见不管七贤、四皓，还是凑足八人，很大程度上是形式的问题。

南京西善桥宫山墓即使不是当时墓中装饰七贤的始作俑者，至少也是首先采用这一粉本的墓。这种图像在后来有一些变化，如西善桥宫山墓中只有这一种画面，而丹阳的其他几座墓中增加了日月、龙虎、天人、卤簿等内容，在崔芬墓中则与墓主出行、四神等内容组合在一起。在这一发展过程中，高士画像的含义可能有一些微妙的变化，但总的说来，其基本图像特征没有根本的改变，在西善桥墓中七贤与荣启期的组合就已经形成。

墓葬中的竹林七贤与荣启期像画幅巨大，排列于墓室两侧，山东北齐墓所见高士图则绘于屏风状的框格中，煌煌穆穆地围绕在死者的周围，形成一个近乎密闭的空间，似乎是死者棺外的又一层包装，其意义并不在于表现人物的容止或思想，而有另外的象征意义，那么这种意义是什么？为了回答这一问题，在此需暂时离开要讨论的墓葬，对一件漆器的装饰进行分析，由此来寻找解答这个问题的锁钥。

（二）南昌东晋漆盘图像的启示

1997 年江西省南昌市火车站东晋墓出土的 39 件漆器是迄今发现数量最多、保存

---

① 万绳楠整理：《陈寅恪魏晋南北朝史讲演录》，页 49 ~ 50，合肥，黄山书社，1987 年。
② 有关论述见陈直《对南京西善桥南朝墓砖刻竹林七贤图的管见》，《文物》1961 年 10 期，页 48。

图235　南昌漆盘（采自《文物》2001年2期，
　　　　页19，图13）

图236　南昌漆盘画像（采自《故宫文物月刊》
　　　　总188期，页130）

最好的一批东晋漆器，这批漆器中较精美的几件已有多次报道，其中3号墓中的一件"宴乐图平盘"有清晰的彩照和线图发表（图235、236）①。这件漆盘口径26.1、底径24.6、高3.6厘米，在盘内底朱红色的地上用红、黄、灰绿、黑等色彩绘20个人物、一辆马车，以及鹿、鸟等动物，内容十分丰富。

关于漆盘图像最初的报道认为，盘中央所绘的四位老人分为上下两组，下排左下穿红衣者为客人，右下穿绿衣者为主人，其后华盖下的人物为主人的夫人；上排宾主位置左右交换，表现主人为客人弹琴的情景。在正式的简报中，作者又对这种描述略加修正，不再认为上排的两位老人是对下排两个人物的重复，并指出华盖下的人物手执麈尾，不再认为是女性，这两点修改是正确的。然而画像中四位老人形体大小相当，一一平列，很难划分出主次，其中右上、左下、右下三人动态大体一致，只是左下一人方向相反，人物彼此之间虽略有

――――――――――
① 彭明瀚：《东晋漆器艺术——江西南昌东晋墓出土漆器写实》，《故宫文物月刊》16卷8期，总188期（1998年11月），页128~133；江西省文物考古研究所、南昌市博物馆：《南昌火车站东晋墓葬群发掘简报》，《文物》2001年2期，页15~19。

图 237 丹阳金家村墓天人画像（采自《六朝艺术》，图版 195）

呼应，但缺乏明显的叙事性情节。这四位老者皆皓首长髯，有的弹琴，有的手中捧盘状物，似在饮食，其中还绘有一红一绿两件鼎。在丹阳建山金家村大墓的甬道砖画中有"天人"手捧一鼎，鼎中气体腾起（图 237），发掘报告认为是"丹鼎"，可从。结合下文对于漆盘图像主题的认定，这两件鼎可能也是丹鼎之类。四人均为坐姿，与南京一带南朝墓竹林七贤与荣启期拼镶砖画和邓县学庄四皓模印砖画弹琴饮酒的人物相似，应是当时流行的高士形象。孙机认为漆盘上的四位老人为商山四皓，即东园公、绮里季、夏黄公、甪里先生，而手执麈尾者应为惠太子，即后来的汉惠帝刘盈；画面右上角的一辆马车的车盖为汉代皇帝专用的"翠盖"，显示了惠帝的身份，因此他主张该盘的画像定名为"惠太子延四皓图"[1]。

这一观点基本无误，但将画面右侧的高山解释为商山，似可进一步推敲。沈从文注意到"商山四皓"在东汉乐浪墓出土的竹笥漆画中题记作"南山四皓"，在邓县学庄南朝墓中，同样题材的画像砖题记也写作"南山四皓"（图 238），"原来史传上的'商山四皓'，汉代和六朝人通常说是'南山四皓'。"他还由此联想到陶渊明"采菊东篱下，悠然见南山"的诗句，"原来渊明所说'南山'，是想起隐居南山那四位辅政老人，并没有真见什么南山！"[2] 实际上，画像题记中的"南山"和陶诗中

---

[1] 孙机：《翠盖》，《中国文物报》2001 年 3 月 18 日，6 版。

[2] 沈从文：《"商山四皓"和"悠然见南山"》，《花花朵朵 坛坛罐罐——沈从文文物与艺术研究文集》，页 88~89，北京，外文出版社，1994 年。

图 238　邓县学庄墓南山四皓画像（郑岩绘图）

图 239　长沙砂子塘 1 号墓外棺漆画（采自《文物》1963 年 2 期，图版 2）

的"南山"都不一定是特指某一座山，在东汉祠堂画像石的题记中就屡见"采石南山之阳"一类的套话。可见，即使在四皓故事中出现山峦，也未必是商山的写照。漆盘上的山峦为蘑菇状，与湖南长沙砂子塘 1 号西汉墓外棺左侧漆画中的仙山（图239）① 非常相似。仙山的图像在汉代有多种，这种蘑菇状的山峦在汉画像石中常常是东王公、西王母所居的昆仑山。传东方朔所作《十洲记》云：

> 昆仑，号曰昆陵，在西海之戌地，北海之亥地，去岸十三万里。……山高平地三万六千里。上有三角，方广万里，形如偃盆，下狭上广，故名曰昆仑。……西王母之所治也，真官仙灵之所宗。②

《十洲记》名为地理著作，但颇多神仙色彩，其所谓昆仑"上有三角"、"下狭上广"，与漆盘中蘑菇状物颇为一致。

四皓画像以"南山"或昆仑山代替"商山"，又不题写四皓每个人的名字，说明

---

① 湖南省博物馆：《长沙砂子塘西汉墓发掘简报》，《文物》1963 年 2 期，图版 2；湖南省博物馆：《湖南省文物图录》，图版 72，长沙，湖南人民出版社，1964 年。

② 上海古籍出版社编：《汉魏六朝笔记小说大观》，页 70，上海，上海古籍出版社，1999 年。

原典所具有的情节和人物个体的意义已经被淡化。即使可以将画面左侧的人物看作惠太子本人，这一人物也可以被赋予新的意义。麈尾在魏晋时是清谈者把持的雅器，这种形象在魏晋南北朝时期的绘画中，已成为描绘显贵人物时的格套①，因此持麈尾的惠太子可能变成一个更概念化的皇帝形象②。

此外，画面上部曲折的红色带状物，中央凸起，两侧有台阶，上面又有人通过，应是一座略加变形的桥梁；原报道认为是"垂幛"，恐缺乏根据。

漆器是十分奢侈的用品，东晋时期漆器制作还受到官府的严格控制③，因此这些产品的装饰必须经过精心周密的设计。上述形象不可能漫无规律地拼凑在画面中，画像的作者要表达某一主题，必须在这些形象之间建立一种有机的联系。因此更重要问题是，上述各种形象之间有什么关系？我们应当从哪里开始、以何种顺序来观看这一画面？这也是古代图像研究中普遍存在的问题。

与常见的矩形画幅不同，该画面为圆形，但其画像布局并不是一般漆盘装饰所见的同心圆式，而是像普通矩形画面一样上上下下布列各种形象，似乎这种设计更适于表现复杂的内容。画工首先要固定圆盘，假定出画面的上下左右。进行这一步时，画工必须摆脱圆形的限制，但接下来的任务是如何适应圆形画面。画面中四位高士形体较其他人物大，是整个画面的中心。确定了中心人物的位置以后，圆盘中央形成了一个正方形的区域，而画面周围剩余下四个弓形的边区，画工下一步的工作就是在这四个边区内填充其他内容。

画面右部华盖下持麈尾的皇帝前后人物较多，画工不得不对构图作些调整，使中心的四位长者略偏向左侧。通过这组人物上部的马车，我们的目光转向上部边区。这里的桥梁以上有三个人物，前两人向左奔跑，后一人也面向画面左侧缓步行走。

---

① 关于麈尾的讨论，见孙机《诸葛亮拿的是"羽扇"吗？》，孙机、杨泓：《文物丛谈》，页 171～178，北京，文物出版社，1991 年。

② 安徽马鞍山东吴右军师、左大司马朱然墓出土的漆器中就有对宫廷生活场景的描绘，因而在东晋漆器上出现帝王形象并非偶然。见安徽省文物考古研究所、马鞍山市文化局：《安徽马鞍山东吴朱然墓发掘简报》，《文物》1986 年 3 期，图版 1。

③ 《太平御览》卷七五六引《晋令》："欲作漆器物卖者，各先移主吏者名，乃得作，皆当淳漆著布器。器成，以朱题年月姓名。"《太平御览》第七册，页 86，石家庄，河北教育出版社，1994 年。

顺着桥梁、三个人物和漆盘边沿形成的弧线向左下方看去，便是蘑菇状的昆仑山。可以发现，画面左、上、右三个边区有一种由右向左的运动势态：其中的人物都是面向或指向左方的，飞鸟的方向也是如此，一头鹿的身体本来冲向右，却又回头向左。

昆仑是传说中的仙山，因此这些部位描绘的是由皇帝开始而到昆仑山终止的求仙过程，二者之间的种种物像是求仙的工具或中介。果然，我们看到一乘马车已经准备好，车中只有驾车人而没有乘车者；昆仑山上方的卧鹿则是仙人的骑乘①。而最耐人寻味的是马车前方的桥。

在山东、河南等地的汉墓中，桥梁一般刻画在门楣等最显要的部位，以桥为画面主要框架常常刻画车马行列、胡汉交兵等内容，有时甚至附加上各种故事。巫鸿曾将山东苍山元嘉元年（151 年）墓的长篇题记与画像对读，题记叙述墓中一幅车马过桥的画像（图 240）时有"上卫（渭）桥"的字眼，巫文指出：

> 汉代两位著名的皇帝景帝与武帝，先后都曾在渭河上修桥，以连接都城长安与城北的帝陵。皇帝死后，在皇家殡葬卫兵和数以百计官员的护送下通过该桥去往陵区，因而渭水就成了通行的死亡符号。②

图 240   苍山墓画像（采自《山东汉画像石选集》，图 407）

---

① 汉代墓葬的门楣等处，常见鹿的形象。汉魏的游仙诗中也常提到鹿，如《长歌行》："仙人骑白鹿，发短耳何长？导我上太华，揽芝获赤幢。来到主人门，奉药一玉箱，主人服此药，身体日康强。发白复更黑，延年寿命长。"《乐府诗集》页 357，上海，上海古籍出版社，1998 年。

② Wu Hung, "Beyond the Great Boundary: Funerary Narrative in Early Chinese Art," in J. Hay, ed., *Boundaries in China*, London, Reaktion Books, 1994, p. 100.

图 241　邳县民间送老寿鞋图案（采自《中国民间美术全集·
装饰篇·剪纸卷》，页 223）

　　信立祥也指出，汉画像石中的桥是人间通往鬼魂世界的象征物，与后世传说中
阴阳两界之间的"奈河桥"含义相同①。桥的象征意义还可以从民俗学资料中找到旁
证。在今鲁南、苏北一带农村，送老的寿鞋上绣有奈河桥的图案（图 241），桥上有
人物和猫、犬等动物。当地民谣云：

　　　　又有狗，又有猫，金童玉女过仙桥。②

桥既是连接阴阳两界的符号，又是求仙的必由之路。晋朝张协《游仙诗》云：

　　　　峥嵘玄圃深，嵯峨天岭峭。
　　　　亭馆笼云构，修梁流三曜，
　　　　兰葩盖岭披，清风缘隙啸。③

"玄圃"为西王母居处，"修梁"即桥。又梁庾肩吾《石桥诗》：

　　　　秦王金作柱，汉帝玉为栏。
　　　　仙人飞易往，道士出归难。④

---

①　信立祥：《汉代画像石综合研究》，页 331～334，北京，文物出版社，2000 年。

②　作者 1990 年在山东滕州调查所得资料。

③　逯钦立辑校：《先秦汉魏南北朝诗》，上册，页 748，北京，中华书局，1983 年。

④　逯钦立辑校：《先秦汉魏南北朝诗》，下册，页 2003。

　　人们无限延长生命的愿望必然落空，又不可能在生时举霞而去，就只好将成仙的希望寄托于死后。升仙是汉代墓葬艺术中十分流行的题材，魏晋时期道士们也继续鼓吹尸解成仙。在这种思想背景下，升仙就成了死亡的同义词。

　　与这些动态的、细密的场景不同，四皓的形象是静态的，其布局疏朗，像剪贴在盘底的一张方形小画，似乎可以脱离其他内容而独立存在。但是这种独立状态是相对的。我们看到皇帝面向四位高士，他前面的侍者双手也指向高士，他们仿佛要前去谒见高士们，高士画像因此纳入了求仙的叙事程序之中。左下方的红衣高士背后也画了一位侍者。下部边区画五名侍者向高士们供奉酒食，因为画工无法解决透视关系，便在左侧画两人，右侧画三人，相向或跑或立。这些侍者又形成了画面的另一个半圆，与上部的人物、车马等形象相对应，在形式上使得整个画面更为稳定。

　　这样便大体揭示出了画面构图的逻辑关系：画像中的皇帝是求仙的主角，他要乘上马车渡过仙桥，去往昆仑山，而受到皇帝尊崇的四皓在画面中也与求仙的主题难以分割，他们是皇帝求仙的同道者。

　　以上我试图通过画面形式的分析来推考漆盘画像的主题，现在再与文学中对于求仙过程的描述进行一下比较。七贤之一的曹魏名士嵇康曾作《琴赋》，引喻多与求仙有关：

　　　于是遁世之士，荣期绮季之俦，乃相与登飞梁，越丘墟，援琼枝，陟峻崿，以游乎其下，周旋永望，邈若凌飞，邪睨昆仑，俯阚海湄……①

　　赋中荣启期、绮里季（四皓之一）是典型的高士，"飞梁"即桥，昆仑、大海均属仙境。求仙者在高士的陪伴下，跨越重重阻隔，去往理想的仙境。我们所讨论的种种形象以文字贯穿起来，彼此之间关系甚为明了。这段文字不再强调高士故事原来的情节，人物在新的语境中被赋予了新的意义，荣启期、四皓被看作求仙的媒介或同路人，这正可作为南昌漆盘图像的注脚。

———

① 《文选》卷一八，页256，北京，中华书局，1971年。

（三）高士图像在墓葬中的功能

《后汉书·赵岐传》记载硕儒赵岐在其寿藏中绘季札、子产、晏婴、叔向的画像①，郦道元也在《水经注》中记述了该墓的壁画：

> （郏）城中有赵台卿冢，岐平生自所营也，冢图宾主之容，用存情好，叙其宿尚矣。②

郦道元的叙述揭示出 6 世纪人们对墓葬中绘制古代人物画像的一种新的认识：将那些本来与死者不属于同一个时代的人物，看作死者志同道合的朋友。这种关系同样见于南昌漆盘画像、嵇康的《琴赋》和竹林七贤与荣启期砖画中。这是对于高士画像功能新的理解，而求仙与死亡又是联系在一起的，因此这些高士形象便可以与当时的丧葬观念结合起来。

杨泓注意到崔芬墓壁画中高士身后绘有侍女的细节，引征文献关于南齐东昏侯萧宝卷永元年间（499～501 年）在建康为潘妃起玉寿殿时"又作七贤，皆以美女侍侧"的记载，说明七贤像绘女侍的新变化大约始于永元年间，并影响到北朝的艺术创作③，由此揭示出南朝艺术与北朝艺术的关系，极有意义。而联系到本书所提出的问题，不妨从另一个角度重读这段文献：

> 又别为潘妃起神仙、永寿、玉寿三殿，皆币饰以金璧。其玉寿中作飞仙帐，四面绣绮，窗间尽画神仙。又作七贤，皆以美女侍侧。④

文字中三殿名称皆与长寿和求仙有关，作帐则名曰"飞仙"，窗间亦画神仙，联系上下文来看，七贤、美女与这些名物相提并论，其含义也应与神仙相关。

---

① 《后汉书·赵岐传》，页 2124，北京，中华书局，1965 年。

② 施蛰存：《水经注碑录》，页 405，天津，天津古籍出版社，1987 年。

③ 杨泓：《北朝"七贤"屏风壁画》，杨泓、孙机：《寻常的精致》，页 118～122，北京，文物出版社，1996 年。

④ 《南史·齐本纪下》，页 153，北京，中华书局，1971 年。

文献记载山涛"及居荣贵，贞慎俭约。虽爵同千乘，而无嫔媵"①。东昏侯以美女配七贤既与七贤事迹不符，又颇涉于淫邪。史称喜好谈玄的谢安游赏"必以妓女相从"②，但谢氏之举惊世骇俗，难以代表当时的风尚。而以美女配七贤又见于山东北齐壁画，可知是普遍的作法。所以估计东昏侯荒谬的行为背后应有宗教观念方面的托辞。如果将此处的美女看作道家口中所谓的"玉女"、"仙女"，则上下文意豁然畅通。《抱朴子内篇》卷四《金丹》论"九丹"云：

> 第三之丹名曰神丹。……服百日，仙人玉女，山川鬼神，皆来侍之，见如人形。
>
> 第四之丹名曰还丹。服一刀圭，百日仙也。……朱鸟凤凰，翔覆其上，玉女至傍。……
>
> 第五之丹名饵丹，服之三十日，仙也。鬼神来侍，玉女至前。
>
> ……
>
> 第九之丹名寒丹。服一刀圭，百日仙也。仙童仙女来侍，飞行轻举，不用羽翼。

该书同卷记《羡门子丹法》、《采女丹法》、《玉柱丹法》、《小耳黄金法》等，皆称服药后有玉女或神女"来侍之，可役使"云云③。如果将画中的高士视为修道者或神仙，则旁边的侍女极有可能是这类玉女、仙女的形象。"玉女"形象在汉代墓葬就有所见④，云南昭通后海子东晋霍承嗣墓壁画绘一女子持草逗引青龙，有墨书题记"玉女以草授龙"⑤，出土七贤画像的大墓中则绘有"天女"，平壤德兴里高句丽□□镇墓壁画中绘"玉女"飞翔于天穹（图242，又见图201）⑥，上文所提到的民间寿鞋过桥图案中有"金童玉女"，所反映的也是同样的观念。黄明兰与巫鸿皆认为洛阳出

---

① 《晋书·列传第十三·山涛》，页1228，北京，中华书局，1974年。

② 《晋书·列传第四十九·谢安》，页2072。

③ 王明：《抱朴子内篇校释》，页75～76，北京，中华书局，1985年。

④ 山东苍山元嘉元年（151年）墓画像石题记中有"其中画，象家亲，玉女执尊杯案"、"左有玉女与仙人"等文字。山东省博物馆、山东省文物考古研究所：《山东汉画像石选集》，页42。

⑤ 云南省文物工作队：《云南省昭通后海子东晋壁画墓清理简报》，《文物》1963年12期，页1～6。

⑥ 朝鲜民主主义人民共和国、朝鲜画报社：《德兴里高句丽壁画古坟》，页11，东京，讲谈社，1986年。

图 242　平壤德兴里□□镇墓玉女画像（采自《德兴里高句丽壁画古坟》，页 11）

图 243　洛阳宁懋石室后壁画像（郑岩绘图）

土的北魏孝昌年间宁懋石室背面的三幅画像表现了死者由生到死的转化过程（图
243、244）①。值得注意的是每一肖像身旁都有一位少女，服侍着主人去往彼岸的世
界，这种构思新颖的墓主肖像很可能反映了同样的观念。而这一时期的道教也特别
强调要成仙必须感通仙官下降接引②。

————————

① 黄明兰：《洛阳北魏世俗石刻线画集》，页 121，北京，人民美术出版社，1987 年；Wu Hung, *Monumentality in Early Chinese Art and Architecture*, Stanford, California, Stanford University Press, 1995, pp. 262 – 264.

② 任继愈主编：《中国道教史》，页 205，上海，上海人民出版社，1990 年。

从嵇康的《琴赋》中，我们已经看到了琴与求
仙的关系。竹林七贤与荣启期画像中的嵇康与
荣启期皆弹琴（图245），南昌漆盘和邓县四皓
画像砖中，也有一人作弹琴状。可见在高士画
像中，弹琴已成为一种与求仙主题密切相关的
"符号"，并不限于某个特定的人物。

　　在敦煌西晋画像砖中还有俞伯牙与钟子期
的题材（图246）①，也属于高士之类。俞伯
牙是传说中最著名的音乐家，"知音"的故事已家
喻户晓。这个故事出现在先秦，西汉时期进一
步发展，新增的情节说俞伯牙曾到过蓬莱仙山，
这就与升仙联系在了一起②。四川新津宝子山汉
代石棺上装饰也有俞伯牙与钟子期的画像，这两
个人物坐在蘑菇状的仙山上（图247），与坐在同
样形状的另一座仙山上玩六博的仙人相并列，俨
然一对神仙③。湖北鄂城出土的建安年间至六朝
的铜镜铭文中，屡见伯牙的名字，与"五帝天
皇"、黄帝、东王公、西王母等神名并列④，有
明显的道教色彩。在敦煌佛爷庙湾133号墓照
墙上，由下而上自墓门向地面的方向看去，从
龙虎和俞伯牙、钟子期等画像开始，经过层层
叠叠的祥瑞，最后便可到达通往仙境的"天门"
（见图177）。

图244　洛阳宁懋石室后壁画像
局部（郑岩摄影）

图245　南京西善桥宫山墓荣启期画像
（采自《六朝艺术》，图版179）

①　甘肃省文物考古研究所戴春阳主编：《敦煌佛爷庙湾西晋画像砖墓》，图版53～55，北京，文物出版
　　社，1998年。

②　Wu Hung，"Myths and Legends in Han Funerary Art—Their Pictorial Structure and Symbolic Meanings as Re-
　　flected in Carvings on Sichuan Sarcophagi,"in Stories from China's Past，San Francisco，Chinese Cultural Foun-
　　dation，1987，pp. 72 – 81.

③　高文：《四川汉代画像石》，页80，成都，巴蜀书社，1987年。

④　湖北省博物馆、鄂州市博物馆：《鄂城出土汉三国六朝铜镜》，图版47、49，北京，文物出版社，1986年。

图 246　敦煌佛爷庙湾 133 号墓俞伯牙与钟子期画像砖（采自《敦煌佛爷庙湾西晋画像砖墓》，图版 54、55）

图 247　新津宝子山墓石棺画像（采自《四川汉代画像石》，页 80）

　　町田章在对竹林七贤与荣启期壁画的研究中也提出了一些重要的见解，例如，他发现吴家村的壁画把所有的人物都老人化，"这不外乎是把作为实在是隐士的竹林七贤，改变为理想境界的隐士和方士"，"壁画的意义在很大程度上转向对神仙的礼赞"。他还提到金家村和吴家村墓在题记上出现的混乱，"对于每个人物的人名也未予以重视，这不正说明了把全体作为理想的隐士的看法是能够成立的吗？"① 这些观点都是正确的。

　　在对于竹林七贤与荣启期壁画的研究中，赵超也提出的一些问题也与本文相同。他认为，"'竹林七贤'由于其秉承老庄，宣扬玄学，加上世人的渲染，道教的流行，使得他们已经有所神化，成为具有道教意义的宗教偶像。"他注意到《水经注》卷九提到有"七贤祠"推测建祠立庙除去纪念性的意义外，更多的是具有祭祀其神灵，祈求护佑的成分②。从《魏书》中还可以发现，咸阳郡石安县和上洛

①　町田章著，劳继译：《南齐帝陵考》，页 51，《东南文化》第 2 辑，南京，江苏古籍出版社，1987 年。

②　赵超：《从南京出土的南朝竹林七贤壁画谈开去》，《中国典籍与文化》2000 年 3 期，页 4～10。

郡上洛县立有"四皓祠"①，可能也有同样的性质。另外赵超还发现，在敦煌卷子 P. 3552 号上书写的大傩曲《儿郎伟》中，有一段提到驱傩的队仗"迎取蓬莱七贤，并及商山四皓"，他认为"蓬莱七贤"应由"竹林七贤"演化而来。这一重要的材料反映了唐代民间仍奉竹林七贤为神仙的事实，而七贤与商山四皓并论，也很可能继承了南朝的传统。

竹林七贤与荣启期画像中还有一个使人迷惑的问题，既然东晋时期竹林七贤已经得名，为什么其中不画竹林，而是画各种各样的乔木（有人认为其中也有一种阔叶竹）。其实答案可能很简单，既然人物是谁都不重要，植物就更不必拘泥于原典。这些树木在形式上一方面将画面划分为不同的单元，另一方面又将各个人物联系在一起。除此之外，墓葬中装饰这些树木还有更深层次的含义。人们相信要成仙就要到山林中修道，《抱朴子》有《登涉》一篇，专讲入山求仙之事，在这时期发展成熟的山水画和山水诗，无不与求仙有关。各种树木虽与"竹林"之名不符，但这些树木的形象却可以在北魏晚期墓葬的石刻线画中见到。这些树木既与孝子故事结合，又与七贤结合，画工们并不考虑画中角色是否需要这些内容，而是考虑死者是否需要这些内容。各种各样的树木装饰在墓中，幽玄的墓室就可以被转换成一个修道求仙的环境。这也说明，画像的设计完全是从功利目的出发的。竹林七贤与荣启期画像为一人一树的格局很可能原来的粉本受到屏风绘画的影响。在南北朝时期，这种格局成为屏风画通行的模式，唐墓中常见的树下老人图（图 248）和树下美人图应是这种模式的余音。至于这些晚期的图像是否可能被人们赋予了新的寓意，应当另作讨论。

古代将历史人物神化的现象十分普遍，不管这个人物原来的面目如何，一经神化，便脱离了原来的身份，人们尽可发挥自己的想象力，向他祈风请雨，求子问病，于是这些人物在艺术中的形象也就逐渐偏离了其原型。对于南北朝时期的人来说，荣启期、商山四皓、竹林七贤也都是历史上的人物。不管这些人物的行为有多么高玄，文章有多么精彩，思想有多么深邃，一旦他们的画像与丧葬礼仪结合起来，其价值就只停留在功利性的层面上了。在人们的心目中，高士们是道术极为高深的人，

---

① 《魏书·地形志下》，页 2608、2632，北京，中华书局，1974 年。

图 248　太原南郊墓树下老人画像（采自《晋阳古城》，图 55）

他们是通往仙界的媒介，甚至本身就是神仙，如四皓在道家的眼中即为仙人，《抱朴子·至理》引《孔安国秘记》云："良本师四皓，甪里先生、绮里季之徒，皆仙人也。"① 同样的原因，丹阳金家村砖画的阮籍像旁增加了一株硕大的灵芝草（图 249）②。

传统题材的形式和功能也在这一时期发生着变化。四皓在汉代乐浪郡墓葬的竹笥上只是几个简单并列的人物③，到了邓县学庄南朝墓的模印砖，便加进了山水树木。孙机在研究宁夏固原北魏漆棺时指出，漆棺上画孝子并不一定意味着墓主人已服膺儒学，因为《孝经》一书早在东汉末已染上神秘色彩，人们认为《孝经》具有

<hr/>

① 《诸子集成》第 8 册《抱朴子》，页 24，上海，上海书店，1986 年。

② 林圣智在其硕士论文中也谈到竹林七贤的"神仙性格"。他认为许多文献中所说的嵇康死后为"尸解仙"一事，也与七贤在墓葬中的象征意义是一致的。林氏还主张将七贤画像与墓葬中的其他图像和墓室结构联系起来进行分析，认为墓中的"羽人戏虎"、"骑马武士"、"持戟战士"皆是一种向墓门方向作水平运动的动势，加上龙虎上方的"天人"，均代表了墓主升仙的方向。虽然林氏论文的重点与本书不同，但他的上述思路和观点值得赞同。林圣智：《〈竹林七贤与荣启期图〉研究》，台湾大学艺术史研究所硕士论文，1994 年。另外，我们还可以看到，在丹阳金家村等墓中，七贤与天人和羽人戏龙虎画像都位于墓壁的上部，处在同一个平面上，而这个部位可能是和天有关的。

③ 《乐浪彩箧冢》，图版 48，朝鲜古迹研究会，1934 年。

消祛奸邪的作用①。而中原的孝子画像还可能受到高士题材的影响，兼有升仙的色彩，现存美国纳尔逊——阿特金斯美术馆（Nelson – Atkins Museum of Art）和明尼阿波利斯美术馆（The Minneapolis Institute of Arts）的两套北魏石棺上，都刻画有孝子故事画像，但同时也装饰了密密匝匝的山石林木（见图 98、99、101）②。两具石棺都出自洛阳邙山，前者在树木山石之间穿插了鹿（图 250）、鹤等与长寿、升仙有关的动物。元谧石棺的孝子画像则选取了每个故事特殊的情节，其中如闵子骞不再是东汉武梁祠中驾车失棰的情景，而是在聆听后母的教诲；郭巨也不是在掘地埋儿，而是在供养他的父母

图249　丹阳金家村墓阮籍画像（郑岩绘图）

图250　洛阳孝子石棺画像上的鹿（郑岩摄影）

（见图 312）；眉间赤没有在铸剑，而是端坐在父亲的墓前……所有这些，都不是故事的高潮情节，如果没有榜题，便不知其所云。特别是在丁兰故事中，木雕的偶像居然也衣裾飞扬，飘飘欲仙（图 251），与汉代画像所见大异其趣。许多坐在榻上的老

①　孙机：《固原北魏漆棺画》，孙机：《中国圣火——中国古文物与东西文化交流中的若干问题》，页126～127，沈阳，辽宁教育出版社，1996 年。

②　黄明兰：《洛阳北魏世俗石刻线画集》，图 1～12、35～44。

人似乎变成了主角，他们的姿势，加上周围的山石树木，很容易使我们联想到树下的七贤画像，而故事原有的情节则大大淡化，剩余的外壳，成了人们表达新思想的媒介。

最后需要补充说明的是，南昌漆盘虽出土于墓葬，然而作为一种奢侈品，可能不是为丧葬而特别制作的①。就这件漆盘的图像而言，既可以用于日常生活，也可以用于丧葬，因为在当时人们的观念中，升仙和死

图 251　洛阳元谧石棺丁兰画像（郑岩绘图）

亡并不冲突。在日常生活中，它的图像充满了吉祥，可以表达人们生时对成仙的向往；在墓葬中，又表现了死者跨越死亡，去往神仙爰居的乐土的愿望。上文谈到南齐东昏侯在宫殿中绘七贤像，有的学者甚至指出，丹阳金家村墓即是东昏侯的墓②，这就进一步证明这一题材既可为生人所用，又可为死者所用。这是将南昌漆盘图像与墓葬中的高士画像相提并论的一个重要的前提。

① 如朱然墓出土的大批蜀国漆器，可能是吴蜀保持联盟关系时的赠品或贸易往还中的商品，也有可能是战利品，如此来源的漆器，很难说是专门为丧葬制作的。杨泓：《三国考古的新发现——读朱然墓简报札记》，《文物》1986 年 3 期，页 16～24。

② 南京博物院：《江苏丹阳胡桥、建山两座南朝墓葬》，《文物》1980 年 2 期，页 9。

八　青州傅家北齐画像石与入华粟特人美术

魏晋南北朝时期是中国历史上民族大融合的时代，中原传统的汉文化与外来文化的关系是这一时期考古学研究的一个重要课题。近年来随着考古资料日新月异的发现，入华袄教美术引起了学术界的关注。1999 年 7 月山西太原晋源区王郭村隋代开皇十二年（592 年）虞弘墓出土一具带有贴金加彩浮雕画像的汉白玉石棺（图 252）①，据墓志所记，虞弘为鱼国人，曾奉茹茹国王之命出使波斯、吐谷浑等国，后出使北齐，在北齐、北周和隋为官，北周时曾任职"检校萨保府"。2000 年 5 月陕西西安北郊大明宫乡炕底寨又出土北周大象元年（579 年）安伽墓石棺床（图 253，又见图 161）②，也装饰有袄教色彩的贴金加彩浮雕画像，该墓门额上还发现火坛等与袄教有关的图像。安伽曾任北周同州萨保，应为安国人的后裔，属于分布在中亚阿姆河和锡尔河流域的昭武九姓胡，即汉魏时代所谓的粟弋或粟特。

粟特人以"善贾"著称，主要信仰袄教，南北朝以后曾大批徙入新疆和内地。萨保又称萨宝或萨甫，是北朝及隋唐时设立的专门管理袄教和粟特人事务的官职。陈寅恪指出："我国历史上的民族，如魏晋南北朝时期的民族，往往以文化来划分，

---

①　山西省考古研究所、太原市考古研究所、太原市晋源区文物旅游局：《太原隋代虞弘墓清理简报》，《文物》2001 年 1 期，页 27 ~ 52。

②　陕西省考古研究所：《西安北郊北周安伽墓发掘简报》，《考古与文物》2000 年 6 期，页 28 ~ 35；陕西省考古研究所：《西安发现的北周安伽墓》，《文物》2001 年 1 期，页 4 ~ 26。

而非以血统来划分。少数民族汉化了，便被视为'杂汉'、'汉儿'、'汉人'。反之，如果有汉人接受某少数民族文化，与之同化，便被视为少数民族人。……在研究北朝民族问题的时候，不应过多地去考虑血统的问题，而应注意'化'的问题"。① 关于鱼国之所在尚待进一步研究，但学者们均认为虞弘石棺有明显的祆教色彩②。虞弘未必是粟特血统，但他曾经任职"检校萨保府"，必然认同粟特文化，因此虞弘是被粟特"化"的人物，其石棺上的画像仍然可以被看作入华粟特人美术的作品。

反观 1982 年甘肃天水石马坪文山顶发现的一套石棺床，其风格也与安伽石棺床类似（图254、255）③。除了二者的形制基本相同以外，

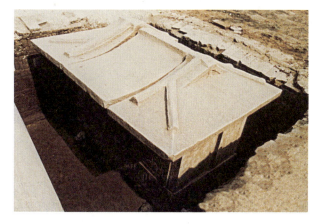

图 252　太原虞弘墓石棺（采自《太原隋虞弘墓》，图版 1）

图 253　西安安伽墓石棺床（采自《西安北周安伽墓》，图版 1）

① 万绳楠整理：《陈寅恪魏晋南北朝史讲演录》，页 292，合肥，黄山书社，1987 年。

② 荣新江认为鱼国不可考，从虞弘祖父仕任于柔然来看，应属西北胡人系统。但虞弘显然与粟特人关系密切，所以才被任命为检校萨保府官员。林梅村认为鱼国属于北狄系统的稽胡，源于铁勒，深受粟特文化影响，信仰祆教。荣新江：《隋及唐初并州的萨宝府与粟特聚落》，《文物》2001 年 4 期，页 84；该文又见荣新江《中古中国与外来文明》，页 169 ~ 180，北京，生活·读书·新知三联书店，2001 年；林梅村：《稽胡史迹考——太原新出虞弘墓志的几个问题》，《中国史研究》2002 年 1 期，页 71 ~ 84。

③ 天水市博物馆：《天水市发现隋唐屏风石棺床墓》，《考古》1992 年 1 期，页 46 ~ 54。

图像上也有密切的联系，如安伽石棺床"后屏之三"刻一歇山顶的房屋内两人坐在榻上交谈，房屋前有流水与桥，这一画像与天水石马坪石棺床"屏风6"的图像比较接近；安伽石棺床"右侧屏之一"的射猎画像也见于石马坪石棺床"屏风11"；下文我还要谈到石马坪石棺床"屏风1"局部的画像与虞弘石棺画像的联系。此外原报告已经指出，石马坪墓中棺床前排列的胡人奏乐俑所持

图 254　天水石马坪墓石棺床（郑岩摄影）

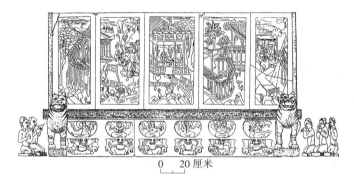

图 255　天水石马坪墓石棺床画像（采自《考古》1992 年
1 期，页 47）

乐器均属龟兹乐。这些现象似乎都可以说明石马坪石棺床有着比较浓厚的粟特美术色彩，其图像内容值得作更细致的研究。原报告将石马坪石棺床的年代定为隋唐时期，现在看来或许也是北朝晚期到隋代的遗物。

约 1922 年河南安阳近郊也曾出土一具北齐石棺床，其构件现分别藏于美国华盛顿弗里尔美术馆（Freer Gallery of Art, Washington D. C.）、德国科隆东方艺术博物馆（Museum für Ostasiatische Kunst, Cologne）、法国巴黎吉美博物馆（Museé Guimet, Paris）、美国波士顿美术馆（Museum of Fine Art, Boston）（图 256）。1999 年姜伯勤对照天水石马坪石棺床的形制，将这具石棺床做了成功复原，并对其图像进行了研究①。

---

① 姜伯勤：《安阳北齐石棺床的图像考察与入华粟特人的祆教美术》，《艺术史研究》第 1 辑，页 151～186，广州，中山大学出版社，1999 年。

早在 1958 年，斯卡利亚（Gustina Scaglia）认为安阳石刻可能是为一位驻在邺都的萨宝制作的①。姜伯勤赞同这一观点，而虞弘墓与安伽墓的发现都有力地支持了斯卡利亚的推测。

近年日本 Miho 博物馆新购进 11 件加彩画像石壁板和一对门阙（图 257），其基座藏于一私人手中②。这批石刻传出于山西北齐墓中，其形制与安伽墓石刻类似，从发表的图版来看，Miho 石棺床的石质为汉白玉，其图像为浮雕加彩色并贴金，材料和装饰手法与虞弘石棺基本相同，很可能也属于北齐或隋代并州地区粟特人的遗存。

这些令人耳目一新的资料，对于研究中国古代祆教艺术和中原与波斯及中亚的文化交流有重要的价值，同时也丰富了我们对于汉唐之间墓葬艺术的认识，值得进一步深入研究。受这些资料的启发，重新审视山东青州市（原益都县）傅家村出土的一批北齐画像石，可以获得一些新的认识。本书拟对这批画像石的原配置形式、图像内容以及其他有关问题进行一些初步的探讨。

图 256　波士顿美术馆藏石棺床屏风之一（郑岩摄影）

① Gustina Scaglia，"Central Asians on a Northern Ch'i Gate Shrine，" *Artibus Asiae*，vol. XXI，1，1958，pp. 9 – 28.

② Annette L. Juliano and Judith A. Lerner，"Cultural Crossroad: Central Asian and Chinese Entertainers on the Miho Funerary Couch，" *Orientations*，October，1997，pp. 72 – 78.

图 257　Miho 博物馆所藏石棺床（*Orientations*，October，1997，p. 72，fig. 1）

（一）傅家画像石的建筑配置问题

青州傅家画像石 1971 年出土于一座墓葬中，据现场施工人员反映，原墓室向南，呈长方形，南北长近 5 米，东西宽约 6 米，墓室南有长约 5 米宽近 2 米的甬道①，墓室与甬道均用上、下两列石板砌成。该墓随葬品早年被盗，未发现随葬品，大部分石构件被农民砌到水库大坝底基的涵洞内。当地博物馆仅收集到一批石板，其中 9 件有阴线刻的画像，大小不完全一致，高 130～135 厘米，宽 80～104 厘米，厚薄不均，最薄的 10 厘米，最厚的近 30 厘米。

关于这批画像石的报告称："因墓志被压于大坝底基，墓主人姓名无法查考，仅知卒葬于北齐'武平四年'（573 年）。"②承报告作者夏名采先生面告，这一纪年是夏本人调查所得。他于 1973 年到益都县博物馆（今青州市博物馆）工作，次年到傅家访问了当时参与墓葬开挖的几位老农，这些当事人均明确记得墓志中这一墓主卒

---

① 这些数据是报告作者夏名采调查所得，但与他在另一篇文章中发表的数据有所不同："墓室长、宽各近 3 米；墓门在南，宽约 1 米；墓门外应有墓道，长、宽不详。"这套数据可能是将这批画像石板认定为墓壁后，根据石板的数量与尺寸对原数据进行了调整。见《丝路风雨——记北齐线刻画像》，夏名采主编：《青州市文史资料选辑》第 11 辑，页 144～149，青州，1995 年（内部发行）。

② 山东省益都县博物馆夏名采：《益都北齐石室墓线刻画像》，《文物》1985 年 10 期，页 49～54。

葬的纪年。在当时尚缺少可以与这批画像内容进行比照的其他发现，人们无法凭空将其年代推断得如此合理。现在比照虞弘墓等新的考古发现来看，这一年代应是可信的，不存在作伪的可能。

　　1985 年的报告发表了 8 幅画像，有所遗漏，最近夏名采又著文加以补充①。为了行文方便，我根据原报告对画像的定名和叙述次序编号如下：

　　第一石，"商旅驼运图"（图 258）。

　　第二石，"商谈图"（图 259）。

　　第三石，"车御图"（图 260）。

　　第四石，"出行图之一"（图 261）。

　　第五石，"出行图之二"（图 262）。

　　第六石，"饮食图"（图 263）。

图 258　青州傅家画像石第一石画像　　　　图 259　青州傅家画像石第二石画像
　　　　　（郑岩绘图）　　　　　　　　　　　　　　　（郑岩绘图）

---

① 夏名采：《青州傅家北齐画像石补遗》，《文物》2001 年 5 期，页 92～93。

图260　青州傅家画像石第三石画像
（郑岩绘图）

图261　青州傅家画像石第四石画像
（郑岩绘图）

图262　青州傅家画像石第五石画像
（郑岩绘图）

图263　青州傅家画像石第六石画像
（郑岩绘图）

第七石，"主仆交谈图"（图264）。

第八石，"象戏图"（图265）。

第九石，新发表的一石（图266）。

图264　青州傅家画像石第七石画像　　　图265　青州傅家画像石第八石画像
（郑岩绘图）　　　　　　　　　　　　（郑岩绘图）

　　傅家画像石原有配置关系已失去。原报告认为这些画像石原来应砌在墓室四壁，但是目前尚未发现过有线刻画像的北齐石室墓，在山东发现的几座北齐壁画墓的图像形式和内容与之差异也较大，难以支持这一设想。

　　为了弄清这些石板的用途，首先要分析傅家画像石雕刻技术的来源。

　　近年来青州一带有不少北朝石刻发现，特别是龙兴寺遗址出土的佛教造像，为我们研究这一时期的雕刻技术提供了大量标本，但是在这些造像作品中很少能看到傅家画像石上行云流水一般的阴刻细线。这种技术也不是当地汉代画像石的传统。山东汉代画像石中可以见到少量的阴线刻，如诸城前凉台东汉孙琮墓画像石即采用阴线刻技法①，但其线条比较短而浅细，与傅家画像石飘逸流畅的线条有明显的差异，

---

① 山东省博物馆、山东省文物考古研究所：《山东汉画像石选集》，图541～557，济南，齐鲁书社，1982年。

并且二者时代相差约三个世纪，难以证明其间存
在直接的联系。实际上，这批线刻画像的风格与
洛阳邙山出土的北魏晚期线刻图像石十分相近。

洛阳线刻画像石在中华人民共和国成立之前
即有许多重要的发现，以后又陆续有新资料出
土。这些石刻主要包括石棺和石棺床，此外在墓
志的盖顶及四周常见线刻的纹样①。这些葬具上
的图像线条细长，与傅家画像石的风格比较一
致。费慰梅（Wilma Fairbank）早年在分析山东
汉代画像石的雕刻技术时指出，线刻技术有模仿
绘画的特征②；而洛阳北魏线刻画像的绘画性效
果更为突出，据说早年出土于洛阳邙山、今藏于
美国明尼苏达州明尼阿波利斯美术馆（The Min-
neapolis Institute of Arts）的正光五年（524 年）
元谧石棺（见图101、317）在出土之初还带有

图 266　青州傅家画像石第九石画
像（郑岩绘图）

彩绘和贴金③。汪悦进正确指出，这种石棺即《魏书》所记"通身隐起金饰棺"④。
元谧石棺刻有孝子故事，1973 年宁夏固原雷祖庙北魏太和年间墓葬出土的描金彩绘
漆棺，也绘有孝子画像⑤。固原漆棺的发现，不仅可以为洛阳地区线刻葬具的装饰题
材找到一个先例，而且进一步证明了线刻画像与绘画之间存在的联系。

值得注意的是，洛阳地区石刻技术十分复杂，如龙门北魏石窟的大量雕刻作品

---

① 黄明兰：《洛阳北魏世俗线刻画集》，图版 1 ~ 67，北京，人民美术出版社，1987 年。

② Wilma Fairbank，" A Structural Key to Han Mural Art，" *Harvard Journal of Asiatic Studies*，7，no. 1（April
1942），pp. 52 – 88；reprinted in Wilma Fairbank，*Adventures in Retrieval*，Cambridge, Mass.，Harvard Univer-
sity Press，1972，pp. 87 – 140.

③ 奥村伊九良：《鍍金孝子傅石棺の刻畫に就て》，《瓜茄》第 5 號，頁 359，大阪，瓜茄研究所，1939
年。

④ Eugene Y. Wang，" Coffins and Confucianism – The Northern Wei Sarcophagus in The Minneapolis Institute of
Arts，" *Orientations*，vol. 30，no. 6，pp. 56 – 64；《魏书·穆崇传》，页 664，北京，中华书局，1974
年。

⑤ 宁夏固原博物馆：《固原北魏墓漆棺画》，银川，宁夏人民出版社，1988 年。

中就集中了多种技术，而葬具的雕刻技术却比较单纯。反过来，这种技术也有着比较特定的使用范围，除了极少量的造像、碑座、墓门的门楣和门框上曾发现线刻以外，绝大部分线刻出现在葬具上。估计这种独特的线刻技术的使用与特定的作坊有关。《洛阳伽蓝记》卷四曰："市北慈孝、奉终二里，里内之人，以卖棺椁为业，赁輀车为事。"① 邙山出土的石棺、石棺床等也应是从这一带的市场卖出的。这些葬具被商品化，应当有专业的作坊来生产。

由此可以获得两个推论，其一，在青州出现这种线刻的技术，可能与迁邺后洛阳作坊中工匠的流徙有关，这些工匠或许有来到青州者，有可能将这一技术传至北齐②。目前所见有关文献尚少，此备一说，以求后证。其二，由于线刻技术在当时有特定的使用范围，据此可以推测采用线刻技术的傅家画像石可能是一套葬具的构件。

我们再来分析傅家画像石的原配置结构。

洛阳等地发现的所谓石棺床模仿当时人们生活中所用的床，周围树立屏风（图267），形制与传为东晋画家顾恺之所作《女史箴图》中的床十分一致③，许多精彩的线刻画像即出现在屏风形式的石板上。这种结构或即文献中所说的"连榻"④。发掘者将安伽墓石棺床定名为"围屏石榻"，实际上与洛阳地区的石棺床形制相同。画像石棺一般为前高后低的函匣状，如元谧石棺、美国密苏里州堪萨斯城纳尔逊——阿特金斯美术馆（Nelson - Atkins Museum of Art）所藏的孝子石棺（见图101、317、321），以及后来出土的升仙画像石棺（图268，又见图326、327）等都是较著名的例子⑤。

美国波士顿美术馆所藏北魏孝昌三年（527 年）宁懋石室外形呈殿堂状（见图

① 范祥雍：《洛阳伽蓝记校注》，页 204，上海，上海古籍出版社，1978 年新 1 版。
② 东汉时即有洛阳工匠迁徙到山东，如早年山东临淄出土的东汉石狮有"雒阳中东门外刘汉所作师子一双"的题记。山东省博物馆：《山东省博物馆藏品选》，页 84，济南，山东友谊书社，1991 年。
③ 石棺床的形制与传为东晋画家顾恺之所作《女史箴图》中的床十分一致。江苏省美术馆编：《六朝艺术》，页 8，南京，江苏美术出版社，1996 年。
④ 周一良：《魏晋南北朝史札记》，页 472～474，"香橙、连榻"条，北京，中华书局，1985 年。
⑤ 黄明兰：《洛阳北魏世俗线刻画集》，图版 1～67。

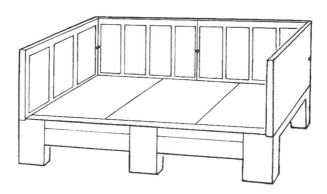

图 267　石棺床结构示意图（郑岩绘图）

图 268　洛阳升仙石棺（采自《世界美术大全集·东洋编》第 3 卷，页 91）

100)①，其顶部有屋脊与瓦陇，四面立石为墙，正面辟门，墙上部刻出人字栱，山墙上刻出插手与悬鱼，形象十分写实。据郭玉堂记录，宁懋石室 1931 年出土于洛阳故

---

① 黄明兰：《洛阳北魏世俗线刻画集》，图版 95～105。需附带指出，国内出版的几种图录在介绍宁懋石室后壁画像布局时皆有错误。据笔者对实物目验，三幅墓主像位于后壁外面；其内面分为三部分，左右两端为两幅庖厨画像，其中有桔槔取水的一幅位于右端，中央的三分之一空白。

城北半坡，为地下"阴宅"而非祠堂①。这种殿堂式的石质葬具以前习惯称为石椁，其中有一些内部还套有木棺，可谓名副其实；但有的体量较小，可能是棺而非椁。据笔者对宁懋石室实物的观察，其内部长度与人体高度大致相当，难以容下其他的葬具。新发现的太原隋代虞弘墓的葬具继承了宁懋石室殿堂式的形制，也没有内棺，因此它与宁懋石室一样，都是一种特殊形制的棺（见图252）。

傅家画像石中有两件的左侧边和另两件的右侧边加工成45°斜面，应为拐角扣合处，说明它们至少可以构成一建筑的三个面。如上所述，从雕刻技法的渊源来看，原有配置形式应与石棺和石棺床关系密切；在下文笔者还将谈到，傅家画像与虞弘石棺壁板画像有许多相似之处，如二者都是竖长方形的屏风形式，边饰纹样十分一致，有的图像显然出自同一粉本，二者的高度也大致相当，因此推测它们的配置结构也应当比较接近。

当然，虞弘石棺与傅家画像石之间也有一些差异，如虞弘石棺围屏背面有彩绘图像，而傅家诸石只是单面刻画像，其背面没有装饰②，雕刻技法也不同。因为傅家画像石中未收集到屋顶部分的构件，而且其中有些画面还与 Miho 石棺床围屏上的画像比较接近（详下文），所以不能完全排除傅家画像石属于石棺床围屏的可能；但是就傅家画像石的高度来看，似乎不像是石棺床的围屏③，属于石棺或石椁的可能性更大。

要确定每一块画像石的具体位置，证据尚不足，最大的问题是无法肯定当时是否已将这批画像石收集齐全。但是我们至少可以获知，这些画像石是一具殿堂式石棺或石椁的构件而非墓壁，它们构成了一个半封闭的三维空间。有了这个基础，可

---

① 郭玉堂：《洛阳出土石刻时地记》，页36，洛阳，洛阳商务印书馆、洛阳中华书局，1941年。

② 图像刻画于单面或双面不能作为区分石棺椁和石棺床的标准。目前所见的大部分石棺床围屏为单面刻画图像，但也有例外者，纳尔逊——阿特金斯美术馆收藏的一套石棺床的围屏即在一面刻孝子故事，另一面刻畏兽等内容。长广敏雄：《六朝时代美術の研究》，图17·28、43·56，東京，美術出版社，1969年。

③ 傅家画像石比虞弘石棺壁板（高96厘米）和宁懋石室壁板（高90厘米）高出约40厘米，而目前所见的石棺床周围屏风的高度则普遍比较低矮，如1977年洛阳出土的石棺床围屏高52.28厘米，1972年沁阳县西向粮所出土的北朝石棺床围屏高度43厘米，安阳北齐石棺床围屏高度50厘米，Miho 石棺床围屏60.2~62.2厘米，早年流散美国的另外一套石棺床的围屏高51厘米，1995年芝加哥美术馆（The Art Institute of Chicago）入藏的石棺床围屏高44.7~46.5厘米（感谢该馆 Elinor Pearlstein 女士提供资料）；只有少数石棺床围屏较高，如天水石马坪的一套高87厘米。

以加深我们对于其图像的认识。

（二）石棺与石棺床结构的意义

北朝墓葬使用仿木结构的石质葬具是一种特殊现象，在研究傅家画像石的图像之前，有必要先讨论一下这些葬具结构所反映的观念。

历年来洛阳北邙墓葬大量被盗，而石质葬具在各种葬具中只是少数，从《洛阳伽蓝记》卷三所记汉代人崔涵复活的故事可知，奉终里出售的棺椁以柏木最多：

> 洛阳大市北奉终里，里内之人多卖送死人之具及诸棺椁，涵谓曰："作柏木棺，勿以桑木为樿。"人问其故，涵曰："吾在地下，见人发鬼兵，有一鬼诉称是柏棺，应免。主兵吏曰：'尔虽柏棺，桑木为樿。'遂不免。"京师闻此，柏木踊贵。人疑卖棺者货涵，发此等之言也。①

这一故事颇为荒诞，却也折射出一些史影。除了获知当时的葬具以柏木为贵，从中还可以知道，人们在订购葬具时可以比较自由地选择材料，因此石质葬具的使用在这一时期未必受某种官方制度的约束。这些葬具上的图像彼此差别比较大，或装饰孝子故事，或表现升仙的内容，说明北魏墓葬在图像方面未形成比较严格的规制。在北魏分裂以后的汉人或鲜卑人墓葬中，尚未发现仿木结构的石棺和石棺床，而目前所见继续使用此类葬具的墓葬似乎都与在华粟特人有关，但其雕刻技术又有所改变，以加彩贴金的浅浮雕为主。

石头自汉代以来与永恒的观念联系在一起，对此巫鸿作过专题讨论②，这一思想北魏时期仍继续存在，在大量的墓志行文中此等资料极多，无须赘述。值得注意的是，这些石质葬具继续保留了木质葬具的形式，《酉阳杂俎》十三"尸穸篇"云：

> 后魏俗竞厚葬，棺厚高大，多用柏木，两边作大铜环钮。③

---

① 范祥雍：《洛阳伽蓝记校注》，页 174～175。

② Wu Hung, "The Prince of Jade Revisited: The Material Symbolism of Jade as Observed in Mancheng Tombs," Rosemary E. Scott ed., *Chinese Jade: Colloquies on Art & Archaeology in Asia*, no. 18, pp. 147–168.

③ 段成式：《酉阳杂俎》，页 123，北京，中华书局，1981 年。

函匣状的元谧石棺两侧
即有模仿铜环钮的铺兽衔环
图案（见图 101、317）。此
外，元谧石棺两侧刻有小
窗，前挡刻有门和门吏（图
269），实际上象征着一座建
筑①，相似的装饰手法甚至
可以追溯到先秦时期②。

宁懋石室为代表的一类
棺椁外形上模仿了木构殿堂
的形式，手法更为写实。这
种形式的石棺在东汉四川地
区已经出现③。北朝时期殿
堂式棺或椁时有所见，除了
宁懋石室与虞弘石棺外，山
西大同雁北师院北魏太和元

图 269　洛阳元谧石棺前挡画像（采自
《瓜茄》5 号，页 367）

年（477 年）宋绍祖墓（图 270，又见图 90）和大同智家堡北魏墓（见图 89、273）
均出土仿木构殿堂的石椁，装饰有浮雕的图案和彩绘壁画④。1973 年发掘的山西寿阳
贾家庄河清元年（562 年）厍狄迴洛墓中曾出土过一座木构房屋，其内部另有一长方
形函匣状的木棺，可知房屋的性质亦应是椁（图 271）⑤。这类木棺的图像还出现在
傅家画像石第九石中（见图 266）。西安地区隋唐墓出土的殿堂式石棺椁是在此基础

---

① 关于元谧石棺的象征意义及图像的讨论见 Eugene Y. Wang, "Coffins and Confucianism – The Northern
　Wei Sarcophagus in The Minneapolis Institute of Arts," *Orientations*, vol. 30, no. 6, pp. 56－64.

② 如湖北随州战国曾侯乙墓的漆棺就有窗的装饰，湖北省博物馆：《曾侯乙墓》，上册，页 36 图 21、页
　39 图 22，北京，文物出版社，1989 年。

③ 罗二虎：《汉代画像石棺研究》，《考古学报》2000 年 1 期，页 32～33。

④ 山西省考古研究所、大同市考古研究所：《大同市北魏宋绍祖墓发掘简报》，《文物》2001 年 7 期，页
　19～39；王银田、刘俊喜：《大同智家堡北魏石椁壁画墓》，《文物》2001 年 7 期，页 59～70。

⑤ 王克林：《北齐厍狄迴洛墓》，页 381～384，《考古学报》1979 年 3 期。

上发展演化的产物，如李静训、李寿、懿德太子、章怀太子、永泰公主、韦洞、韦顼、杨思勖等人的墓都有殿堂式石棺或石椁出土，并且装饰华美的线刻图像①。如这类石葬具在宋代以后仍时有发现，例如山东安丘雷家清河北宋绍圣三年（1096 年）胡珵石棺仍模仿殿堂的形式，其题记自名为"棺"②。

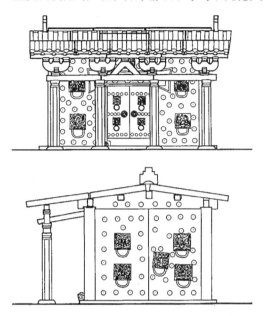

图 270　大同宋绍祖墓石椁（采自《考古》2001 年 7 期，页 24）

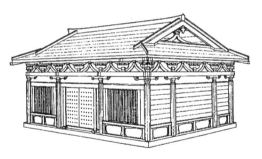

图 271　寿阳厍狄迥洛墓木椁透视图（采自《中国古代建筑史》第 2 卷，页 299）

论及北朝殿堂式石棺的结构渊源，除了应考虑到当时所使用的一些木质殿堂式棺椁外，还有一个值得注意的事实，即在北魏、北齐时期，许多的汉代石祠仍矗立在地面上。如北魏郦道元《水经注》中就记载有今山东长清孝堂山石祠（图 272）、汉司隶校尉鲁恭冢和汉荆州刺史李刚墓的祠堂③，北齐时陇东王、齐州刺史胡长仁刻了一篇《陇东王感孝颂》④。北朝人在设计自己的葬具时，这些代表着汉文化传统的古迹，可能会对他们产生一定的影响，虽然这些"仿制品"被深埋在地下，但其形制和画像（如李刚石祠和宁懋石室都装饰有孝

---

① 这些资料分别见于中国社会科学院考古研究所：《唐长安城郊隋唐墓》（文物出版社，1980 年）、《文物》1974 年 9 期、《文物》1972 年 7 期、《文物》1972 年 7 期、《文物》1960 年 7 期、《文物》1959 年 8 期、王子云：《中国古代石刻画选集》（中国古典艺术出版社，1957 年）。

② 郑岩、贾德民：《北宋画像石棺述要》，《安丘文史资料》第 9 辑，页 101～107，安丘，1993 年（内部发行）。

③ 王国维：《水经注校》，页 275、290、291，上海，上海人民出版社，1984 年。

④ 金文明：《金石录校证》，页 44，上海，上海书画出版社，1985 年。

子画像）仍保留了汉代祠堂的许
多特征。曾有学者认为宁懋石室形
制与山东长清孝堂山东汉石祠和金
乡县所谓"朱鲔祠堂"相似，用
途可能也相同①。但宁懋石室为地
下出土，性质与墓上祠堂应有
差别。

图272　长清孝堂山石祠（郑岩摄影）

有的学者认为唐代殿堂式石椁
（或棺）象征墓主人生前的寝殿②。
就其形制和装饰而言，这种解释是
合理的。如李寿墓石椁外壁雕出侍臣和拱卫的甲士，内壁为侍女和伎乐人，图像的
设计与建筑的象征意义十分吻合。陕西靖边唐代杨会墓石棺上所绘侍女还有"阿
兰"、"春花"、"思力"等人名③，似乎表明这些侍女是墓主最贴近的仆从，可以出
入墓主私密的内寝。

然而我们在理解石棺椁和石棺床的象征意义时，还必须注意到一个比较微妙的
问题，即它们形式虽然取自地上生者所用的建筑和家具，但是就其含义来说，应是
死者在地下起居之所，它只是现实生活的一个"镜像"，而一切的装饰是为其死后的
"生活"准备的。

魏晋南北朝时期的丧葬观念一直处在不断变化之中。汉代的厚葬将墓葬营造成
一个"永恒家园"或"理想家园"④，而曹魏实行薄葬时，则认为"骨无痛痒之知，

---

① 郭建邦：《北魏宁懋石室线刻画》，页30，北京，人民美术出版社，1987年。

② 孙机：《唐·李寿石椁线刻〈侍女图〉、〈乐舞图〉散记》，页198，孙机：《中国圣火——中国古文物
与东西文化交流中的若干问题》。

③ 郭延龄：《靖边出土唐杨会石棺和墓志》，《考古与文物》1995年4期，页39~42、49。

④ Wu Hung, "Art in Its Ritual Context: Rethinking Mawangdui," *Early China*, 17 (1992), pp. 111 – 145；译
文见陈星灿译：《礼仪中之美术：马王堆的再思》，中国社会科学院考古研究所：《考古学的历史·理
论·实践》，页404~430，郑州，中州古籍出版社，1996年。巫鸿还曾指出："'理想家园'是对'现
实家园'的模拟和美化。'现实家园'属于人间，'理想家园'属于冥界，二者人鬼殊途，呈现出一
种对称式的非联接关系。"见巫鸿《汉代艺术中的"天堂"图像和"天堂"观念》，《历史文物》6卷
4期（1996年8月），页9。

冢非栖神之宅"，"为棺椁足以朽骨，衣衾足以朽肉而已"①。北魏在汉化的过程中，尊奉儒家孝道，对墓葬的传统认识似乎重新抬头。文明太皇太后冯氏死后，孝文帝的诏书称："梓宫之里，玄堂之内，圣灵所凭"，虽然其丧葬"尊旨从俭"，"有从有违"②，但从考古发掘的结果来看，该墓规模浩大，制度逾常③。这种观念在迁洛之后，无疑又得以加强，洛阳北魏晚期殿堂和床榻形式的葬具都是被浓缩到最低限度同时又保留着具体的视觉形式的"家"。

在当时人们的心目中，死者同样需要寝殿和床榻。这些寝殿和床榻，不仅仅是放置尸体的用具，在陶渊明《挽歌诗三首》之二中，"宿"成了死亡的同义词：

> 在昔无酒饮，今但湛空觞。春醪生浮蚁，何时更能尝？肴案盈我前，亲旧哭我傍。
> 欲语口无音，欲视眼无光。昔在高堂寝，今宿荒草乡。一朝出门去，归来夜未央。④

诗人在这里所营造的完全是死后的"生活"氛围，虽然也想到"昔在高堂寝"——正如棺椁模仿生前寝殿的形式，但无奈"今宿荒草乡"——仿造的殿堂终究是为死人使用的。作为知识分子的陶渊明非常清楚死亡的含义，他感慨"欲语口无音，欲视眼无光"，但是诗中的文字又是矛盾的，毕竟他还在以死者的口吻说话。

在这个缩微的"家"中，还往往有帷帐、屏风等环绕着死者的棺椁，屏风中绘有各种画像。这些建筑与家具所构成的空间，成了当时塑造一个人物"标准像"不可或缺的元素。例如在潘岳的《悼亡诗三首》之一中，诗人描写亡妻既葬，回到家中触目伤心，这些建筑和家具的形象便一一呈现出来：

> 望庐思其人，入室想所历。
> 帏屏无仿佛，翰墨有余迹。⑤

洛阳北魏王温墓东壁绘一房屋，屋内帷帐下绘墓主夫妇正面坐像（见图95）⑥，

---

① 《三国志·魏书·文帝纪》，页81，北京，中华书局，1959年。

② 《魏书·皇后列传》，页330。

③ 大同市博物馆、山西省文物工作委员会：《大同方山北魏永固陵》，《文物》1978年7期，29～35。

④ 逯钦立辑校：《先秦汉魏晋南北朝诗》中册，页1013，北京，中华书局，1983年。

⑤ 逯钦立辑校：《先秦汉魏晋南北朝诗》上册，第635页。

⑥ 洛阳市文物工作队：《洛阳孟津北陈村北魏壁画墓》，《文物》1995年8期，页26～35。

壁画以彩绘的房屋代替了殿堂式棺椁，房屋中的死者不再是一具"欲语口无音，欲视眼无光"的枯骨，而是色彩鲜艳的生人形象；但这幅画像并不是墓主生前的形象，它不具备肖像画写实的特征，而只是代表死者灵魂的符号，是墓葬这一特殊空间的所有者①。年代再早一些的大同智家堡北魏石椁正壁也绘有墓主夫妇坐在斗帐中的正面像（图273，又见图89）②，洛阳出土的几具石棺床的围屏上也出现了墓主夫妇的正面画像，而立体的榻与围屏又以平面的形式出现在画面中（图274）③，这种叠床架屋的做法，似乎着意强调这些葬具的意义和墓主灵魂的存在④。

　　北齐时期，京畿地区的大墓后壁都堂堂皇皇地画上了墓主端坐在帷帐中的正面像，形成了一定的规制，并影响到太原和山东等地。如河北磁县东槐树村武平四年（573年）高润墓（见图125）⑤、太原王郭村北齐武平元年（570年）娄叡墓⑥、太

图273　大同智家堡石椁正壁墓主像（采自《考古》2001年7期，页43）

---

①　郑岩：《墓主画像研究》，山东大学考古学系编：《刘敦愿先生纪念文集》，页450~468，济南，山东大学出版社，1998年；郑岩：《古人的标准像》，《文物天地》2001年6期，页55~57。

②　王银田、刘俊喜：《大同智家堡北魏石椁壁画墓》，页43。

③　周到主编：《中国美术分类全集·中国画像石全集·石刻线画》，图版72、73，郑州，河南美术出版社，2000年。

④　这些画像可以看作后来"重屏"绘画年代较早的先例。有关中国绘画中"重屏"题材的研究，见 Wu Hung, *The Double Screen: Medium and Representation in Chinese Painting*, Chicago, Illinois, The University of Chicago Press, 1996.

⑤　磁县文化馆：《河北磁县北齐高润墓》，《考古》1979年3期，图版7。

⑥　山西省考古研究所、太原市文物管理委员会：《太原市北齐娄叡墓发掘简报》，《文物》1983年10期，页1~23。

图 274   洛阳石棺床墓主画像（郑岩绘图）

原南郊第一热电厂北齐墓（见图 131）①和济南马家庄武平二年（571 年）口道贵墓（见图 141）②等都有这样的墓主画像发现。山东嘉祥英山隋开皇四年（584 年）徐敏行墓仍延续邺城的传统，在后壁绘有墓主坐在榻上的像（图 275）③。壁画中的房屋、帷帐、榻与殿堂式的石棺和榻式的石棺床具有相同的形式，这些带画像的葬具与壁画墓有什么关系，目前还未十分清楚。值得注意的是，在这些墓葬中，殿堂式的石棺和榻式的石棺床一般不复出现④。同样富有意味的是，在流行殿堂式石棺椁的唐代壁画墓中，那些正面的墓主画像又销声匿迹了。

无论是立体的，还是平面的，这些殿堂、床榻和墓主画像都是静止、隐秘的形象，而其他的图像却往往拥有更广阔的视野，如娄叡墓墓道两壁大幅的"出行"与"归来"画像（见图 114、115、116、117、118、119、120、222、223），令人回想起

---

① 山西省考古研究所、太原市文物管理委员会：《太原南郊北齐壁画墓》，《文物》1990 年 12 期，页 1~10。

② 济南市博物馆：《济南市马家庄北齐墓》，《文物》1985 年 10 期，页 45、46。

③ 山东省博物馆：《山东嘉祥英山一号隋墓清理简报》，《文物》1981 年 4 期，页 28~33。

④ 出土有木椁的库狄迴洛墓同时绘有壁画，但其后壁壁画未保存下来，内容不详。

陶渊明"一朝出门去，归
来夜未央"的诗句。从下
文的分析中还会看到，葬
具上的画像题材也相当丰
富，不仅有对丧葬场面的
复制，而且有对墓主饮
食、出行、会客情景的描
绘，已死的墓主在艺术家
的想象中延续着各种有生
命的活动，而这一切内容
虽然打破了葬具空间的局

图 275　嘉祥英山徐敏行墓墓主画像（山东博物馆提供）

限，却仍与葬具形制上的象征意义密切相关，即都是对于另一个世界的想象与设计。

（三）傅家画像石图像解读

　　傅家画像石采用了屏风的形式，这些石板的界限及封闭性的画像边饰强调
了每一画幅独立存在的意义，即每一个画面都可以被相对单独地观察。但另一
方面，这些画像属于一个共同的空间，彼此在形式和内容上都会存在许多关联。
目前对于画像石配置关系的复原虽然不能获得最后成功，但不能绝对孤立地研
究每一幅画像，而要意识到整体关系的存在。这两个方面是研究其图像的出
发点。

　　傅家画像石与虞弘石棺图像有许多令人惊异的相似之处。首先，傅家画像石的
边饰除了第五石为近似"回"字形的装饰外，其余均为忍冬纹，与虞弘石棺、安阳
石棺床和 Miho 石棺床壁板的边饰极为相近，而傅家第五石转角处的花朵也与虞弘石
棺、Miho 石棺床相同部位的花朵极相似（图 276）。

　　其次，虞弘石棺所见颈上系绶带的鸟，在傅家第一、二、三、四、五诸石的画
面上部均可见到，有的有一只，有的为两只。这种鸟纹也见于安阳出土的北齐石棺
床画像中（图 277）。同样的形象在葱岭以西的阿富汗巴米扬（Bamiyan）石窟壁画

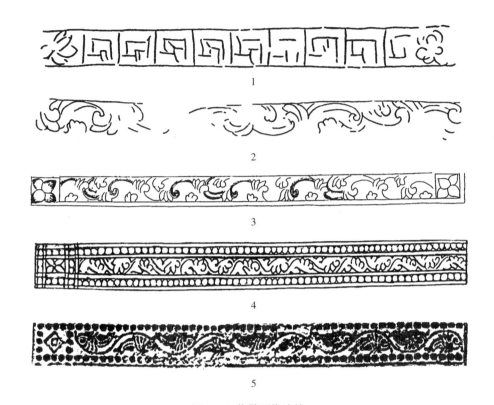

图 276　葬具画像边饰

1、2. 青州傅家画像石　3. 虞弘墓石棺　4. Miho 石棺床　5. 安阳石棺床

（图 278）和葱岭以东的新疆拜城克孜尔石窟壁画（图 279）中都可见到，其外部环绕联珠纹，是萨珊波斯人所喜爱的图案①。其中克孜尔石窟的鸟纹口中衔连珠组成的环带，与塔吉克斯坦境内著名粟特城址片治肯特（Panjikent）壁画中表示财富与吉祥的衔环鸟 hvarnah 可以联系起来②（图 280）。因此姜伯勤将安阳石棺床上的这种鸟纹考为"波斯式吉祥鸟"是可以成立的。姜伯勤还指出："在波斯史料中与好运相关联的场合，有好几种现象，包括有翼的兽、有翼羊和有翼的'光'"③，傅家第七石上部口衔忍冬、颈上系带的长耳犬状翼兽也应属此类表示吉祥的动物（见图 264）。

———————————————

① 薄小莹：《吐鲁番地区发现的联珠纹织物》，《纪念北京大学考古专业三十周年论文集》，页 333 ~ 334，文物出版社，1990 年。

② Guitty Azarpay, "Some Iranian Iconographic Formulae in Sogdian Painting", *Iranica Antiqua*, XI, pp. 174 – 177.

③ 姜伯勤：《安阳北齐石棺床的图像考察与入华粟特人的祆教美术》，页 166 ~ 167。

图277 葬具画像上的吉祥鸟
1、2. 青州傅家画像石 3. 虞弘石棺 4、5、6. 安阳石棺床

图278 巴米扬石窟壁画中的鸟
（采自《吐鲁番古墓葬
出土艺术品》，页46）

图279 克孜尔石窟壁画中的鸟（采自《吐鲁番
古墓葬出土艺术品》，页46）

图280 片治肯特粟特壁画（黑色箭头所指为衔环鸟，*Iranica Antiqua*，XI，p. 171，Fig. 6.）

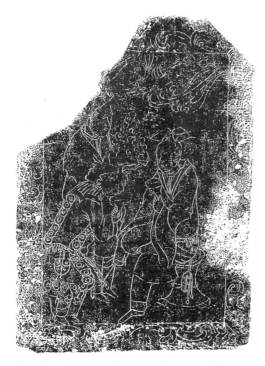

图 281 青州傅家画像石第二石拓片（青州市　　图 282 太原虞弘墓石棺西壁南部画像（采
　　　　博物馆提供）　　　　　　　　　　　　　　　自《太原隋虞弘墓》，图版 50）

　　其三，傅家第二石刻一头戴折角巾、身穿褒衣的人坐在筌蹄上①，左手持小杯，
右脚横置于左膝上，正与一胡人对饮，后面有一人手捧珊瑚，应是胡人进献的异宝②
（图 281，又见图 259）。而虞弘石棺西壁南部内面刻一带头光的神，右手持曲口碗坐
于筌蹄上，前有一人"胡跪"进献供品，一人弹琵琶。这两幅画像的构图左右相反，
但人物组合关系大同小异，特别是两图中的主角，坐姿竟完全相同（图 282、283），
这种坐姿也见于片治肯特的壁画中（图 284，又见图 280）。十分明显，这两幅画像
应是在同一粉本的基础上修改而成的。

―――――――――

① 　关于筌蹄的考证，见孙机《唐·李寿石椁线刻〈侍女图〉、〈乐舞图〉散记》，页 209～211。
② 　珊瑚在当时被视为珍宝，往往是皇帝赏赐大臣和官僚争豪斗富之物，如《世说新语》"汰侈"云："石崇
　　与王恺争豪，并穷绮丽以饰舆服。武帝，恺之甥也，每助恺。尝以一珊瑚树高二尺许赐恺，枝柯扶疏，
　　世罕其比。恺以示崇，崇视讫，以铁如意击之，应手而碎。恺既惋惜，又以为疾己之宝，声色甚厉。崇
　　曰：'不足恨，今还卿。'乃命左右悉取珊瑚树，有三尺、四尺，条干绝世，光彩溢目者六七枚，如恺许
　　比甚众。恺惘然自失。"徐震堮：《世说新语校笺》下册，页 471～472，北京，中华书局，1984 年；又该
　　书第 472 页注引《南州异物志》曰"珊瑚生大秦国"云云，故珊瑚有可能由善贾的粟特人带入中国。

但是，傅家第二石与虞弘石棺西壁南部内面画像的主题并不相同。后者坐在筌蹄上的人物深目高鼻有胡须，身着胡服，有头光，应为一神人；而前者的主角广额丰颐，头系折上巾，身着交领袍，腰束环带，脚穿靴，其头巾与袍的形式与济南马家庄□道贵墓（图285，又见图141）[1] 和磁县东槐树村高润墓（见图126）[2] 的墓主画像十分接近，应为墓主的形象。傅家画像石中墓主形象还见于第五、六、七石（见图262、263、264），其中第五石中的墓主头戴鲜卑帽，与太原王郭村娄叡墓壁画中的人物服饰基本相同（见图116、117）[3]，是典型的北齐鲜卑服饰。在这个问题上，我们虽然无法根据图像准确推断其血统，但可以判断其文化归属。我们至少可以肯定，这一形象不是粟特人，而是一鲜卑人或汉人，属于北齐统治阶层。第二石中的胡人深目高鼻卷发，身穿联珠纹长袍，与安阳石棺床上粟特人的服饰相同（图286、287），应是粟特人的形象。

图283　青州傅家画像石第二石与虞弘石棺西壁南部内面画像比较

1. 青州傅家画像　2. 虞弘石棺画像

① 济南市博物馆：《济南市马家庄北齐墓》，页45、46。

② 磁县文化馆：《河北磁县北齐高润墓》，图版7。

③ 山西省考古研究所、太原市文物管理委员会：《太原市北齐娄叡墓发掘简报》。

傅家第七石亦刻墓主与粟特人交谈的情景（见图264）。其中央站立的人物面容、服饰与第二石坐在筌蹄上的人物一致，也应是墓主。而粟特人谦卑的动态、后面站立的汉人（或鲜卑人）的服饰亦与第二石所见无差异。

图284　片治肯特粟特壁画（*The Ancient Civilization of Central Asia*, fig. 142）

图285　济南□道贵墓墓主画像（郑岩绘图）

图286　安阳石棺床上的粟特人形象（郑岩摄影）

图287　安阳石棺床上的粟特人形象（采自《中国圣火》，页186）

就画面构图形式而言，已经找到了第二石的来源；就内容而言，类似第二石与第七石的主题在徐州洪楼东汉画像石中就已经出现（图 288）①。洪楼画像中坐在中央的人物应为墓主，前来拜见他的客人既有胡人，又有汉人。这种画像很容易使人联想到传唐人阎立本所绘的《步辇图》②、乾陵 61 尊蕃王像③，以及唐代章怀太子墓道中描绘的外国宾客（图 289）④。文献中也记有此类画作，如梁元帝萧绎"任荆州刺史日，画《蕃客入朝图》，帝极称善。又画《职贡图》并序。善画外国来献之事"⑤，王素指出，南北朝时期南北双方以"职贡"盛衰为正统在否之标志，画家往往作《职贡图》以邀宠⑥。因此，傅家第二石应是受到历代帝王"四夷宾服，万方来朝"之类观念影响，而模仿出的一种程式化图像⑦。

承姜伯勤教授指教，第八石主题应为万灵节（Hamaspath‒maedaya）（见图265）。万灵节是祆教从伊朗—雅利安人宗教中继承的节日，定在每年最后一天的夜晚。据说死者的灵魂在这时会返回到生前的居所。为迎接亡灵，人们要洒扫庭除，举行庆典，奉献祭品和衣物。人们在万灵节中吟诵经文："我们崇拜死者的灵魂（ur-

图 288 徐州洪楼画像石（采自《江苏徐州汉画像石》，图版 40）

---

① 江苏省文物管理委员会：《江苏徐州汉画像石》，图版 40，北京，科学出版社，1959 年。

② 故宫博物院：《中国历代绘画：故宫博物院藏画集》，页 36～37，北京，人民美术出版社，1978 年。

③ 王子云：《陕西古代石雕刻·I》，图版 45，西安，陕西人民美术出版社，1985 年。

④ 陕西省博物馆等唐墓发掘组：《唐章怀太子墓发掘简报》，《文物》1972 年 7 期，图版 2.1。

⑤ 张彦远：《历代名画记》卷七，明王世贞编《画苑》明郧阳原刊本，页 4；该书卷三亦录梁元帝《职贡图》。中国历史博物馆藏（一说藏于南京博物院，待考）有宋人临《职贡图》一卷，图绘各国使者，其原作被认为出自萧绎之手。江苏省美术馆编：《六朝艺术》，"顾恺之、萧绎绘画长卷四款"之三。

⑥ 王素：《梁元帝〈职贡图〉新探——兼说涉及高昌国史的几个问题》，《文物》1992 年 2 期，页 72。

⑦ 这种不同社会阶层之间图像程式的"借用"是一种普遍现象，如临朐海浮山北齐天保二年（551 年）崔芬墓中的墓主出行画像，就与龙门石窟所见的皇帝礼佛图、皇后礼佛图，以及传为顾恺之所作的《洛神赋图》中曹植的形象无异。关于这一构图样式的讨论，见杨泓《美术考古半世纪——中国美术考古发现史》，页 229，北京，文物出版社，1997 年；李力：《北魏洛阳永宁寺塔塑像的艺术与时代特征》，页 364～367，巫鸿主编：《汉唐之间的宗教艺术与考古》，北京，文物出版社，2000 年。

图 289　乾县章怀太子墓墓道东壁客使画像（采自《章怀太子墓壁画》，页 42）

van）和那些义人的灵魂（fravaši）。"在新年的曙光即将到来之际，人们在房顶上点起火把。天色渐明时，灵魂又离开人间①。"火祆历"全年 365 天，分为 12 个月，每月 30 天，余 5 天置闰。其岁首每四年须提前一天，故文献对于九姓胡的岁首记载不一②。北周北齐时岁首多在六七月份，万灵节也就在这段时间举行。所谓新年，实际上是在夏季③。因此，《隋书·石国传》中的一段记载应是对万灵节宫廷活动的描述：

> 国城之东南立屋，置座于中，正月六日、七月十五日以王父母烧余之骨，金瓮盛之，置于床上，巡绕而行，散以花香杂果，王率臣下设祭焉。④

第八石描绘郊外景象，远处的屋宇可能象征"置座于中"的房屋。大象背上的台座应是《石国传》中的床，只是省略了盛烧骨的金瓮。床沿所装点的六个桃形物，应是火焰，说明这种游行的活动是在夜晚举行的。这些特征基本上可以与文献中关于万灵节的记载相符合。

第九石所刻画疑为送葬场面（图 290，又见图 266）。图中四马抬一房屋前行，

① 龚方震、晏可佳：《祆教史》，页 51，上海，上海社会科学出版社，1998 年。
② 蔡鸿生：《唐代九姓胡与突厥文化》，页 32～33，北京，中华书局，1998 年。
③ 姜伯勤：《安阳北齐石棺床的图像考察与入华粟特人的祆教美术》，页 172～173。
④ 《隋书》，页 1850，北京，中华书局，1973 年。

房屋体量较小，应是一棺。其底部勾
栏纤巧通透，说明棺为木质。如上所
述，宁懋石室和虞弘石棺外形均仿木
构的房屋，傅家画像石的形制也是如
此。这类仿木结构石棺的流行，说明
当时有许多殿堂式木棺存在，库狄迥
洛墓出土的木构房屋除了用作椁而略
有不同，其材质和形制都与之类似。

　　宋齐间著名道士顾欢在批评佛教
时曾说："棺殡椁葬，中夏之制；火
焚水沉，西戎之俗。"① 生活在西域的
粟特人葬俗本与汉人不同，流行使用
盛骨瓮而不用棺椁。以康国为例，
《通典》卷一九三引韦节《西蕃
记》云：

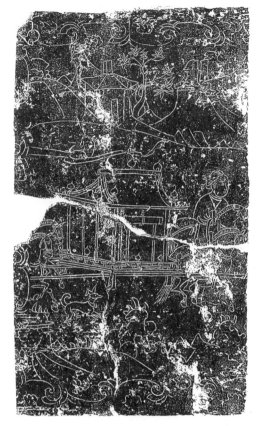

图290　青州傅家画像石第九石拓片
（青州市博物馆提供）

　　　国城外别有二百余户，专知
　　丧事。别筑一院，其院内养狗，
　　每有人死，即往取尸，置此院
　　内，令狗食之肉尽，收骸骨埋殡，无棺椁。②

　　入华粟特人的情况已发生了很大变化，他们也使用汉人中流行的石棺和石棺床。
但是在汉化的总趋势下，原来的习俗还会有所遗留，墓葬中出现一些奇特的现象。
如虞弘石棺中不见尸骨，而摆放随葬品，但石棺底部虚空，似可起到盛骨瓮的作用；
安伽墓的尸骨在甬道内，而不在石棺床上③，该墓在封闭时室内还曾点火焚烧，墓内

　① 《南齐书》卷五十四《顾欢传》，页931，北京，中华书局，1972年。

　② 《通典》，页1039，北京，中华书局，1984年。

　③ 基于这一现象，韩伟主张石棺床应更名为"围屏石榻"。但实际上，洛阳北魏同样形制的葬具就被研
　　究者称为石棺床，这主要是从形制上考虑的，已约定俗成，所以本书仍沿用旧有名称，以强调其发展
　　的连续性。韩伟：《北周安伽墓围屏石榻之相关问题浅见》，《文物》2001年1期，页97～98。

缺少随葬品。这些葬具的装饰图像也与北朝汉人或鲜卑人墓葬中画像石和壁画有显著的差别。此外，在傅家第九石送葬的场景中刻一犬，虞弘石棺的图像中也多见犬的形象，应是粟特人养犬食尸遗俗的反映。

　　这类题材不独在傅家画像石中出现，Miho 石棺床围屏上的一幅画像描绘了具有典型袄教特征的丧礼场面（图291、292）。画面中的丧礼是在野外举行的，其中心有一戴口罩的祭司照料一火坛①，在他的背后四人手持尖刀"劓面截耳"②，其余的人低首肃立哀悼。几匹马所载应为丧葬所用物品。在祭司的下方也刻有一犬，应与傅家第九石中的犬含义相同。这一场面与文献中的记载正可吻合，同时也说明墓葬中刻画丧葬内容在当时是比较通行的做法。

图291　Miho 石棺床丧礼画像（*Monks and Merchants*：*Silk Road Treasures from Northwest China*，p. 244，fig. 6）

图292　Miho 石棺床丧礼画像（郑岩绘图）

---

① 袄教火坛和祭司的图像也见于安阳石棺床，有关论述见姜伯勤《安阳北齐石棺床的图像考察与入华粟特人的袄教美术》，页159～160。

② 关于这一细节，韩伟解释为手执燃料的陪祭者，不确，从发表的图版看，四人手中所持为刀。韩伟：《北周安伽墓围屏石榻之相关问题浅见》，页92。关于九姓胡丧礼中"劓面截耳"习俗的考释，见蔡鸿生《唐代九姓胡与突厥文化》，页24～25。

傅家第八、九两石构图形式有许多共性，如二者远景均为连绵的山峦，山中皆有一建筑；第八石大象背上的床与第九石马所抬的棺皆为木结构。这似乎说明此两石可以互相呼应，原来的位置可能比较对称。从主题上看，二者也有一定的关系，第九石刻画送葬的情节，第八石表现迎接死者灵魂的活动，皆与死亡、丧葬有关，出现于墓葬中极为合理。

傅家第三、四两石刻画牛车和鞍马（见图260、261），这是北朝艺术中最为习见的题材。对此我在第六部分已有过讨论。我们可以借助□道贵墓保存较好的壁画来设想一下傅家画像石同类题材在墓葬中的位置关系（见图140、142、143）①。鞍马与牛车作为一种程式化的固定搭配出现，实际上是卤簿的简化形式。《隋书·经籍志》、《历代名画记》等文献都记载有《卤簿图》，数量极多。又《宋书·宗室传》：

> （刘韫）在湘州及雍州，使善画者图其出行卤簿羽仪，常自披玩。尝以此图示征西将军蔡兴宗。兴宗戏之，阳若不解画者，指韫形像问曰："此何人而在舆上？"韫曰："此正是我。"其庸鄙如此。②

周一良认为"绘制出行卤簿之图画，以自炫耀，南北朝以后成为风气，盖不止庸鄙之刘韫而已。"③ 由于这种风气存在，其粉本必然流传极多。

在安伽石棺床、Miho石棺床、安阳石棺床上也可见到墓主骑马出行或乘牛车出行的画面，其中安阳石棺床上的仪仗与出行画像的服饰、乘骑、伞盖"与粟特本土大同小异"④，但Miho石棺床的这类题材却明显有汉化的倾向（图293、294），与一般北齐壁画中所见的同类画面十分相似，也与傅家第三、四两石画面构图相当接近。唐贞观廿一年（647年）大唐故洛阳康大农墓志云，康大农父康和为隋定州萨宝，"家僮数百"，"出便联骑"⑤，萨宝生前既然有与汉族贵族同样的气派，当然也可在墓葬中采用类似的图像。

---

① 济南市博物馆：《济南市马家庄北齐墓》，页45。

② 《宋书》，页1466，北京，中华书局，1974年。

③ 周一良：《魏晋南北朝史札记》，页165。

④ 姜伯勤：《北齐安阳石棺床画像石与粟特人美术》，页166。

⑤ 周绍良：《唐代墓志汇编》上册，页96，上海，上海古籍出版社，1992年。

图 293　Miho 石棺床鞍马画像（郑岩绘图）　　　图 294　Miho 石棺床牛车画像（郑岩绘图）

　　傅家第四石右边加工为 45°斜面，而第三石牛车画像的两边垂直，因此可以肯定这两幅画像并不正对，应分别属于备马和牛车行列中的一部分，即这两幅画像还有其他与之相配的画像共同构成规模更大的行列。从方向上看，第一石胡人牵驼马画像（图 295，又见图 258）的方向与第四石画像一致，似可与之相连接。此石左边呈斜面，可能与之垂直。目前尚未看到可与牛车相连接的其他画像。

　　第一石刻胡人牵骆驼，原报告认为第一石画像中骆驼驮有成卷的织物，提出"墓主人生前可能是一位从事东西方贸易的商人，他的仆人中有西域乃至中亚的人。"实际上，该骆驼背上的平行线表现的应为行旅所用的毡帐或用于载物的支架①，所表

① 关于南北朝隋唐时期毡帐形制的讨论，见吴玉贵《白居易"毡帐诗"所见的唐代胡风》，荣新江主编：《唐研究》第 5 卷，页 401～420。

现的内容与娄叡墓墓道西壁出行画像上层的驼队比较一致。同样的题材也见于 Miho 石棺床。在娄叡墓壁画和 Miho 石棺床画像中甚至也都出现了胡人的形象（图296、297）①。这些绘画作品与北朝墓葬中常见的陶骆驼一样，是这一时期墓葬中所流行的艺术题材，它们在墓葬中的含义或许应与有关的丧葬观念联系起来考察②。

第五石刻墓主骑马，也属卤簿性质的画像，与其他画像的关系不详（见图262）；其边饰亦与其他画像不同，原因不明。第六石刻墓主怀拥一长条形几坐于席上，为四分之三侧面，与北朝壁画墓中常见的正面坐像有所差别，且该石左边呈45°角，应不是正壁中央的偶像，与其他诸石的关系也不明确（见图263）。

图295 青州傅家画像石第一石拓片
（青州市博物馆提供）

图296 太原娄叡墓壁画中的驼队
（郑岩绘图）

① 山西省考古研究所、太原市文物管理委员会：《太原市北齐娄叡墓发掘简报》，页3，《文物》1983年10期。

② 关于这一问题的专题研究，见 Elfriede Regina Knauer, *The Camel's Load in Life and Deat, Iconography and Ideology of Chinese Pottery Figurines from Han to Tang and their Relevance to Trade along the Silk Routes*, Zürich：AKANTHVS. Verlag Für Archaologie, 1998. 荣新江对该书的评论见《唐研究》第5卷，页533～536，北京，北京大学出版社，1999年。

以上关于傅家图像的分析启发我们对一些原
有的观点和方法进行反思。有的研究者将这些图
像复原为死者生前的真实经历，指出：

　　画像在颂扬墓主生平经历的同时，不但
细致入微地描绘了墓主当年亲率商队远征西
域，从事丝绸外销的生活片断，而且着意刻画
了一个前来青州洽谈贸易的外商谒见墓主的场
面。（指第二石——引者注）……北齐石室画
像中《象戏图》的出现……表明这位青州商
人的足迹已经涉及印度河流域的佛教国度。①

这一观点试图建立各幅画面之间的联系，建立
图像与史实的联系，笔者也曾赞同过这种思路②。
但是这种解释不仅在对具体画面内容的认定上存在
偏差，而且缺少对一些中间环节的具体分析。这种

图 297　Miho 石棺床骆驼画像
（郑岩绘图）

思路由来已久，是我们研究古代墓葬中的图像时所惯用的③。关于傅家画像的传统解释

---

① 叶帆：《从北齐画像看古代山东丝绸外贸》，《走向世界》1988 年 3 期，页 41～43。齐涛也指出，傅家
　第二石刻画了墓主正与一位胡商进行以物易物的交易，第一石刻画了一位胡人牵着驮有丝织品的骆驼
　行走在丝绸之路上，第八石中的牵象者即身份为“中土商人”的墓主，该画面是他远行的记录，“它
　表明墓主人是一位常来往于丝绸之路上的行贾，他不仅在青州向外商驳出丝绸，而且自己也曾远行到
　印度河流域的佛教国度。”齐涛：《丝绸之路探源》，页 157～249，济南，齐鲁书社，1992 年。此外关
　于该墓的报告也持类似的观点。
② 郑岩、贾德民：《汉代卧驼铜镇》，《文物天地》1993 年 6 期，页 36～37。
③ 例如早年的研究者谈到汉代画像石中的胡汉交兵、献俘画像时指出：“而斩首献俘，覆车坠河二段，（孝堂山
　第三幅画此事）亦非无谓而作。意者，即为墓中人实录未可知也。此说奇而确。”（叶昌炽撰、柯昌泗评：
　《语石/语石异同评》，页 330，北京，中华书局，1994 年）“（胡汉交兵画像）主题思想是写出墓主生前最重
　要、最值得人‘景仰纪念’的事迹——曾率领军队打败异族的人，于是用攻战图来表现。”（曾昭燏、蒋宝
　庚、黎忠义：《沂南古画像石墓发掘报告》，页 30，文化部文物管理局，1956 年）但是，这种的交战或献俘
　的画像在山东是比较常见的题材，它们大多构图雷同，陈陈相因，我们无法将装饰此类画像的墓葬统统认定
　为有战功的军人。另外一个例子是关于唐章怀太子李贤墓“客使图”的讨论，详郑岩《“客使图”溯源——
　关于墓葬壁画研究方法的一点反思》，“唐墓壁画国际学术讨论会”论文，2001 年 10 月，西安。

比较有代表性地反映其中的问题，因此值得加以分析。

　　首先，画面之间的联系应当建立在对这些石刻原有结构进行复原的基础上。虽然本书没有彻底解决石棺结构复原的问题，但我们已经知道这些画像原来被安排在一个三维空间中，而不是处在同一个平面上；它们往往成对地互相呼应，并不是一套前后连接紧密的"连环画"；画面之间的关系不是时间性的，而是空间性的，因此在画面之间很难找出一种单线的文学性的叙事关系[1]。

　　其次，问题还出现在我们以往对于"写实"的理解上。傅家画像石线条流畅，人物比例合度，形象生动，是古代美术中难得的写实风格的作品，然而这种写实性的风格很容易对我们理解画像内容产生一种"误导"。认为这些栩栩如生的作品是对墓主生前活动的忠实再现，实质上是将作品形式上的写实风格与内容忠实于原型这两个不同的问题等同起来，或者说"写实＝现实主义"。这在理论上显然过于简单化，一个相反的例子是西汉霍去病墓前著名的马踏匈奴石雕风格并不"写实"，没有直接刻画霍去病的形象，却恰恰与其生前的事迹密切相关[2]。我们以往对于画像"写实"风格的解读，还有可能在某种程度上受到了长期以来中国官方文艺理论的影响，即认为"现实主义"的最高准则为"真实地再现典型环境中的典型人物"。这一理论长期统治着美术创作与评论，也很容易左右研究古代美术时的思路[3]。

　　再次，将这些画像解释为一系列具体的事件，很可能受到了阅读文献时习惯思路的影响。文学语言与绘画语言有不同的特点，如果利用文学手段表现某一具体的事件，就必须具备三个基本的条件：时间、地点、人物，而在这一系列画像中能够明确看到的只有"人物"这一个因素，时间与地点的表现往往不十分明确。因此上述观点要成立，首先要一一证明这些画像的时间、地点具有惟一性，而目前要解决

---

[1]　有关方法论的研究，见蒋英炬《汉画像石考古学研究絮语——从对武梁祠一故事考证失误说起》，山东大学考古学系编：《刘敦愿先生纪念文集》，页 431 ~ 437，济南，山东大学出版社，1998 年；Wu Hung，" What is *Bianxiang* 变相? —On the Relationship between Dunhuang Art and Dunhuang Literature," *Harvard Journal of Asiatic Studies*，52. 1（1992）pp. 111 – 192. 中译本见郑岩译《何为变相？——兼论敦煌艺术与敦煌文学的关系》，《艺术史研究》第 2 辑，页 53 ~ 109，广州，中山大学出版社，2000 年。

[2]　金维诺：《秦汉时代的雕塑》，金维诺：《中国美术史论集》，页 50，北京，人民美术出版社，1981 年。

[3]　最近有学者指出，中国文艺理论中"再现"一词是对 representation 的误译，而这个词在西方已不是"再现（摹仿式）"，而是"表现"、"表象"、"象征"等意义。转引自周汝昌《红学的深思》，文池主编：《在北大听讲座（第三辑）——思想的魅力》，页 37，北京，新世界出版社，2001 年。

这一问题，还缺乏足够的材料，也就是说，将这一画面解释为一个具体事件的前提条件尚不充分。

从史实到一套图像的形成也有许多中间环节，就傅家画像石而言，诸如葬具的功能、粉本的利用等，都是一些必须考虑的因素。粉本的形成与生活的真实背景或多或少有一定关系，但是这些画面被描绘在葬具上，直接反映的是当时人们的丧葬观念，而不是其生活原型。例如，出现胡人牵骆驼画像的大背景是对外交通与贸易的发达，但是以娄叡墓的胡人牵骆驼壁画与墓志以及正史中关于娄叡的传记进行比较，却很难发现画像与墓主生平之间有直接的联系。

笔者不否认墓葬中也存在对墓主生平的具体描述，如内蒙古和林格尔小板申东汉墓壁画中的多幅车马行列、城池、府舍的图像题写有墓主不同时期的官位和任职处的地名[1]，很可能是对于其仕宦经历的表现。但是这种做法在南北朝时显然发生了变化，墓葬中的各项内容似乎有一种功能的划分，墓主的家世与生平被详细地记述在墓志中，充分利用了文学在叙事方面特有的长处；壁画着重营造丧葬礼仪的空间氛围，大多与真实的事件无关；陶俑则是千人一面，甚至不同的墓葬中出土有使用同一模具制作的陶俑。

粉本被多次借用、复制、选择、组合、改造，所涉及的问题相当复杂。我们认为傅家石棺图像的构图和主题大多取自一些既有的格套，并不意味着否定这套图像所具有的鲜明个性，相反，在许多看似雷同的图像程式中，都有与墓主特殊身份相关的损益，选择什么图像、如何进行改造，都反映出死者文化趣味的独特与复杂，但是对此类问题必须做更为具体的分析。因此，一个更难以解决的问题是：传统的形式难道不可以用来表现一种特定的意义吗？

笔者曾注意到，山东博物馆藏有一件清代扇面，其画面表现了19世纪60年代初山东淄川农民刘德培暴动的事件（图298），却利用了木版年画《空城计》（图299）的构图，原画中的诸葛亮被改造成刘德培的军师，而攻城者成了僧格林沁率领的清兵[2]。这种情况同样也见于傅家画像石中，如傅家第二石在借用现成的粉本时，主题就发生了改变。但是，由于傅家画像石的资料不完整，既缺乏画像石的配置关系，

---

①　内蒙古自治区博物馆文物工作队：《和林格尔汉墓壁画》，页10～19，北京，文物出版社，1978年。

②　郑岩：《一幅珍贵的年画》，《文物天地》1995年4期，页32～34。

图 298　山东博物馆藏清代刘德培暴动扇面（山东博物馆提供）

图 299　潍坊杨家埠年画《空城计》（据清代版新刻，郑岩收藏）

又没有其他文字材料，因此要从根本上解决这一问题是非常困难的。总之，我认为该墓的画像题材和构图大多有自己的渊源，但同时也不完全排除这些画像的独创性和特殊意义。笔者所建议的是，在探索其独创性和特殊意义时，必须重视对一些前提条件的讨论，在理论上决不能简单化。

（四）傅家画像石的历史背景

近年来青州地区南北朝考古最重要的发现是龙兴寺窖藏出土的大批北朝佛教造

像，研究者非常注重这些造像的艺术特征，将其中北齐时期衣服紧窄，衣纹稠密的风格与曹仲达为代表的"曹家样"联系起来。《历代名画记》卷八云："曹仲达，本曹国人也。"① 曹国属于昭武九姓之一，因此，曹仲达是画史上惟一有明确记载的粟特画家。青州北朝佛教造像与这位粟特画家的风格有关，这似乎可以为傅家画像中所出现的粟特美术因素找到的一个背景。

但是荣新江的观点更为慎重，他指出，"曹家样"所代表的是一种绘画风格，石刻造像毕竟属于雕塑艺术，二者之间还有一定的距离，"曹仲达的绘画所表现的样式，恐怕首先应当具有粟特美术的特征"。曹仲达的活动的主要地区应当在邺城地区，因此包括早年安阳出土的石棺床在内的一些粟特美术品，其作者应是邺城的粟特工匠②。换言之，包括虞弘墓在内的这批葬具上粟特风格的雕刻应出自粟特工匠之手。

我们既然不能简单地根据傅家画像推出墓主曾远行到中亚等地的结论，也不能直接将青州美术的风格与曹仲达等画家的活动直接联系起来，那么傅家画像出现粟特美术因素的背景到底是什么？

宿白注意到青州龙兴寺佛造像自东魏晚期开始流行衣裙贴体的新风格，认为这种变化的背景"与6世纪天竺佛像一再东传、高齐重视中亚诸胡伎艺和天竺僧众以及高齐对北魏汉化的某种抵制等似皆有关连。"他提到这些以商贩或伎巧东来中原的胡人在北魏多宅于洛阳，后附高齐东去，颇受恩幸，而迁邺后，东西往返仍极为频繁。宿白特别指出，青州傅家画像石中多见胡人形象，便与这种背景有关③。

傅家墓的墓志缺失，只能凭借图像来推断墓主身份。如上文所述，画像中墓主的服饰与面相均表现出与粟特人明显不同的特征，可以判断为汉人或鲜卑人，这是傅家画像石与虞弘、安伽等墓葬的装饰关键性的差别。另一方面，傅家画像石又大量借用了粟特美术的绘画样本，甚至墓主的坐姿也表现出对于异质文化的欣赏和认同。可以得出这样结论：傅家石棺的主人是北齐统治阶层中汉人或鲜卑人的一员，

---

① 张彦远：《历代名画记》，页157，北京，人民美术出版社，1963年。

② 荣新江：《粟特祆教美术东传过程中的转化——从粟特到中国》，巫鸿主编：《汉唐之间文化艺术的互动与交融》，页52～54，北京，文物出版社，2001年；荣新江：《中古中国与外来文明》，页301～325。

③ 宿白：《青州龙兴寺窖藏所出佛像的几个问题——青州城与龙兴寺之三》，《文物》1999年10期，页44～59。

但很可能生前与萨宝等粟特人有相当密切的联系，以致于可以得到萨宝丧葬所用的粉本并乐于加工改造，用在自己的墓室中。

　　既然傅家画像石与萨宝墓葬的图像有许多相似之处，那么北齐时期青州有无萨宝就是一个值得注意的问题。罗丰 1998 年曾收集唐代以前文献与墓志中所见的萨宝资料，其中有二人在京师任职，五人在河西地区的凉州和张掖，一人在定州，一人在并州，一人不详①。但是萨宝很可能也是一个全国性的官职，国家图书馆藏拓本有唐咸亨四年（673 年）唐故处士康君墓志，云："父仵相，齐九州摩诃大萨宝，……"② 姜伯勤认为此处的"摩诃大萨宝""与一个王朝的全国性职衔有关"③。又《隋书·百官志》言及北齐萨宝制度分为"京邑萨甫"和"诸州萨甫"两类④。

　　虽然文献中尚未发现关于北齐青州萨宝的明确记载，但有墓志资料显示，北齐时青州的确可以接触到来自中亚与萨宝有关的人物。荣新江曾引 1984 年太原北郊小井峪村出土的龙润墓志来说明并州粟特聚落和萨宝府在唐代的影响（图 300）⑤，该墓志对于研究本书的问题同样具有重要价值。兹引有关文字如下：

　　　君讳润，字恒伽，并州晋阳人也。白银发地□□□蛇龙之山。祖先感其谲诡，表灵异而称族。凿空鼻始，爰自少昊之君；实录采奇，继以西楚之将。及汉元帝，显姓名于史游。马援之称伯高，慕其为人，敬之重之。《晋中兴书》，特记隐士子伟，以高迈绝伦。并异代英贤，郁郁如松，珞珞如玉者也。曾祖康基，高齐青、莱二州刺史，僵（疆）场邻比，风化如一。……□（公）属隋德道消，嘉循贞利，资业温厚，用免驱驰。唐基缔构，草昧区夏。义旗西指，首授朝散大夫，又署萨宝府长史。……永徽四年（653 年）九月十日，薨于安仁坊之第，春秋九十有三。……永徽六年三月廿日，附身附椁，必诚必信，送终礼

---

① 罗丰：《萨宝：一个唐朝唯一外来官职的再考察》，荣新江主编：《唐研究》第 4 卷，页 217～219，北京，北京大学出版社，1998 年。

② 周绍良：《唐代墓志汇编》上册，页 571～572。

③ 姜伯勤：《萨宝府制度源流论略》，饶宗颐主编：《华学》第三辑，页 294，北京，紫禁城出版社，1998 年。

④ 《隋书》，页 756。

⑤ 荣新江：《隋及唐初并州的萨宝府与粟特聚落》，《文物》2001 年 4 期，页 86～87。

图 300　太原小井峪龙润墓志拓片（采自《文物》2001 年 4 期，页 86）

备，与夫人何氏合葬于并州城北廿里井谷村东义村北。①

　　荣新江认为，墓志中所谓龙姓来自少昊的说法不足凭信，而在汉文史料和文书
中，龙姓一般是西域焉耆国东迁中原以后所用的姓氏②。作为焉耆胡后裔的龙润在唐
代出任并州萨宝府长史，说明了龙姓与粟特聚落有直接联系。龙润的曾祖龙康基在
北齐时曾出任青州刺史，与青州傅家画像石中出现粟特文化因素的事实应非巧合；
龙康基、龙润所处时代虽然有别，但他们分别任职于青州和并州，或可说明这两个

<hr />

① 张希舜主编：《隋唐五代墓志汇编·山西卷》，页 8，天津，天津古籍出版社，1991～1992 年；《全唐
　文补遗》五，页 111，西安，三秦出版社，1998 年。
② 荣新江：《龙家考》，《中亚学刊》第 4 辑，页 144～160，北京，北京大学出版社，1995 年。

地区之间存在文化上的联系，这
种联系在傅家画像和虞弘石棺画
像中再次表现出来。此外，青州
地区在北齐时期是否存在粟特聚
落，也有待于将来新的考古资料
来验证。

虞弘石棺图像粟特文化色彩
较为纯粹，傅家画像石中原有的
粉本显然被作过较大改动，但虞
弘石棺的年代比傅家墓晚 19 年，
傅家画像石不可能直接来自虞弘

图 301　天水石棺床画像（采自《考古》1992 年
1 期，页 48）

石棺。除了傅家画像石与 Miho 石棺床画像所表现出的共性以外，在天水石马坪石棺
床"屏风 1"下部也有与傅家第二石类似的图像（图 301）。这些图像之间的相似性
可以证明，北朝前后有一些具有鲜明粟特文化色彩的粉本在汉地流传使用。

在华粟特人墓葬装饰的粉本除了人物相貌和服饰、器具等物质文化方面具有中
亚民族的特征外，还明显地保留有祆教美术的印记。姜伯勤对安阳石棺床的祭司、
火坛等图像进行了研究①，在虞弘墓、安伽墓也都出现了火坛等形象，Miho 石棺床
上还有典型的祆教葬礼图像，这些内容可能直接承袭粟特人故土原有的图像体系。
另一方面，正如许多学者所注意到的，这些流寓于中国内地的中亚人也有汉化的倾
向，不但营建墓葬、使用棺椁，而且其装饰图像也吸收了一些中国传统的题材，例
如上文所提到的鞍马和牛车，就很有可能来自内地汉人和汉化鲜卑人的图像系统。
随着资料的不断丰富，粟特美术汉化的问题还值得继续探讨。

从傅家画像石可以看到，正在汉化的祆教丧葬美术又被一位非粟特人所借用，
这对于文化"互动"的理论来说是一个绝好的注脚。这批资料启发我们不仅要注意
到外来文化的汉化问题，同时还要关注在外来文化的影响下中国本土文化所发生的
变化，即中原民族传统的丧葬美术对异质的粟特美术的吸收、改造与利用。

---

① 姜伯勤：《北齐安阳石棺床画像石与粟特人美术》，页 159～160。

在南北朝美术考古的资料中，我们不难找到一些来自中亚的影响，就山东地区 6 世纪的考古材料而言，这种影响不仅在佛教造像上有显著的体现，而且在墓葬壁画中也有迹可寻。如距离不远的临朐冶源北齐天保二年（551 年）崔芬墓壁画中，一方面绘有竹林七贤等汉文化所标榜的人物，另一方面与这些高士画像并列的还有两个跳胡舞的人物（图 302）①，这一图像与 1985 年宁夏盐池县唐代 6 号墓石门上雕刻的舞蹈的胡人舞姿极相似，而同一墓地的 3 号墓出土的《何府君墓志》称墓主为"大夏月氏人"，可知是六胡州粟特人的一处墓地②。罗丰指出，嘉祥英山隋开皇四年（584 年）徐敏行墓壁画中男墓主所持透明杯子形制与萨珊银质酒杯相似，应是萨珊朝的制品。原报告所谓墓主面前的蹴鞠者，应是一舞人，舞姿与西域舞蹈有关（图 303，又见图 275）。与该画像相连的还有三名奏乐者，罗丰认为除横笛外，其余乐器与西

图 302　临朐崔芬墓壁画中的跳胡舞者（郑岩绘图）

域有关③。应补充的是，徐敏行墓壁画中男女墓主并坐、饮酒、欣赏乐舞的构图不见于邺城北齐墓，而与虞弘墓石棺正壁中央的一幅画像接近（图 304）。二者屏风、榻上均装饰粟特美术中常见的联珠纹。另据徐敏行墓清理简报介绍，原画像人物左右绘树木，树上有鸟，这些细节均可在虞弘墓的这幅画像中找到对应的图像。此外，天水石马坪石棺床前摆放有乐工陶俑（见图 255），其配置格局也与徐敏行墓的这幅画像比较一致。但是与崔芬墓和徐敏行墓所不同的是，傅家石棺中所出现的粟特美术色彩不是局部的、少量的，而是比较完整地借用了胡人墓葬的图像样本，因此也就具有特殊的研究价值。

① 山东省文物考古研究所、临朐县博物馆：《山东临朐北齐崔芬壁画墓》，《文物》2002 年 4 期，页 4 ~ 25；Wu Wenqi, " Painted Murals of the Northern Qi Period," *Orientations*, vol. 29, no. 6, June 1998, pp. 60 - 69.

② 宁夏回族自治区博物馆：《宁夏盐池唐墓发掘简报》，《文物》1988 年 9 期，页 43 ~ 56。

③ 羅豊：《固原漆棺畫に見えるペルシャの風格》，《古代文化》第 44 卷 8 号，頁 45 ~ 46，京都，1992 年。

因为缺少背景材料，我们还不清楚为什么这位汉人或鲜卑人要借用一套如此特殊的图像来装饰自己的墓葬。可以看到这种借用并不是全盘抄袭，而明显留有与墓主本人所属文化相关的改造痕迹。例如傅家画像石并不采用粟特葬具上的浅浮雕，而是延续了北魏洛阳地区的传统，这一点是否与墓主的种族有关，值得注意。又如傅家第二石在构图上采用了粟特人的范式，主题却与原来大相径庭。墓主本人坦然坐在虞弘墓中属于一位尊神的筌蹄上，而旁边的粟特人却被刻画得形体矮小，一副毕恭毕敬的姿态，设计者似乎忘记了画像粉本来源于粟特人这一事实。这种矛盾的现象透露出墓主对于其身份和所属文化根深蒂固的优越感，耐人寻味。

图 303　嘉祥徐敏行墓墓主画像局部（郑岩绘图）

图 304　太原虞弘墓石棺墓主画像（采自《文物》2001 年 1 期，页 37）

　　Miho 石棺床与安伽石棺床上所见的鞍马和牛车无疑来自中原汉文化，但是当这些题材再次出现在傅家石棺上时，又与 Miho 画像的构图如此相似，使我们难以判断这些图像的文化属性。这可以作为文化融合与交流的过程中同一图像在不同性质的文化中来回传动的一个典型案例。

无论汉化还是胡化，都是对自身文化的改造和对其他文化的利用，"化"的过程必然受到许多因素的影响，而融合与转化的程度也可以分为不同的层次，所涉及的问题相当复杂。如果将安阳、安伽、Miho 的石棺床和虞弘石棺等视为比较典型的入华粟特人丧葬美术的样式，而将崔芬墓等看作典型的汉人丧葬美术的标本，那么傅家石棺则可以当作这二者之间一种特殊的"混同形式"。如上所述，不同性质的文化相互"混同"的现象在这两类既有的传统中就已经存在了，但是，无论在虞弘墓还是崔芬墓，我们都能够比较容易地判断出其文化的基调色彩，而在傅家画像中，基调色彩则大大模糊了。这种现象的存在，提醒我们对于一些习惯使用的方法必须更加慎重。由于傅家墓志缺失，我们在上文不得不借助图像来判断墓主的身份，但是笔者所选取的是服饰和人物相貌这些比较具体的指标。假设当年刻有墓主肖像的几块石板没有被收集到，我们是否可以根据画像的"风格"等比较抽象一些的指标来作为判断社会、文化属性的标准呢？同样，如果没有墓志，我们根据壁画能否将固原隋大业六年（610 年）史射勿墓定为萨宝后裔的墓葬呢[1]？

不同文化之间的交流所带来的变化在不同地区、不同社会阶层中会有所差异，有时表现得比较显著，有时又会比较模糊。青州出现如此一座深受粟特文化影响的墓葬应是一个特例，它与粟特美术的密切联系需要通过一个比较直接的渠道来实现，即与粟特人的流寓和绘画粉本的流传有直接关系。我们必须注意避免把这一墓葬所得出的个别结论简单地普遍化、扩大化，就山东地区所发现的其他北朝墓葬来看，外来文化的影响并不都是如此显著。今后随着考古资料的丰富，我们还需要对墓葬中粟特美术的因素做进一步的定性定量分析，以获得更为具体的认识。

近年来南北朝时青州地区文化成分的复杂性颇受研究者关注。这一地区在东晋十六国后期曾是南燕建都之地，此后相继属东晋、刘宋、北魏、东魏、北齐。青州曾有半个世纪的时间处在南朝前期文化的氛围中；入魏以后，也不断受到来自南朝

---

[1]   史射勿墓志称："公讳射勿，字槃陀。平凉平高县人也，其先出自西国。曾祖妙尼，祖波波匿，并仕本国，俱为萨宝。"但墓葬中壁画的题材和布局与宁夏固原深沟村发掘的北周天和四年（569 年）柱国大将军、原州刺史河西公李贤的墓葬中壁画一脉相承，而看不出有明显的粟特文化色彩。宁夏文物考古研究所、宁夏固原博物馆：《宁夏固原隋史射勿墓发掘简报》，《文物》1992 年 10 期，页 15 ~ 22；宁夏回族自治区固原博物馆罗丰编著：《固原南郊隋唐墓地》，页 7 ~ 30，彩色图版 1 ~ 8，北京，文物出版社，1996 年。

的影响。因此，青州地区的考古学文化中至少有三个方面的因素，即来自河北京畿地区的影响、来自南朝的影响，以及当地的文化传统，这些因素在佛教造像和墓葬资料中都有不同程度的表现①。青州及其附近地区发现的墓葬，如临淄窝托村北朝崔氏墓地②、临朐北齐崔芬墓、济南北齐□道贵墓、济南东八里洼北齐壁画墓③等，均呈现出多元化的特色，这些墓葬缺乏某种必须严格遵守的规制，特别是壁画等图像表现出更大的自由度和不确定性，与两汉和唐代大一统时期各地文化面貌所表现出的强烈同一性有别，是南北朝时政权分立、人口流徙、思想多元、文化交融的结果。傅家画像石反映出青州一地的文化还存在外来的因素，可进一步加深我们对于这个问题的理解。

---

①　杨泓：《关于南北朝时青州考古的思考》，《文物》1998 年 2 期，页 46～53。

②　山东省文物考古研究所：《临淄北朝崔氏墓》，《考古学报》1984 年 2 期，页 221～244；淄博市博物馆、临淄区文管所：《临淄北朝崔氏墓地第二次清理简报》，《考古》1985 年 3 期，页 216～221。

③　山东省文物考古研究所：《济南市东八里洼北朝壁画墓》，《文物》1989 年 4 期，页 67～78。

结　语

以上对于魏晋南北朝壁画墓初步的讨论大致包括两个方面：一是通过比较、归纳、综合，将零散的材料构建为一个与历史背景基本相符的有机整体；二是在前一方面研究的基础上，通过分析、解释，挖掘材料中所包含的文化史价值，试图从一个新的视角观察这一时期的历史。上编比较偏重前一方面的讨论，下编则注重后一方面研究，但二者互有交叉，并不因为行文风格的差异而截然分开。

在上编分区分期研究中，有几个值得注意的问题：

（一）本书对壁画墓的分区研究主要建立在考古资料基础之上，同时，壁画墓的分区情况也基本符合当时的政治地图。我们可以看到，壁画墓集中的地区是不同时期的几个政治中心和文化中心，说明政治与军事的分割对于各地的文化面貌产生了较大的影响①。

（二）由于各个政治中心的不断转移，一个王朝的墓葬往往集中发现在某一区域，随着王朝的更替，壁画墓的分布区域也会发生变化。例如随着北魏政权的分裂，壁画墓所集中的区域便由原来的洛阳转移到邺城和关中等地。因此，在这一特殊时

---

① 徐苹芳在评论宿白关于石窟寺分区的研究时指出："宿先生对石窟寺分区的研究，可以说是为中国历史考古学的分区树立了一个典型的榜样。他的观点和方法，特别是指出了政治影响在考古学文化分区中所起的主导作用，是极其重要的。这是中国社会历史文化的特点。"徐苹芳：《中国历史考古学分区问题的思考》，《考古》2000 年 7 期，页 83。

期，壁画墓的分区不仅体现了一种空间关系，有时往往也表现为一种时间上的差异。

（三）魏晋南北朝跨越近四个世纪，各个时期呈现出不同的特征。从理论上讲，物质文化和精神文化的变革与政权的更替并不总是同步进行的，但是在魏晋南北朝时期，政权的更迭时常伴随着都城的迁移和人口的流徙，所以在这种情况下，壁画墓的分期基本上与政权更替相一致，换言之，政权更替在壁画墓发展演变的历史上留下了明显的印记。此外，由于军事和政治的对立，各地的文化面貌发展极不平衡，因此壁画墓的进一步分期在各地区之间无法同步进行。

下编的第五、六两部分，与上编分区与分期研究的关系比较紧密，所不同的是上编强调"分"，而这两项研究强调"合"。笔者基本的思路是将某一特定时段、特定地域内的材料放在一个更大的时间和空间坐标中进行观察，来探讨不同地区与不同时期壁画墓之间的联系及其历史意义，而这种分析的关键则是对壁画主题的解释。

政权分立和军事对峙一方面造成了文化交流的障碍，另一方面，军事征服与人口流徙又常常打破地域的阻隔，推动了各地区之间文化艺术的相互影响和作用，使之形成一个动态的复杂的整体。因此区域之间的文化关系是魏晋南北朝考古研究的一个重要课题。从对河西地区壁画墓的研究中，我们可以比较清楚地看到该地区与中原地区密切的联系；同样，南朝与北朝壁画墓也是在互相的影响和作用中发展演化的。在同一个政权的统治范围内，由于地理位置和文化传统等方面的差异，各个不同的小区之间的壁画墓也有不同的特征，同时也处在彼此的联系中，这一点在对北齐壁画墓的分析中可以比较明显地反映出来。

魏晋南北朝考古资料的过渡性特征表现在一方面继承改造了汉代以来的文化传统，另一方面产生了许多对后继时代有深远影响的新发明。将魏晋南北朝作为一个整体进行研究，就要时时注意与汉代、隋唐进行比较。通过对"邺城规制"的讨论，可以在一定程度上了解这些壁画墓在中国古代丧葬发展史中过渡性的地位与意义，观察从汉到唐墓葬壁画的具体变化。此外，魏晋南北朝是美术史的转型时期，"邺城规制"的出现，也体现了与礼制相结合的实用美术在这一背景下所发生的显著变化。一个时期的政治状况必然会在文化上留下烙印，特别是在上层社会的考古学遗存中，这个问题会更为明显，邺城的壁画墓也在一定意义上反映出政治权力对于艺术的影响。

图像分析是壁画墓研究关键的一个环节，本书第七、八两部分在这方面进行了一些尝试。借助对于江西南昌火车站东晋 3 号墓出土的一件漆盘的图像程序的分析，笔者讨论了南北朝墓葬中以竹林七贤与荣启期画像为代表的高士题材在墓葬中的含义与功能，认为这些人物画像建立在一种程式化基础之上，原有的人物个性和故事情节被淡化，而成为理想化的隐士或神仙的象征。这类题材表达了为社会所普遍认同的丧葬观念，因而受到当时不同社会阶层的喜爱。在这一分析中，笔者强调壁画中的图像是整个丧葬建筑和礼仪行为的一部分，因而对壁画主题的理解不能脱离当时的丧葬观念。

在第八部分中，我们还可以看到由于壁画粉本的借用和改造所产生的图像主题与形式之间复杂的关系，这类现象启发我们在研究方法上进行反思，更自觉地探讨图像之间内在的逻辑与规律。魏晋南北朝文化还包括对于外来文化的吸收与利用，这一部分所讨论的青州傅家墓画像石包含双重的文化因素，可以借此观察到中外文化互动的背景下中国本土文化所发生的变化。祆教美术是近年来比较引人注目新课题，这方面的研究基础还比较薄弱，青州傅家画像石资料本身也不够完整，因此这一讨论的意义主要还在于提出一点新的问题，而不在于最终解决问题。

此外，笔者在研究中还或多或少地注意到一些富有时代特色的思想和宗教观念在不同社会层面的反映。墓葬壁画所反映的更多是为社会普遍接受的观念，即使在帝王墓葬中的壁画也必须符合当时通行的对死亡和丧葬的认识，因此这些图像大部分不是精英文化的组成部分。而像河西地区的魏晋壁画墓，则属于社会中下层。因此，当时所流行的玄学、儒学、佛教、道教等，在图像中的反映与在文献中的反映是有差别的，这些思想与墓葬的关系都有待于更进一步的讨论。

像文字一样，图像也是历史的载体，它不仅能够印证文献的记载，同时也为我们观察历史提供了新的媒介和新的角度，这也正是考古材料所具有的"证史"与"补史"双重价值的体现。由墓葬壁画观察当时的物质文化或其精神文化，所面对的是一些以"死"为中心的材料；但因为墓葬的营建、壁画的绘制，都是活着的人的行为，所以说到底，我们所探讨的仍是"生"的问题，即探索那个时代正在发生的一切。与文字不同的是，图像并不直接以"说"、"云"、"曰"的形式表达其思想，这些思想有时直露在那些"可见的"（即视觉的）形象的表面，有时又隐藏在形象的背后。这些图像在画家和与其同时代的观者看来，其含义是显而易见的，由于时移势易往往变得模糊不清。

　　立足于扎实的材料，着眼于个案研究的积累，注重基础分析和中间层面的研究，勇于在方法论上试验和探索，从图像中解读出那些曾经存在过的意义，这些应当是今天研究者的任务。具体到魏晋南北朝壁画墓的研究，未知仍然远远大于已知，本书的尝试都还是初步的，结论也是暂时的，我期待着新的材料和研究来刷新、修正、完善，乃至否定。

主要参考文献

中文部分

班固:《汉书》,北京,中华书局,1962 年。

北京历史博物馆、河北省文物管理委员会:《望都汉墓壁画》,北京,中国古典艺术出版社,1955 年。

蔡鸿生:《唐代九姓胡与突厥文化》,北京,中华书局,1998 年。

常州市博物馆:《常州南郊戚家村画像砖墓》,《文物》1979 年 3 期,页 32 ~ 41。

常州市博物馆、武进县博物馆:《江苏常州南郊画像、花纹砖墓》,《考古》1994 年 12 期,页 1097 ~ 1103。

朝阳地区博物馆、朝阳县文化馆:《辽宁朝阳发现北燕、北魏墓》,《考古》1985 年 10 期,页 915 ~ 929。

陈大为:《朝阳县沟门子晋壁画墓》,《辽海文物学刊》1990 年 2 期,页 12 ~ 14、28。

陈寿:《三国志》,北京,中华书局,1959 年。

陈寅恪:《隋唐制度渊源略论稿》,北京,生活·读书·新知三联书店,1954 年。

陈直:《对南京西善桥南朝墓砖刻竹林七贤图的管见》,《文物》1961 年 10 期,页 47 ~ 48。

磁县文化馆:《河北磁县东陈村东魏墓》,《考古》1977 年 6 期,页 391 ~ 400、428。

磁县文化馆:《河北磁县北齐高润墓》,《考古》1979 年 3 期,页 235 ~ 243 转 234。

磁县文化馆:《河北磁县东魏茹茹公主墓发掘简报》,《文物》1984 年 4 期,页 1 ~ 15。

磁县文化馆:《河北磁县东陈村北齐尧峻墓》,《文物》1984 年 4 期,页 16 ~ 22。

大同市博物馆、山西省文物工作委员会:《大同方山北魏永固陵》,《文物》1978 年 7 期,页 29 ~ 35。

大同市考古研究所、山西省考古研究所:《大同市北魏宋绍祖墓发掘简报》,《文物》2001 年 7 期,页 38 ~ 58。

町田章(劳继译):《南齐帝陵考》,《东南文化》编辑部编:《东南文化》第 2 辑,页 43 ~ 63,南京,江苏古籍出版社，1987 年。

东北博物馆：《辽阳三道壕两座壁画墓的清理工作简报》，《文物参考资料》1955 年 12 期，页 49～58。

杜佑：《通典》，北京，中华书局，1984 年。

段成式：《酉阳杂俎》，北京，中华书局，1981 年。

敦煌文物研究所：《中国石窟·敦煌莫高窟》，北京，文物出版社、平凡社，1999 年。

俄军、郑炳林、高国祥：《甘肃出土魏晋唐墓壁画》，兰州，兰州大学出版社，2009 年。

范祥雍：《洛阳伽蓝记校注》，上海，上海古籍出版社，1978 年新 1 版。

范晔：《后汉书》，北京，中华书局，1965 年。

房玄龄等：《晋书》，北京，中华书局，1974 年。

费振刚、胡双宝、宗明华辑校：《全汉赋》，北京，北京大学出版社，1993 年。

冯普仁：《南朝墓葬的类型与分期》，《考古》1985 年 3 期，页 269～278。

福建省博物馆：《福建闽侯南屿南朝墓》，《考古》1980 年 1 期，页 59～65。

甘肃省博物馆：《酒泉、嘉峪关晋墓的发掘》，《文物》1979 年 6 期，页 1～16。

甘肃省文物队、甘肃省博物馆、嘉峪关市文物管理所：《嘉峪关壁画墓发掘报告》，北京，文物出版社，1985 年。

甘肃省文物管理委员会：《酒泉下河清第 1 号和第 18 号墓发掘简报》，《文物》1959 年 10 期，页 71～76。

甘肃省文物考古研究所：《酒泉十六国墓壁画》，北京，文物出版社，1989 年。

甘肃省文物考古研究所：《甘肃酒泉西沟村魏晋墓发掘报告》，《文物》1996 年 7 期，页 4～7。

甘肃省文物考古研究所戴春阳主编：《敦煌佛爷庙湾西晋画像砖墓》，北京，文物出版社，1998 年。

龚方震、晏可佳：《祆教史》，上海，上海社会科学出版社，1998 年。

郭建邦：《北魏宁懋石室线刻画》，北京，人民美术出版社，1987 年。

郭玉堂：《洛阳出土石刻时地记》，洛阳，洛阳商务印书馆、洛阳中华书局，1941 年。

韩伟：《北周安伽墓围屏石榻之相关问题浅见》，《文物》2001 年 1 期，页 90～101。

河北省博物馆、文物管理处：《河北平山北齐崔昂墓调查报告》，《文物》1973 年 11 期，页 27～38。

河北省文管会：《河北景县北魏高氏墓发掘简报》，《文物》1979 年 3 期，页 17～31。

河北省文物管理委员会：《河北磁县讲武城古墓清理简报》，《考古》1959 年 1 期，页 24～26。

河北省文物研究所：《安平东汉壁画墓》，北京，文物出版社，1990 年。

河南省文物研究所：《密县打虎亭汉墓》，北京，文物出版社，1993 年。

河南省博物馆：《河南安阳北齐范粹墓发掘简报》，《文物》1972 年 1 期，页 47～57。

河南省文化局文物工作队：《邓县彩色画象砖墓》，北京，文物出版社，1958 年。

洪晴玉：《关于冬寿墓的发现和研究》，《考古》1959 年 1 期，页 27～35。

湖南省文物管理委员会：《长沙烂泥冲齐代砖室墓清理简报》，《文物参考资料》1957 年 12 期，页 45～46

转51。

黄明兰：《西晋裴祇墓和北魏元暐两墓拾零》，《文物》1982 年 1 期，页 70～73。

黄明兰：《洛阳北魏世俗石刻线画集》，北京，人民美术出版社，1987 年。

济南市博物馆：《济南市马家庄北齐墓》，《文物》1985 年 10 期，页 42～48 转 66。

嘉峪关市文物清理小组：《嘉峪关汉画像砖墓》，《文物》1972 年 12 期，页 24～41。

嘉峪关市文物管理所：《嘉峪关新城十二、十三号画像砖墓发掘简报》，《文物》1982 年 8 期，页 7～15。

金维诺：《中国美术史论集》，北京，人民美术出版社，1981 年。

金维诺：《北齐绘画遗珍》，《中国艺术》创刊号，页 18～21，北京，人民美术出版社，1985 年。

姜伯勤：《萨宝府制度源流论略》，饶宗颐主编：《华学》第 3 辑，页 290～308，北京，紫禁城出版社，1998 年。

姜伯勤：《安阳北齐石棺床的图像考察与入华粟特人的祆教美术》，《艺术史研究》第 1 辑，页 151～186，广州，中山大学出版社，1999 年。

姜伯勤：《隋检校萨宝虞弘墓石椁画像石图像程序试探》，巫鸿主编：《汉唐之间文化艺术的互动与交融》，页 29～50，北京，文物出版社，2001 年。

江苏省美术馆编：《六朝艺术》，南京，江苏美术出版社，1996 年。

江西省文物考古研究所、南昌市博物馆：《南昌火车站东晋墓葬群发掘简报》，《文物》2001 年 2 期，页 12～41。

李贵龙、王建勤主编：《绥德汉代画像石》，西安，陕西美术出版社，2001 年。

李林、康兰英、赵力光：《陕北汉代画像石》，西安，陕西人民出版社，1995 年。

李庆发：《辽阳上王家村晋代壁画墓清理简报》，《文物》1959 年 7 期，页 60～62。

李清泉：《论宣化辽墓壁画创作的有关问题》，山东大学考古学系编：《刘敦愿先生纪念文集》，页 488～502，济南，山东大学出版社，1998 年。

李文信：《辽阳北园壁画古墓记略》，《国立沈阳博物馆筹备委员会汇刊》第 1 期，页 122～163，1947 年。

李文信：《辽阳发现的三座壁画古墓》，《文物参考资料》1955 年 5 期，页 15～42。

李延寿：《南史》，北京，中华书局，1971 年。

李宗道、赵国璧：《洛阳 16 工区曹魏墓清理》，《考古通讯》1958 年 7 期，页 51～53。

黎瑶渤：《辽宁北票县西官营子北燕冯素弗墓》，《文物》1973 年 3 期，页 2～28。

辽宁省博物馆冯永谦、韩宝兴、刘忠诚，辽阳博物馆邹宝库、柳川、肖世星：《辽阳旧城东门里东汉壁画墓发掘报告》，《文物》1985 年 6 期，页 25～42。

辽宁省博物馆文物队、朝阳地区博物馆文物队、朝阳县文化馆：《朝阳袁台子东晋壁画墓》，《文物》1984 年 6 期，页 29～45。

辽宁省文物考古研究所：《辽宁辽阳南环街壁画墓》，《北方文物》1998 年 3 期，页 22～25。

辽阳博物馆：《辽阳市三道壕西晋墓清理简报》，《考古》1990 年 4 期，页 333～336 转 374。

辽阳市文物管理所：《辽阳发现三座壁画墓》，《考古》1980 年 1 期，页 56～58 转 65。

林圣智：《〈竹林七贤与荣启期图〉研究》，台湾大学艺术史研究所硕士论文，1994 年。

林树中：《江苏丹阳南齐陵墓砖印壁画探讨》，《文物》1977 年 1 期，页 64～73。

林树中：《常州画像砖墓的年代与画像砖艺术》，《文物》1979 年 3 期，页 42～45 转 48。

临朐县博物馆：《北齐崔芬壁画墓》，北京，文物出版社，2002 年。

临沂市博物馆：《山东临沂金雀山画像砖墓》，《文物》1985 年 6 期，页 72～78。

刘俊喜主编：《大同雁北师院北魏墓群》，北京，文物出版社，2008 年。

刘彦军：《简论五胡十六国和北朝时期的北方墓葬》，《中原文物》1986 年 3 期，页 100～106。

柳涵：《邓县画像砖墓的时代和研究》，《考古》1958 年 5 期，页 255～261 转 263。

逯钦立辑校：《先秦汉魏晋南北朝诗》，北京，中华书局，1983 年。

罗丰：《萨宝：一个唐朝唯一外来官职的再考察》，《唐研究》第 4 卷，页 215～249，北京，北京大学出版社，1998 年。

罗宗真：《南京西善桥油坊村南朝大墓的发掘》，《考古》1963 年 6 期，页 291～300 转 290。

罗宗真：《六朝陵墓埋葬制度综述》，《中国考古学会第一次年会论文集（1979 年)》，页 358～366，北京，文物出版社，1980 年。

罗宗真：《六朝考古》，南京，南京大学出版社，1994 年。

洛阳博物馆：《河南洛阳北魏元乂墓调查》，《文物》1974 年 12 期，页 53～55。

洛阳市文物工作队：《洛阳曹魏正始八年墓发掘报告》，《考古》1989 年 4 期，页 313～318。

洛阳市文物工作队：《洛阳孟津北陈村北魏壁画墓》，《文物》1995 年 8 期，页 26～35。

洛阳市文物管理局、洛阳古代艺术博物馆：《洛阳古代墓葬壁画》，郑州，中州古籍出版社，2010 年。

吕章申主编：《中国国家博物馆》，北京，长征出版社，2011 年。

马忠理：《磁县北朝墓群——东魏北齐陵墓兆域考》，《文物》1994 年 11 期，页 56～67。

孟凡人：《吐鲁番十六国时期的墓葬壁画和纸画略说》，赵华编：《吐鲁番古墓葬出土艺术品》，页 1～9，乌鲁木齐，新疆美术摄影出版社、新西兰霍兰德出版有限公司，1992 年。

南京博物院：《南京富贵山东晋墓发掘报告》，《考古》1966 年 4 期，页 197～204。

南京博物院：《江苏丹阳胡桥南朝大墓及其砖刻壁画》，《文物》1974 年 2 期，页 44～56。

南京博物院：《江苏丹阳胡桥、建山两座南朝墓葬》，《文物》1980 年 2 期，页 1～17。

南京博物院：《试谈"竹林七贤及荣启期"砖印壁画问题》，《文物》1980 年 2 期，页 18～22 转 36。

南京博物院、南京市文物保管委员会：《南京西善桥南朝墓及其砖刻壁画》，《文物》1960 年 8、9 期合刊，页 37～42。

南京市博物馆：《南京油坊桥发现一座南朝画像砖墓》，《考古》1990 年 10 期，页 898～902。

南京市博物馆：《南京西善桥南朝墓》，《文物》1993 年 11 期，页 19～23。

南京市博物馆：《六朝风采》，北京，文物出版社，2004 年。

南京市文物保管委员会：《南京六朝墓清理简报》，《考古》1959 年 5 期，页 231～236。

内蒙古自治区博物馆文物工作队：《和林格尔汉墓壁画》，北京，文物出版社，1978 年。

宁夏固原博物馆：《固原北魏墓漆棺画》，银川，宁夏人民出版社，1988 年。

宁夏回族自治区博物馆、宁夏固原博物馆：《宁夏固原北周李贤夫妇墓发掘简报》，《文物》1985 年 11 期，页 1～20。

宁夏回族自治区固原博物馆罗丰编著：《固原南郊隋唐墓地》，北京，文物出版社，1996 年。

宁夏文物考古所固原工作站：《固原北周宇文猛墓发掘简报》，许成主编：《宁夏考古文集》，页 134～147、216，银川，宁夏人民出版社，1996 年。

宁夏文物考古研究所、宁夏固原博物馆：《宁夏固原隋史射勿墓发掘简报》，《文物》1992 年 10 期，页 15～22。

任继愈主编：《中国道教史》，上海，上海人民出版社，1990 年。

荣新江：《龙家考》，《中亚学刊》第 4 辑，页 144～160，北京，北京大学出版社，1995 年。

荣新江：《粟特祆教美术东传过程中的转化——从粟特到中国》，巫鸿主编：《汉唐之间文化艺术的互动与交融》，页 51～72，北京，文物出版社，2001 年。

荣新江：《隋及唐初并州的萨宝府与粟特聚落》，《文物》2001 年 4 期，页 84～89。

荣新江：《中古中国与外来文明》，北京，生活·读书·新知三联书店，2001 年。

山东省博物馆：《山东嘉祥英山一号隋墓清理简报》，《文物》1981 年 4 期，页 28～33。

山东省博物馆、山东省文物考古研究所：《山东汉画像石选集》，济南，齐鲁书社，1982 年。

山东省文物考古研究所：《临淄北朝崔氏墓》，《考古学报》1984 年 2 期，页 221～244。

山东省文物考古研究所：《济南市东八里洼北朝壁画墓》，《文物》1989 年 4 期，页 67～78。

山东省文物考古研究所、临朐县博物馆：《山东临朐北齐崔芬壁画墓》，《文物》2002 年 4 期，页 4～25。

山西省考古研究所、大同市考古研究所：《大同市北魏宋绍祖墓发掘简报》，《文物》2001 年 7 期，页 19～39。

山西省考古研究所、太原市考古研究所、太原市晋源区文物旅游局：《太原隋代虞弘墓清理简报》，《文物》2000 年 1 月，页 27～52。

山西省考古研究所、太原市文物管理委员会：《太原市北齐娄叡墓发掘简报》，《文物》1983 年 10 期，页 1～23。

山西省考古研究所、太原市文物管理委员会：《太原南郊北齐壁画墓》，《文物》1990 年 12 期，页 1～10。

山西省考古研究所、太原市文物考古研究所：《北齐东安王娄睿墓》，北京，文物出版社，2006 年。

山西省考古研究所、太原市文物考古研究所、太原市晋源区文物旅游局：《太原隋虞弘墓》，北京，文物出版社，2005 年。

陕西省博物馆等唐墓发掘组：《唐章怀太子墓发掘简报》，《文物》1972 年 7 期 1，页 13～25。

陕西省考古研究所：《西安北郊北周安伽墓发掘简报》，《考古与文物》2000 年 6 期，页 28～35。

陕西省考古研究所：《西安发现的北周安伽墓》，《文物》2001 年 1 期，页 4～26。

陕西省考古研究所：《西安北周安伽墓》，北京，文物出版社，2003 年。

陕西省考古研究所、西安交通大学：《西安交通大学西汉壁画墓》，西安，西安交通大学出版社，1991 年。

陕西省文物管理委员会：《潼关吊桥汉代杨氏墓群发掘简记》，《文物》1961 年 1 期，页 56～66。

上海古籍出版社编：《汉魏六朝笔记小说大观》，上海，上海古籍出版社，1999 年。

尚晓波：《朝阳地区两晋时期墓葬类型分析》，吉林大学考古系编：《青果集——吉林大学考古系建系十周年纪念文集》，页 351～354，北京，知识出版社，1998 年。

沈约：《宋书》，北京，中华书局，1974 年。

石家庄地区革委会文化局文物发掘组：《河北赞皇东魏李希宗墓》，《考古》1977 年 6 期，页 382～390 转 372。

史树青：《从娄叡墓壁画看北齐画家手笔》，《文物》1983 年 10 期，页 29～30。

史树青：《娄叡墓壁画及作者考订》，《中国艺术》创刊号，页 22，北京，人民美术出版社，1985 年。

市所：《太原发现大型北齐壁画墓》，《中国文物报》2001 年 10 月 3 日，第 1 版。

司马迁：《史记》，北京，中华书局，1959 年。

宋伯胤：《竹林七贤砖画散考》，《新亚学术集刊》第 4 期（1983 年），页 215～227。

苏俊、王大方、刘幻真：《内蒙古和林格尔北魏壁画墓发掘的意义》，《中国文物报》1993 年 11 月 28 日，3 版。

宿白：《太原北齐娄叡墓参观记》，《文物》1983 年 10 期，页 24～26。

宿白：《中国石窟寺研究》，北京，文物出版社，1996 年。

宿白：《关于河北四处古墓的札记》，《文物》1996 年 9 期，页 58～62。

宿白：《青州龙兴寺窖藏所出佛像的几个问题——青州城与龙兴寺之三》，《文物》1999 年 10 期，页 44～59。

宿白主编：《中国美术全集·绘画编 12·墓室壁画》，北京，文物出版社，1989 年。

孙机：《汉代物质文化资料图说》，北京，文物出版社，1991 年。

孙机：《中国古舆服论丛》，北京，文物出版社，1993 年。

孙机：《中国圣火——中国古文物与东西文化交流中的若干问题》，沈阳，辽宁教育出版社，1996 年。

孙机、杨泓：《文物丛谈》，北京，文物出版社，1991 年。

太原市文物考古研究所：《北齐徐显秀墓》，北京，文物出版社，2005 年。

汤池主编：《中国画像石全集》第五卷，济南，山东美术出版社，郑州，河南美术出版社，2000 年。

天水市博物馆：《天水市发现隋唐屏风石棺床墓》，《考古》1992 年 1 期，页 46 ~ 54。

田立坤：《鲜卑文化源流的考古学考察》，吉林大学考古学系编：《青果集——吉林大学考古专业成立二十周年考古论文集》，页 361 ~ 367，北京，知识出版社，1993 年。

田立坤：《三燕文化与高句丽考古遗存之比较》，吉林大学考古系编：《青果集——吉林大学考古系建系十周年纪念文集》，页 328 ~ 341，北京，知识出版社，1998 年。

田立坤：《三燕文化墓葬的类型与分期》，《汉唐之间文化互动与交融国际学术研讨会论文汇编》，北京大学，2000 年 7 月。

万绳楠整理：《陈寅恪魏晋南北朝史讲演录》，合肥，黄山书社，1987 年。

王国维：《水经注校》，上海，上海人民出版社，1984 年。

王克林：《北齐库狄迴洛墓》，《考古学报》1979 年 3 期，页 377 ~ 402。

王明：《抱朴子内篇校释》，北京，中华书局，1985 年。

王素：《梁元帝〈职贡图〉新探——兼说滑及高昌国史的几个问题》，《文物》1992 年 2 期，页 72 ~ 80。

王素：《吐鲁番出土〈地主生活图〉新探》，《文物》1994 年 8 期，页 90 ~ 92。

王素：《吐鲁番晋十六国墓葬所出纸画和壁画》，《文物天地》1992 年 4 期，页 27 ~ 31。

王太明、贾文亮：《山西榆社县发现北魏画像石棺》，《考古》1993 年 8 期，页 767。

王银田、刘俊喜：《大同智家堡北魏石椁壁画墓》，《文物》2001 年 7 期，页 40 ~ 51。

王增新：《辽宁辽阳县南雪梅村壁画墓及石墓》，《考古》1960 年 1 期，页 16 ~ 19。

王增新：《辽阳市棒台子二号壁画墓》，《考古》1960 年 1 期，页 20 ~ 23。

王志高：《简议西善桥“竹林七贤”砖印壁画墓时代及墓主身份》，《中国文物报》1998 年 12 月 30 日，3 版。

王子云：《中国古代石刻画选集》，北京，中国古典艺术出版社，1957 年。

魏收：《魏书》，北京，中华书局，1974 年。

魏徵等：《隋书》，北京，中华书局，1973 年。

巫鸿（陈星灿译）：《礼仪中之美术：马王堆的再思》，中国社会科学院考古研究所：《考古学的历史·理论·实践》，页 404 ~ 430，郑州，中州古籍出版社，1996 年。

巫鸿（郑岩译）：《何为变相？——兼论敦煌艺术与敦煌文学的关系》，《艺术史研究》第 2 辑，页 53 ~ 109，广州，中山大学出版社，2000 年。

巫鸿主编：《汉唐之间的宗教艺术与考古》，北京，文物出版社，2000 年。

巫鸿主编：《汉唐之间文化艺术的互动与交融》，北京，文物出版社，2001 年。

武汉市博物馆：《武昌东湖三官殿梁墓清理简报》，《江汉考古》1991 年 2 期，页 23 ~ 28。

夏名采：《益都北齐石室墓线刻画像》，《文物》1985 年 10 期，页 49～54。

夏名采：《青州傅家北齐画像石补遗》，《文物》2001 年 5 期，页 92～93。

咸阳市文管会、咸阳博物馆：《咸阳市胡家沟西魏侯义墓清理简报》，《文物》1987 年 12 期，页 57～68。

襄樊市文物管理处：《襄阳贾家冲画像砖墓》，《江汉考古》1986 年 1 期，页 16～33。

萧统编：《文选》，北京，中华书局，1971 年。

萧子显：《南齐书》，北京，中华书局，1972 年。

新疆博物馆考古队：《吐鲁番哈喇和卓古墓群发掘简报》，《文物》1978 年 6 期，页 1～9。

信立祥：《汉画像石综合研究》，北京，文物出版社，2000 年。

徐婵菲：《洛阳北魏元怿墓壁画》，《文物》2002 年 2 期，页 89～92。

徐光冀主编：《中国出土壁画全集》，北京，科学出版社，2012 年。

徐苹芳：《中国秦汉魏晋南北朝时代的陵园和茔域》，《考古》1981 年 6 期，页 521～530。

徐苹芳：《中国石窟寺考古学的创建历程——读宿白先生〈中国石窟寺研究〉》，《文物》1998 年 2 期，页 54～63。

徐苹芳：《中国历史考古学分区问题的思考》，《考古》2000 年 7 期，页 81～87。

徐震堮：《世说新语校笺》，北京，中华书局，1984 年。

阎根齐主编：《芒砀山西汉梁王墓地》，北京，文物出版社，2001 年。

扬州博物馆：《江苏邗江发现两座南朝画像砖墓》，《考古》1984 年 3 期，页 243～248 转 263。

杨泓：《美术考古半世纪——中国美术考古发现史》，北京，文物出版社，1997 年。

杨泓：《关于南北朝时青州考古的思考》，《文物》1998 年 2 期，页 46～53。

杨泓：《汉唐美术考古和佛教艺术》，北京，科学出版社，2000 年。

杨泓、孙机：《寻常的精致》，沈阳，辽宁教育出版社，1996 年。

杨效俊：《东魏、北齐墓葬的考古学研究》，《考古与文物》2000 年 5 期，页 68～88。

姚迁、古兵：《六朝艺术》，北京，文物出版社，1981 年。

叶昌炽撰、柯昌泗评：《语石/语石异同评》，北京，中华书局，1994 年。

俞伟超：《先秦两汉考古学论集》，北京，文物出版社，1985 年。

俞伟超：《考古学是什么——俞伟超考古学理论文选》，北京，中国社会科学出版社，1996 年。

贠安志：《中国北周珍贵文物》，西安，陕西人民美术出版社，1993 年。

原州联合考古队：《北周田弘墓——原州联合考古队发掘调查报告 2》，东京，勉诚出版，2000 年。

原州联合考古队：《北周田弘墓》，北京，文物出版社，2008 年。

云南省文物工作队：《云南省昭通后海子东晋壁画墓清理简报》，《文物》1963 年 12 期，页 1～6。

曾昭燏、蒋宝庚、黎忠义：《沂南古画像石墓发掘报告》，北京，文化部文物事业管理局，1956 年。

淄博市博物馆、临淄区文管所：《临淄北朝崔氏墓地第二次清理简报》，《考古》1985 年 3 期，页 216～221。

张安治主编：《中国美术全集·绘画编1·原始社会至南北朝绘画》，北京，人民美术出版社，1986年。

张朋川：《酒泉丁家闸古墓壁画艺术》，《文物》1979年6期，页18~21。

张平一：《河北吴桥县发现东魏墓》，《考古通讯》1956年6期，页42~43。

张小舟：《北方地区魏晋十六国墓葬的分区与分期》，《考古学报》1987年1期，页19~43。

张彦远：《历代名画记》，北京，人民美术出版社，1963年。

张掖地区文物管理办公室、高台县博物馆：《甘肃高台骆驼城画像砖墓调查》，《文物》1997年12期，页44~51。

赵殿增、袁曙光：《"天门"考——兼论四川汉画像砖（石）的组合与主题》，《四川文物》1990年6期，页3~11。

赵永洪：《由墓室到墓道——南北朝墓葬所见之仪仗表现与丧葬空间的变化》，巫鸿主编：《汉唐之间文化艺术的互动与交融》，页427~462，北京，文物出版社，2001年。

镇江市博物馆：《镇江东晋画像砖墓》，《文物》1973年4期，页51~57。

郑岩：《酒泉丁家闸十六国墓社树壁画考》，《故宫文物月刊》总143期（1995年2月），页44~52。

郑岩：《墓主画像研究》，山东大学考古学系编：《刘敦愿先生纪念文集》，页450~468，山东大学出版社，1998年。

郑岩：《汉代艺术中的胡人图像》，《艺术史研究》第1辑，页133~150，广州，中山大学出版社，1999年。

中国大百科全书总编辑委员会《考古学》编辑委员会、中国大百科全书出版社编辑部编：《中国大百科全书·考古学》，北京，中国大百科全书出版社，1986年。

中国科学院考古研究所：《新中国的考古收获》，北京，文物出版社，1962年。

中国社会科学院考古研究所：《唐长安城郊隋唐墓》，北京，文物出版社，1980年。

中国社会科学院考古研究所：《新中国的考古发现和研究》，北京，文物出版社，1984年。

中国社会科学院考古研究所、河北省文物研究所：《磁县湾漳北朝壁画墓》，北京，科学出版社，2003年。

中国社会科学院考古研究所、河北省文物研究所邺城考古工作队：《河北磁县湾漳北朝墓》，《考古》1990年7期，页601~607、600。

中国社会科学院考古研究所洛阳汉魏城队、洛阳古墓博物馆：《北魏宣武帝景陵发掘报告》，《考古》1994年9期，页801~814。

周到主编：《中国美术分类全集·中国画像石全集·石刻线画》，郑州，河南美术出版社，2000年。

周绍良：《唐代墓志汇编》，上海，上海古籍出版社，1992年。

周天游主编：《章怀太子墓壁画》，北京，文物出版社，2002年。

周一良：《魏晋南北朝史札记》，北京，中华书局，1985 年。

朱锡禄：《武氏祠汉画像石》，济南，山东美术出版社，1986 年。

《诸子集成》，上海，上海书店，1986 年。

日文部分

奥村伊九良：《鍍金孝子傳石棺の刻畫に就て》，《瓜茄》第 5 號，頁 359，大阪，瓜茄研究所，
1939 年。

蘇哲：《東魏北斉壁画墓の等級差別と地域性》，《博古研究》第 4 號，頁 1 ~ 26，1992 年 10 月。

曽布川寛：《南朝帝陵の石獣と磚畫》，《東方学報》第 63 號，1991 年，頁 115 ~ 263。

曽布川寛、岡田健：《世界美術大全集・東洋編》第 3 卷，東京，小学館，2000 年。

朝鮮民主主義人民共和国社会科学院，朝鮮画報社《德興里高句麗壁画古墳》，東京，講談社，
1986 年。

町田章：《古代東アジアの装飾墓》，京都，同朋舎，1987 年。

長広敏雄：《晋・宋間の竹林七賢と栄啓期の画図》，《国華》第 857 號，1963 年，頁 15 ~ 21。

長広敏雄：《六朝時代美術の研究》，東京，美術出版社，1969 年。

羅豐：《固原漆棺畫に見えるペルシャの風格》，《古代文化》第 44 卷 8 号，頁 45 ~ 46，京都，
1992 年。

英文部分

Azarpay, Guitty, "Some Iranian Iconographic Formulae in Sogdian Painting", *Iranica Antiqua*, XI, pp. 174-177.

Belenitsky, Aleksandr, *The Ancient Civilization of Central Asia*, London, Barrie & Rockliff: The Cresset Press, 1969.

Fairbank, Wilma, *Adventures in Retrieval*, Cambridge Mass. , Harvard University Press, 1972.

Juliano, Annette L, *Teng-hsien: An Important Six Dynasties Tomb*, Ascona, Switzerland, Artibus Asiae Publishers, 1980.

Juliano, Annette L. and Lerner, Judith A, "Cultural Crossroad: Central Asian and Chinese Entertainers on the Miho funerary Couch", *Orientations*, October, 1997, pp. 72-78.

Juliano, Annette L. and Lerner, Judith, A. , *Monks and Merchants: Silk Road Treasures from Northwest China*, Harry N. Abrams, Inc, with the Asia Society, 2001.

Kim, Lena, *Koguryo Tomb Murals*, Seoul: ICOMOS-Korea, Culture Properties Administration, 2004.

Laing, Ellen Johnston, "Neo-Taoism and the 'Seven Sages of the Bamboo Grove' in Chinese Painting", *Artibus Asiae*, 36 (1974) pp. 5-54.

Scaglia, Gustina, "Central Asians on a Northern Ch'i Gate Shrine", *Artibus Asiae*, vol. XXI, 1, 1958, pp. 9-28.

Spiro, Audrey, *Contemplating the Ancients*, Berkeley, University of California Press, 1990.

Stein, Aurel, *Innermost Asia*, Oxford, Oxford Clarendon Press, 1928.

Wang, Eugene Y, "Coffins and Confucianism-The Northern Wei Sarcophagus in The Minneapolis Institute of Arts", *Orientations*, vol. 30, no. 6, June 1999, pp. 56-64.

Watt, James C. Y. et al, *China: Dawn of a Golden Age, 200-750AD*, New Haven and London, Yale University Press, 2004.

Wu, Hung, *The Wu Liang Shrine: The Ideology of Early Chinese Pictorial Art*, Stanford, California, Stanford University Press, 1989.

Wu, Hung, "Art in Its Ritual Context: Rethinking Mawangdui", *Early China*, 17 (1992), pp. 111-145.

Wu, Hung, *Monumentality in Early Chinese Art and Architecture*, Stanford, California, Stanford University Press, 1995.

Wu, Hung, "Where Are They Going? Where Did They Come From? ——Hearse and 'Soul-carriage' in Han Dynasty Tomb Art", *Orientations*, June, 1998, pp. 22-31.

Wu, Wenqi, "Painted Murals of the Northern Qi Period", *Orientations*, vol. 29, no. 6, June 1998, pp. 60-69.

（本书所引其他有关文献因数量较多，未一一列出，详见各部分的注释。附录一、二所引文献也未在此处列出。）

致　谢

　　本书是在作者博士论文的基础上修改完成的，首先要感谢我的导师杨泓先生的鼓励与指导，并感谢他为本书作序。

　　在搜集资料的过程中，中国社会科学院考古研究所安家瑶教授、白云翔教授、赵永洪先生，陕西省考古研究所曹玮副所长，河北省文物研究所段宏振副所长，山西省考古研究所张庆捷所长、任志禄书记，太原市考古研究所渠传福先生、韩革女士，山东省青州市博物馆夏名采研究员，临朐县博物馆孙博馆长等给予支持与帮助。1998～1999 年我受美国华盛顿国家美术馆视觉艺术高级研究中心（Center for Advanced Study in Visual Art, National Gallery, Washington D. C. ）资助在该中心作访问研究期间，得以在华盛顿赛克勒—弗立尔美术馆（Arthur M. Sackler/ Freer Gallery of Art）、哈佛大学、芝加哥大学、芝加哥美术馆（The Art Institute of Chicago）、纳尔逊—阿特金斯美术馆（Nelson – Atkins Museum of Art）、旧金山亚洲艺术博物馆（Asian Art Museum, San Francisco）等大学和收藏机构收集相关资料，在此过程中，得到芝加哥大学巫鸿（Wu Hung）教授、蒋人和（Katherine R. Tsiang）教授、博士候选人郑如珀（Bonnie Cheng）女士，哈佛大学汪悦进（Eugene Y. Wang）教授、博士候选人焦天龙先生，华盛顿赛克勒—弗利尔美术馆图书馆馆长陈家仁（Lily Kecskes）女士，加州大学洛杉矶分校罗泰（Lothar Von Falkenhausen）教授，纳尔逊美术馆中国部主任杨晓能先生，芝加哥美术馆亚洲部副主任潘思婷（Elinor Pearlstein）女士，纽约大学博士候选人倪若雯（Lauren Nemroff）女士，旧金山亚洲艺术博物馆贺利女士，哥伦比亚大学许湘苓博士的帮助。中山大学姜伯勤教授、南京博物院宋伯胤教授、中国美术学院王伯敏教授、宁夏考古研究所罗丰所长、英国牛津大学罗森（Jessica Rawson）教授、日本滋贺县立大学菅谷文则教授、洛阳古墓博物馆徐婵菲女士、陕西历史博物馆杨效俊女士、日本京都大学博士候选人林圣智先生等惠赠资料。

　　原学位论文开题报告承中国社会科学院考古研究所刘庆柱、卢兆荫、孟凡人、安家瑶、白云翔等先生提出意见，学位论文完成后承答辩委员会刘庆柱、马世长、安家瑶、罗世平、白云翔先生，以及同行评议人信立祥、齐东方先生提出修改意见。部分章节承巫鸿教授、山东大学马良民教授、山东省石刻艺术博物馆杨爱国副研究员、中国美术学院博士研究生毕斐先生审读并提出修改意见。第五部分的草稿于2000年7月在北京大学召开的"汉唐之间文化互动与交融国际学术研讨会"宣读，第八部分曾于2001年7月在济南召开的"山东省首届文物科学报告月中心报告会"宣读，承与会学者提出意见。许多问题曾不断与我的学长广州美术学院李清泉君、我的同学范希春、龚国强、刘文锁、姜波、岳洪彬、赵海涛等诸君讨论。我在中国社会科学院研究生院学习期间，还曾得到刘凯军老师和李春林、何岁利先生的许多帮助。文物出版社为本书的出版提供了支持，责任编辑李红女士为此付出了艰辛的劳动。

　　谨向以上单位和个人表示衷心感谢。特别感谢山东省文化厅、山东省博物馆的前辈与同仁的帮助。

　　感谢巫鸿教授为本书作序。感谢母校山东大学著名学者、书法家蒋维崧先生题写书名。

　　文中一切错误与缺点均由笔者负责。

郑　岩
2002 年 4 月 9 日于济南

附录一
北朝葬具孝子图的形式与意义

在儒家思想作为主流意识形态的古代中国，孝子孝行题材的绘画、雕刻等（以下简称"孝子图"）数量极多，特别是在精英艺术以外的世俗与宗教艺术中，这类作品更为习见。如元代以降，《二十四孝图》等成套的作品就曾被大量复制，广泛传播。考古发现还揭示出这类题材在墓葬艺术中传承的历史，其中以汉代及辽宋金元时期的资料最为丰富①。此外，许多北朝葬具上的孝子图也引人注目。

带有画像的北朝葬具多为石质，主要有棺和棺床两种，其中棺又分房屋式和匣式，棺床上左、右、后三面立屏风，有的前面还有缩微的双阙和围墙。石棺和石棺床上以流畅细密的线条阴刻画像，常见墓主像、鞍马牛车，以及孝子图和升仙图等。

---

① 关于"二十四孝"及《二十四孝图》源流的研究，详赵超：《"二十四孝"在何时形成》，《中国典籍与文化》1998 年 1 期，页 50～55，2 期，页 40～45。关于墓葬系统孝子图的研究成果较多，汉代墓葬艺术中最具有代表性的两项发现分别见于山东嘉祥东汉武梁祠和内蒙古和林格尔小板申东汉墓，相关研究见巫鸿，柳杨、岑河译：《武梁祠——中国古代画像艺术的思想性》，页 181～201，北京，生活·读书·新知三联书店，2006 年；陈永志、黑田彰主编：《和林格尔汉墓孝子传图辑录》，北京，文物出版社，2009 年。关于宋金墓葬中孝子图的研究，邓菲：《关于宋金墓葬中孝行图的思考》，《中原文物》2009 年 4 期，页 75～81；万彦：《宋辽金元墓葬中女孝子图像的解读》，《艺术探索》2009 年 5 期，页 17～19。

画像原来贴金敷彩，至今多已脱落。《魏书·穆观传》所提到的"通身隐起金饰棺"①，可能就属于此类葬具。20 世纪初以来，北朝石葬具曾大量流散于海外，近年来，经过多方努力，又有多批回归国内②。

刻有孝子图的石葬具年代多属于北魏洛阳时代，2007 年河南安阳固岸东魏武定六年（548 年）谢氏冯僧晖墓出土的石棺床则是纪年较晚的一例③。此外，宁夏固原雷祖庙北魏墓出土的描金彩绘漆木棺④和南朝墓葬画像砖中所见的孝子图⑤，也可以与北朝石葬具上的材料进行比较研究⑥。

---

① 《魏书》，页 664，北京，中华书局，1974 年。

② 对于北朝石葬具比较集中的报道，郭玉堂：《洛阳出土石刻时地记》，洛阳，大华书报供应社，1941 年；王子云：《中国古代石刻画选集》，北京，中国古典艺术出版社，1957 年；黄明兰：《洛阳北魏世俗石刻线画集》，北京，人民美术出版社，1987 年；王树村主编：《中国美术全集·绘画编·石刻线画》，上海，上海人民美术出版社，1988 年；周到主编：《中国画像石全集》8 卷，济南、郑州，山东美术出版社、河南美术出版社，2000 年。有关综述，贺西林：《北朝画像石葬具的发现与研究》，巫鸿主编：《汉唐之间的视觉文化与物质文化》，页 341～376，北京，文物出版社，2003 年。此外，在北齐、北周至隋代入华西域人的墓葬中，也见有类似结构的石葬具，但图像内容大多与中原传统有所区别，更不见孝子图，故不在本文的讨论范围内。

③ 河南省文物考古研究所：《河南安阳固岸墓地考古发掘收获》，《华夏考古》2009 年 3 期，页 19～23，彩版 15～20。

④ 宁夏固原博物馆：《固原北魏墓漆棺画》，拉页线描图之三，银川：宁夏人民出版社，1988 年。

⑤ 河南省文化局文物工作队：《邓县彩色画象砖墓》，页 17 图 15，页 18 图 18，北京，文物出版社，1958 年；襄樊市文物管理处：《襄阳贾家冲画像砖墓》，《江汉考古》1986 年 1 期，页 16～33；杨一：《襄城区麒麟村南朝画像砖赏析》，《襄樊日报》2009 年 2 月 13 日，B3 版；http：//pic. cnhubei. com/space. php？uid = 274&do = picsel&id = 97712&page = 2，2016 年 3 月 25 日 16：24 最后检索。新近发掘的湖北襄阳柿庄 15 号墓也有孝子画像砖。

⑥ 关于北朝石葬具孝子图比较有代表性的研究成果，长广敏雄：《六朝時代美術の研究》，东京：美术出版社，1969 年；Eugene Wang, "Coffins and Confucianism: The Northern Wei Sarcophagus in the Minneapolis Institute of Arts," *Orientations*, 30, no. 6 (1999): 56－64; Eugene Wang, "Refiguring: The Visual Rhetoric of the Sixth－Century Northern Wei 'Filial Piety' Engravings, " in Shane McCausland ed. , *Gu Kaizhi and the Admonitions Scroll*, pp. 108－121 (London: The British Museum Press & Percival David Foundation of Chinese Art, 2003)；林聖智《北朝時代における葬具の図像と機能：石棺床囲屏の墓主肖像と孝子伝図を例として》，《美術史》总 154 期（2003 年），页 207～226；赵超：《关于伯奇的古代孝子图画》，《考古与文物》2004 年 3 期，页 68～72；邹清泉：《北魏孝子画像研究》，北京，文化艺术出版社，2007 年；罗丰：《从帝王到孝子——汉唐间图像中舜故事之流变》，《徐苹芳先生纪念文集》编辑委员会：《徐苹芳先生纪念文集》，页 637～671，上海，上海古籍出版社，2012 年。

　　南北朝孝子图流行的大背景是世风的变化。这时期王朝更迭频仍，赵翼慨叹"六朝忠臣无殉节者"①。近人蒙思明指出，魏晋以后家族地位压倒国家，孝亲比忠君更为重要，而"畸形的孝道"无非是为了维护和强化世族的地位②。唐长孺也谈到，除了门阀的经济与政治利益，司马氏夺取晋室政权，并不符合儒家标榜的"忠"的道德，这也促进了亲先于君、孝先于忠的观念的形成③。此外，还有学者从宫廷制度入手讨论北魏孝子图流行的原因④。

　　与丧葬相关的孝行，以及部分墓葬、葬具、壁画、随葬品等物质遗存，是孝的思想观念、道德规范的体现，反过来也积极、能动地形塑了这种意识形态。只停留在一般性的社会背景上，是无法具体解释葬具画像在题材、形式等方面特定的选择的。我们应致力于寻找现象和意义之间具体的链接方式，对图像做出解读。在这个方向上，我们所思考的问题应包括：在当时的丧葬环境中，制作这些图像的意图何在？图像以何种方式体现相关人物的意图？以特定形式表现的孝子图的意义是否被严格控制在儒家思想的范围之内？基于这样的认识，本文以郭巨等孝子图为例作些尝试性的讨论，其中既包括对于图像内部视觉元素的观察，也涉及针对图像外部的礼仪环境和人为因素的分析。

（一）

　　北朝葬具上所见郭巨画像数量较多，可以支持我们对其表现方式加以比较。郭巨故事的文本早在西汉已比较完整：

　　　　刘向《孝子图》曰：郭巨，河内温人。甚富，父没，分财二千万为两，分与两弟，已独取母供养。寄住邻，有凶宅无人居者，共推与之，居无祸患。妻产男，虑养之则防供养，乃令妻抱儿，欲掘地埋之，于土中得金一釜，上有铁券，云赐

---

① 赵翼：《陔余丛考》卷十七，页 322~324，上海，商务印书馆，1957 年。
② 蒙思明：《魏晋南北朝的社会》，页 128~131，上海，上海人民出版社，2007 年。
③ 唐长孺：《魏晋南朝的君父先后论》，氏著：《魏晋南北朝史论丛续编；魏晋南北朝史论拾遗》，页 235~250，北京，中华书局，2011 年。
④ 邹清泉：《北魏孝子画像研究》，页 76~116。

　　孝子郭巨。巨还宅主，宅主不敢受，遂以闻官，官依券题还巨，遂得兼养儿。①

　　这个故事颇不符合近人的观念②，但在南北朝时期却十分为流行。例如，在《宋书·孝义列传》中，郭巨的事迹被移植到郭世道身上："（世道）家贫无产业，佣力以养继母。妇生一男，夫妻共议曰：'勤身供养，力犹不足，若养此儿，则所费者大。'乃垂泣瘗之。"③ 山东长清孝里铺孝堂山东汉早期石祠，在北朝时期被误认为纪念郭巨的祠堂④，从中也可以看到郭巨在当时的影响。

　　目前所知最早的郭巨故事画像见于固原雷祖庙北魏墓出土的描金彩绘漆木棺⑤，其年代在太和八年至十年（484～486年）之间⑥。在这具已残破的漆木棺左侧上部横长的区域内，以三角形的火焰纹区隔，绘各种孝子图，其中至少用了三个单元表现郭巨故事，似为自左而右展开（图305，又见图88）。现存第一单元描绘郭巨掘地得金，有榜题曰"□衣德脱私不德与"；第二单元为郭巨夫妇并肩而立，有两则榜题，分别为"相将□土冢天赐皇今（黄金）一父（釜）"、"以食不足敬□曹（？）母"；第三单元描绘二人并坐于屋宇下，应为郭巨母与郭巨子，有榜题曰"孝子郭距

① 李昉等撰：《太平御览》卷四一一，页1898～1899，北京，中华书局，1960年。据邹清泉统计，郭巨故事还见于宋躬《孝子传》（《太平御览》卷八一一、《初学记》十七）、佚名《孝子传》（《法苑珠林》四十九），也见于敦煌本《孝子传》及日藏阳明本、船桥本《孝子传》（邹清泉：《北魏孝子画像研究》，页124～125）。另外，还见于晋干宝《搜神记》（干宝撰，汪绍楹校注：《搜神记》卷十一，页136，北京，中华书局，1979年）。
② 如鲁迅对郭巨故事就有严厉的批评，见《朝花夕拾·二十四孝图》，《鲁迅全集》2卷，页258～264，北京，人民文学出版社，2005年。
③ 《宋书》，页2243，北京，中华书局，1974年。
④ 蒋英炬认为，将长清孝堂山祠堂视为郭巨墓祠的说法始于北齐武平元年（570年）胡长仁《陇东王感孝颂》（蒋英炬：《孝堂山石祠管见》，南阳汉代画像石学术讨论会办公室编：《汉代画像石研究》，页206，北京，文物出版社，1987年）。林圣智则根据其中"访询耆旧"一语，认为胡长仁只是记录了流传于当地民间乡里的传说（林圣智：《北魏宁懋石室的图像与功能》，《美术史研究集刊》十八期，页48～49，台北，台湾大学艺术史研究所，2005年）。
⑤ 此前有研究者认为，河南登封太室山南麓东汉延光二年（123年）启母阙之西阙东面第五层画像"似为郭巨埋儿的故事"（吕品：《中岳汉三阙》，页37、69，页134，图124，北京，文物出版社，1990年），证据恐不充分。这幅画像刻一人坐于树下，另一人手执长物，似在耕作。画面中缺少郭巨妻、郭巨儿、金釜等必要的指标，如果是一幅孝子图的话，那么释为董永故事，亦无不可。
⑥ 关于该墓年代的讨论，详孙机：《固原北魏漆棺画》，氏著：《中国圣火——中国古文物与东西文化交流中的若干问题》，页122～138，沈阳，辽宁教育出版社，1996年。

图 305　固原雷祖庙漆木棺郭巨故事画像（采自宁夏固原博物馆：《固原北魏墓漆棺画》，
拉页线描图之三）

（巨）供养老母"。汉代画像大多用单幅画表现一个故事，除了抓取故事的高潮外，还努力将不同时空的情节集中在一起①。北朝时期的这种连续画面，可能受到佛教艺术中故事题材绘画的影响。在这种新的形式中，文字叙事的先后顺序转换为图像线性展开的连接关系，无形的时间变得可见。它要求观者的目光按照特定的方向依次在画面上移动，就像钟表的指针逐一扫过表盘上的数字。

　　美国纳尔逊—阿特金斯美术馆（The Nelson‑Atkins Museum of Art）所藏早年洛阳出土北魏石棺（以下简称为"纳尔逊孝子棺"）左侧中央的郭巨画像延续了三幅式的结构（图 306）②，但画面不是生硬地——平铺，郭巨掘地得金的情节位于左下部，与郭巨夫妇抬金釜回家的部分前（下）后（上）排列，顺着郭巨夫妇行走的方向，可以看到右部表现供养母亲和孩子的部分。繁茂的山石树木既将三个不同的单元区隔开来，又将它们连接为一个整体，"幅"的概念变得较为模糊。画像上部榜题曰"囗子郭巨"，似是故事的标题，而不是对于情节或人物身份的说明。这一画像的构成形式相当成熟，对于第三维度的表现令人印象深刻。

---

① 刘敦愿：《美术考古与古代文明》，页 49，北京，人民美术出版社，2007 年；邢义田：《格套、榜题、文献与画像解释》（修订本），氏著：《画为心声——画像石、画像砖与壁画》，页 106～110，北京，中华书局，2011 年。尽管学者们常举嘉祥武氏祠荆轲刺秦王画像作为讨论汉代单幅式故事画的例子，但值得注意的是，建立在时间概念上的图像序列在这一时期已经出现，如在武梁祠中，从西壁开始，经北壁（正壁）到东壁，由上而下，依次描绘了从人类诞生到武梁本人的整部历史（有关分析，巫鸿，柳扬、岑河译：《武梁祠——中国古代画像艺术的思想性》，页 161～167，北京，生活·读书·新知三联书店，2006 年），只是这个"非虚构类"的大故事不同于文学性的故事而已。
② 黄明兰：《洛阳北魏世俗石刻线画集》，页 7，图 9。

图306 纳尔逊—阿特金斯美术馆藏孝子棺郭巨画像（拓片反相，
采自《洛阳北魏世俗石刻线画集》，页7，图9）

图307 久保惣纪念美术馆藏匡僧安墓石棺床屏风郭巨画像（郑岩绘图）

　　日本大阪府和泉市久保惣纪念美术馆收藏的北魏正光五年（524年）匡僧安墓石棺
床右侧屏风也用三个画面表现郭巨故事（图307）①，有榜无题，每一幅的内容都可以与

---

① 《久保惣纪念美术馆》，内部发行，印行时间不详，图13。

图308　深圳博物馆展出石棺床屏风郭巨画像（深圳博物馆提供）

纳尔逊孝子棺画像对应，只是细部略有些差别，如第二幅"回家"一节，郭巨肩扛金釜，而未与其妻分担；最后一幅中的郭母端坐在房内，与雷祖庙漆木棺画像所见一致。

　　在其他几套石棺床的屏风中，郭巨画像多为二幅式：第一幅为郭巨掘地得黄金的一霎那，郭妻怀抱小儿立于一侧；第二幅刻郭母坐于床上与孙子戏耍，郭巨夫妇立于堂下，省去了夫妇抬金釜还家的环节。比较典型的是深圳博物馆新近展出的一套石棺床屏风上的两幅郭巨画像，其榜题分别为"孝子郭钜煞儿养母"、"孝子郭巨"（图308）。2004年入藏首都博物馆的一套石棺床屏风中，第一幅榜题为："孝子郭钜埋儿天赐金一父（釜）"，第二幅的榜题"孝子郭钜埋子府"刻于建筑上①。卢芹斋旧藏的一组石棺床屏风其一为掘地得金，榜题为"孝子郭巨"，其二为供养母亲，榜题为"孝子郭巨天赐皇金"，文字似有错乱（图309）②。安阳固岸东魏武定六年

---

① 滕磊：《一件海外回流石棺床之我见》，《故宫博物院院刊》2009年4期，页22～32。

② C. T. Loo, *An Exhibition of Chinese Stone Sculptures*, New York, 1940, pl. 29–32. 感谢林圣智先生惠赠图片。这组石棺床现存波士顿美术馆（Museum of Fine Arts, Boston），目前仅有床腿一石在该馆展厅中展出，其余诸石均存于库房中。新近的研究见徐津：《波士顿美术馆藏北魏孝子石棺床的复原和孝子图研究》，巫鸿、朱青生、郑岩主编：《古代墓葬美术研究》，3辑，页119～140，长沙，湖南美术出版社，2015年。

图 309　卢芹斋旧藏石棺床屏风郭巨画像（林圣智先生提供）

（548 年）墓出土石棺床屏风的两幅榜题分别为："郭拒夫妻埋儿天赐黄金与之"、"孝子郭拒母（？）祠孙儿时"①，画面与深圳博物馆所藏石棺床屏风较为接近。

　　纳尔逊—阿特金斯美术馆藏北魏石棺床屏风（长广敏雄简称之为"KB 本"）上的郭巨画像是一个单独的画面（图 310）②，选取了故事最富戏剧性的掘地获金釜一节，与深圳博物馆展出石棺床和固岸东魏墓石棺床屏风第一幅相近。在这种单幅式画像中，2004 年 3 月在纽约展出的一具北朝石棺床所见略有不同，其中郭巨荷耒，似背负一釜；郭巨子为郭妻牵引行走，而不是像其他例子那样在其怀抱中；画面右下角还有一闪着金光的釜；榜题曰"孝子郭钜煞儿养母天金一釜"（图 311）③。这个画面把不同的时间点集中在一起，可看作三幅式结构之第一、二幅的整合。美国明尼阿波利斯美术馆（The Minneapolis Institute of Arts）所藏早年洛阳出土的北魏正光五年（524 年）赵郡贞景王元谧石棺左侧的郭巨画像也是单幅式，但画面选择了最后

---

① 河南省文物考古研究所：《河南安阳固岸墓地考古发掘收获》，但该文未发表郭巨故事画像的图片。

② 长广敏雄：《六朝時代美术の研究》，图版 45。

③ *Ritual Objects and Early Buddhist Art*，Brussels：Gisèle Croës，2004，p. 33. 有线索证明，这套石棺床是近年从西安地区流出的，故有可能属于北周的遗物。据悉该石棺床现藏美国弗吉尼亚博物馆。

的结局，而不是高潮，有榜题曰"孝子郭巨赐金一釜"（图312）①。此外，在河南邓县学庄（图313，又见图67）、湖北襄阳贾家冲（图314）、襄阳麒麟村和襄阳柿庄15号墓等四座南朝墓（图315）出土的画像砖中也有单幅式的郭巨故事，皆表现了掘地获金釜的情节，由此或可窥见南北文化交流之一斑。

图310 纳尔逊—阿特金斯美术馆藏石棺床屏风郭巨画像（郑岩绘图）

图311 2004年纽约展出石棺床屏风郭巨画像（郑岩绘图）

　　这几种画像的形式繁简不同，但不管是"进化论"还是"退化论"，都难以概括它们之间的关系，并不因为一种新形式出现，旧的形式就退出历史舞台，从北魏洛阳时代的材料可以看出，各种形式是并行不悖的。深圳博物馆展出的一件石棺床基座的横栏上，甚至再度出现了雷祖庙漆木棺所见的以三角纹分区的形式，只是其中的火焰改变为山峰，而山峰的刻画又综合了北魏洛阳的样式（图316）。

---

① 黄明兰：《洛阳北魏世俗石刻线画集》，页38，图43。

图 312　明尼阿波利斯美术馆藏元谧石棺郭巨画像（郑岩绘图）

图 313　邓县学庄墓郭巨画像（郑岩绘图）

图 314　襄阳贾家冲墓郭巨画像（采自《江汉考古》1986 年 1 期，页 21）

图 315　襄阳柿庄 15 号墓郭巨画像砖（耿朔摄影）

图 316　深圳博物馆展出石棺床基座画像（深圳博物馆提供）

（二）

　　《后汉书·顺烈梁皇后传》曰："顺烈梁皇后讳妠……少善女红，好史书，九岁能诵《论语》，治《韩诗》，大义略举。常以列女图画置于左右，以自监戒。"[1] 梁妠幼年的儒家启蒙教育图史并用，可谓尽善尽美。其中"列女图画"盖指刘向编订的《列女传》的插图，此类图画在汉代民间流传较广，陕西绥德辛店呜咽泉东汉画像石墓中有题记云："览樊姬观列女崇礼让遵大雅贵组绶富支子。"[2] 但是，观看列女图的

① 《后汉书》，页438，北京，中华书局，1965 年。

② 吴兰、志安、春宁：《绥德辛店发现的两座画像石墓》，《考古与文物》1993 年 1 期，页 17～22。题记释读据张俪：《论陕北东汉铭文刻石》，朱青生主编：《中国汉画研究》，二卷，桂林，广西师范大学出版社，2006 年，页215～216。

过程和效果真的如此高蹈清尚吗？《后汉书·宋弘传》曰：

> 弘尝讌见，御坐新屏风，图画列女，帝数顾视之。弘正容言曰："未见好德
> 如好色者。"①

　　列女图原初的意义是"德"，但吸引汉光武帝的却是"色"，这是画工的责任，还是观者的责任呢？北朝葬具孝子图包含的问题可能更为复杂。工匠们所面临的任务不仅是忠实地表现原有的故事，他们还必须同时考虑到葬具及其画像的功用。这些葬具是各种利益的交汇点，其图像可能受到不同人物的左右。在这样的背景下，无论制作还是使用，图像形式和意义的变化都在所难免。

　　除了叙事方式的不同，图像与原有故事之间的差异更值得注意。例如，在纳尔逊石棺床屏风掘地得金一幅中，郭巨妻身后多了一个人物（见图310）；纽约展出的一例，郭巨子的年龄较大（见图311）；卢芹斋旧藏的石棺床屏风第二幅出现了一对夫妇和一位男子对坐（见图309）；元谧棺画像中夫妇和小童并肩坐于榻上，对面一男子合掌而拜（见图312）。在后两个例子中，被供奉的人物除了郭母，还有郭巨的父亲吗？如果合掌叩拜者是郭巨的话，那么他的妻子又在何方？是工匠误将郭巨夫妇放置在了榻上吗？在卢芹斋旧藏的屏风中为何不见小童？这些差异，有的或许是由于工匠所依据的文本（包括口传的故事）不同，有的可能源于工匠的失误，有的则可能有着更为复杂的背景。

　　元谧棺两侧各刻有6幅孝子故事，这些故事的情节并不雷同，但画像中呈现的均为山林间坐在大树下的人物。为了追求这种同一性，工匠不惜回避故事的高潮，只有夹杂在其中的一些道具（如郭巨故事中的金釜）和榜题仍与故事原有的情节保持着有限度的关联（图317，又见图101）。元谧棺画像对于故事的"偏离"不是偶然的，1977年洛阳出土的一套北魏石棺床屏风画像进一步发展了这种倾向②。有研究者认为其中一幅为郭巨故事（图318）③，的确，我们可以注意到这幅画像与元谧棺

---

① 《后汉书》，页904。

② 黄明兰：《洛阳北魏世俗石刻线画集》，页73～76，图81～84；周到主编：《中国画像石全集》，8卷，页55～78，图74～78。

③ 周到主编：《中国画像石全集》，8卷，"图版说明"页20，图74解说词。

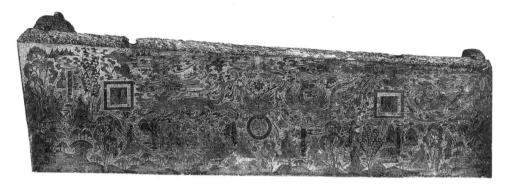

图 317 明利阿波利斯美术馆藏元谧石棺画像（明尼阿波利斯美术馆提供）

图 318 洛阳石棺床屏风郭巨画像（拓片，采自《中国画像石全集》，8 卷，页 55，
图 74；线图，郑岩绘图）

画像的相似之处，如树下并坐的夫妇和小童；但是，前者之中人物身份更加模糊，
"供奉—被供奉"的二元对立关系不复存在，小童不在榻上，标志性的金釜也不翼而
飞。更为重要的一个变化是，画面中没有题记，作者不再借助文字来建立图像与故
事的链接，只有空白的榜框作为一种失去功能的形式遗留下来。这套石棺床其余多
扇屏风上的画面主题更为模糊，尽管有研究者将其解释为丁兰、原毂、老莱子、眉

间赤等故事①，但这些画面大同小异，大多缺少与故事情节、人物身份相关的标志，也没有题记，我们看到的只是在大树下、山石间或立或坐的人物（图319）。

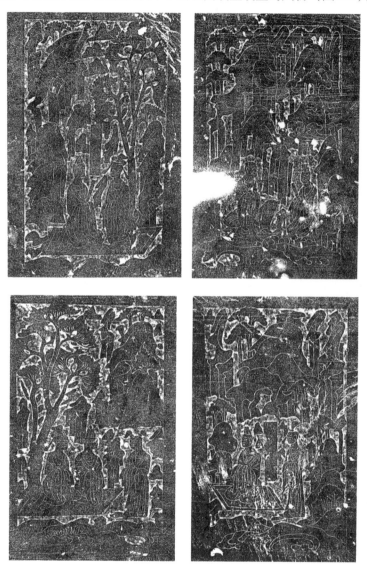

图319 洛阳石棺床屏风人物画像（采自《中国画像石全集》，8卷，
         页56~59，图75~78）

---

① 周到主编：《中国画像石全集》，8卷，"图版说明"页21，图75~78解说词。这套画像中有一幅未收入该书，但见于黄明兰：《洛阳北魏世俗石刻线画集》，页74，图82右端。该图中有一蛇，赵超据此考为伯奇故事（赵超：《关于伯奇的古代孝子图画》，页92），其说应可成立。见氏著：《关于伯奇的古代孝子图画》，《考古与文物》2004年3期，页68~72。

更为复杂的是深圳博物馆展出石棺床基座横栏一图（见图 316）。上文谈到，该图的三角形山峰来源于固原雷祖庙漆木棺的火焰纹，但是，深圳一图并没有保留雷祖庙棺严谨的叙事程序，相反却变得十分混乱，故事的高潮出现于 D 区；B、E 两区的画面大同小异，似乎重复表现了故事大团圆的结局；A 区的房屋与 B、E 区所见近似，但房屋内外的人数却与故事不符，也有可能将其他故事混入；E 区的郭巨夫妇（？）身后多了一位手持盖的侍者；C、F 区的人物、鞍马完全与郭巨故事无关（图 320）。

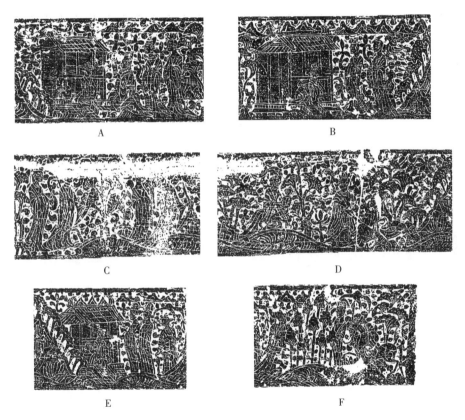

图 320　深圳博物馆展出石棺床基座横栏画像局部（深圳博物馆提供）

综合来看，这些葬具上的画像可以分为两个层面，其一是画像的局部，其二是整套画像的集合；第一个层面重在表现故事的情节和人物的个性，第二个层面强调总体视觉效果和共同的意义。这两个层面在不同作品中的表现有所差别，以固原雷祖庙漆木棺画像为例，如上所述，在第一个层面上，郭巨故事完整有序，观者可依次观看故事的各个单元，就像阅读文字记述的故事一样。另一方面，这些画像位于棺侧面的上部近边缘处，各单元之间杂有三角形火焰纹，中心部分为龟甲纹和圆形交织的纹样所占据。这些杂侧于各种几何纹样中的人物故事更像是一个装饰系统的附件，而不是独立的绘画。观者如果没有足够的耐心按部就班地观看，那么，这些孝子故事就只能"装饰性"地存在。

第一个层面的叙事性在纳尔逊孝子棺的表现最为成功，其故事情节完整准确，个性鲜明，内容与形式有着完美的结合①。但这并不影响它在第二个层面上显示出一些共性，如整套石棺每侧三个故事的布局、均匀排列的榜题，都突出了形式上的整体感，山石、树木在分割空间的同时，也使得每个故事历时性展开的各单元具有了视觉上的共时性，如果观者不熟悉故事的内容，恐怕难以从中找到头绪（图321，又见图98）②。元谧石棺画像在第一个层面上更为弱化，工匠似乎无意于表现每个故事

图321 纳尔逊—阿特金斯美术馆藏孝子棺画像（纳尔逊—阿特金斯美术馆提供）

---

① 我曾在他处分析过纳尔逊孝子棺王琳画像的形式与故事情节之间的关系，见《正面的马，背面的马》，《文物天地》2002年2期，页58～59。

② 例如，当纳尔逊孝子棺上的郭巨故事大致按照自左而右的顺序展开时，相邻的孝孙原毂故事却是从右至左展开。有学者曾将郭巨故事最后一个单元误作第一个单元来描述，见黄明兰：《洛阳北魏孝子棺》，北京，人民出版社，1985年。此据李献奇、黄明兰主编：《画像砖石刻墓志研究》，页57，郑州，中州古籍出版社，1994年。

的个性特征，而是迅速地转向第二个层面上的同一性（见图101、317）。在深圳博物馆展出石棺床基座横栏上，第一个层面上的时间概念变得十分混乱，而强化了由总体形象所营造的一种视觉氛围，原有的故事只是若有若无地浮现于其中（见图316）。

　　在北魏洛阳时代，那些处于同一时期、同一地域、同一社会阶层，选取了同一母题的画像，显现出各不相同的指向，而上述两个层面的变通、协调、转换，实际上包含着工匠们煞费苦心的筹算与经营。要对这些现象做出解释，就必须将葬具及其画像外围的各种因素考虑进来。

（三）

　　孝，最初指的是尊祖敬宗，后演变为对近亲的敬重与奉养。具体到丧葬环境中，孝子图必须平衡、满足死去的父亲和（或）母亲与其子女两方面的利益。

　　首先讨论孝子图与死者子女的关系。我们暂时告别郭巨，借助蔡顺画像对此加以观察。蔡顺在火灾袭来时以身体保护亡母之棺的事迹见于《后汉书·周磐传》：

> 　　母年九十，以寿终。未及得葬，里中灾，火将逼其舍，顺抱伏棺柩，号哭叫天，火遂越烧它室，顺独得免。①

　　蔡顺画像最为精彩的一例见于纳尔逊孝子棺右侧中部（图322）②。我在这里不再讨论画像的叙事方式问题，换一个角度看，这幅画像还透露出葬具制作完毕而"未及得葬"期间存放的情况以及葬具和孝子的关系。故事是汉代的，但画像可能反映了北朝的状况。

　　葬具是从墓室中出土的，然

图322　纳尔逊—阿特金斯美术馆藏孝子棺蔡顺画像（拓片反相，采自《洛阳北魏世俗石刻线画集》，页4，图6）

---

① 《后汉书》，页1312。
② 黄明兰：《洛阳北魏世俗石刻线画集》，页1～10。

而除了结合墓室的环境来理解其形制及画像，还要考虑到在葬具埋入墓室之前的制作、赠送、购买和丧礼等环节，考虑到在这些环节中葬具与各种人物之间的联系。由于文献中缺少相关记载，因此蔡顺画像所透露出的这类信息就特别值得注意。在此基础上，我提出一个假设：在死者安葬之前，人们有机会看到葬具以及上面的画像，有机会在视觉和意义上建立起画像与死者后人——那些新孝子——之间的联系。

关于北朝葬具制作的情况，我们所知甚少。《洛阳伽蓝记》卷三记汉代人崔涵复活的故事①，由这个故事可知北魏洛阳太市以北奉终里是专门经营"送死人之具及诸棺椁"的地方，其所产棺椁多为木质。唐人段成式《酉阳杂俎》十三"尸穸篇"云："后魏俗竞厚葬，棺厚高大，多用柏木，两边作大铜环钮。"② 这里提到的"大铜环钮"也见于元谧棺画像，可知北魏石棺模仿了这些木棺的造型。也许奉终里的木棺上也有着华美的画像，固原雷祖庙出土的漆木棺就是一个旁证，如雷祖庙漆木棺上"窥窗"的细节，就呈现于元谧石棺上③。

美国波士顿美术馆藏 1931 年洛阳故城北半坡出土北魏孝昌三年（527 年）横野将军甄官住簿宁想石室是一具房屋形的棺④，其正面门两侧有"孝子宁万寿"、"孝子弟宁双寿造"的题名，文字刻划十分粗陋，与石室其他榜题中精心雕刻的文字风格差别明显，疑为宁想的两个儿子双寿、万寿购得葬具后加刻的题名。邹清泉推测宁想石室可能是从负责制作宫廷丧葬用品的"东园"订购的⑤。果真如此，则需要对于东园的性质重新加以评估。不管何种可能性成立，这套葬具仍属于商品。那么，这就意味着其画像可能在出售时为人们所看到。

---

① 范祥雍：《洛阳伽蓝记校注》，页 174～175，上海，上海古籍出版社，1978 年。

② 段成式：《酉阳杂俎》，页 123，北京，中华书局，1981 年。

③ 郑岩：《说"窥窗"》，《设计艺术研究》2012 年 1 期，页 29～32。

④ 黄明兰：《洛阳北魏世俗石刻线画集》，页 95～96；郭建邦：《北魏宁懋石室线刻画》，北京，人民美术出版社，1987 年。研究者多将与石室同出的墓志中死者的姓名读作"宁懋"，最近曹汛主张读为"宁想"，这样便可与其字"阿念"互训。见曹汛：《北魏宁想石室新考订》，王贵祥主编：《中国建筑史论汇刊》，4 辑，页 77～125，北京，清华大学出版社，2011 年。林圣智及曹汛均认为石室为祠堂而非葬具，其理由恐嫌不足。见林圣智：《北魏宁懋石室的图像与功能》，《美术史研究集刊》十八期（2005 年），页 1～74。

⑤ 邹清泉：《北魏孝子画像研究》，页 43～45。

　　贺西林认为，有些刻有画像的北朝葬具，如元谧石棺，属于由皇帝赏赐、官方制作的"东园秘器"①。那么，这些代表着帝王恩泽的葬具，很有可能在葬礼的过程中有一段时间陈列出来，成为被众人观看的对象。另外，在中国古代，乃至今天许多地区的农村，预制寿材比预作寿藏是更为普遍的现象②。那些事先制作的葬具，有更长的时间、更多的机会为其他人所看到。

　　在先秦和汉代的送葬行列中，棺多以柩车、辒车等运载，其外部有包装和装饰③。与这种传统不同，山东青州傅家北齐武平四年（573 年）墓画像石表现了送葬行列中一具木结构的房屋形葬具完全展现在公众视野中的情景（见图266）④。由此推测，在送葬的时候，葬具的画像有可能被公众看到⑤。

---

① 贺西林：《北朝画像石葬具的发现与研究》，页 361～362。贺西林主要的依据是《魏书·元谧传》的记载："（谧）正光四年（523 年）薨。给东园秘器、朝服一具、衣一袭，赗帛五百匹。"《魏书》，页 554。

② 例如，摄影家焦波曾拍摄生活在山东博山区天津湾村的父母在寿材前的表情喜悦的合影。焦波：《俺爹俺娘》，页 102～104，济南，山东画报出版社，1998 年。

③ 《仪礼·既夕礼》："商祝饰柩。"郑玄注："饰柩为设墙柳也，巾奠乃墙，谓此也。墙有布帷，柳有布荒。"贾公彦疏云："云'饰柩为设墙柳也'者，即加帷荒是也。"（郑玄注，贾公彦疏，十三经注疏整理委员会整理：《仪礼注疏》，页 847～848，北京，北京大学出版社，2000 年）《礼记·丧大记》郑注："棺饰者，……荒，蒙也，在旁曰帷，在上曰荒，皆所以衣柳也。"孔颖达疏："'黻荒'者，荒，蒙也，谓柳车上覆，谓鳖甲车也。"（郑玄注，孔颖达疏，十三经注疏整理委员会整理：《礼记正义》，页 1496～1497，北京，北京大学出版社，2000 年）汉代送葬画像见于山东微山沟南墓石椁画像（王思礼、赖非、丁冲、万良：《山东微山县汉代画像石调查简报》，《考古》1989 年 8 期，页 707）和江苏沛县龙固镇三里庙村画像石（刘尊志：《徐州汉墓与汉代社会研究》，页 284，北京，科学出版社，2011 年）。

④ 夏名采：《青州傅家北齐画像石补遗》，《文物》2001 年 4 期，页 92～93。对于这一画像主题的研究，见本书第八部分；郑岩：《葬礼与图像——以两汉北朝材料为中心》，《美术研究》2013 年 4 期，页 64～76。

⑤ 该墓画像石可能受到粟特入华美术的影响（见本书第八部分）。乐仲迪指出，该画像中的犬应与粟特丧葬中的"犬视"（Sagdīd）有关（Judith Lerner, "Zoroastrian Funerary Beliefs and Practices Known from the Sino-Sogdian Tombs in China," *The Silk Road*, Vol. 9, 2011, pp. 18-25），进一步证明画像表现的是送葬的场面。在纳尔逊孝子棺蔡顺画像房屋右下部也有一只犬，联系青州傅家的例子来看，这是否说明北魏葬具画像的制作也受到粟特美术的影响呢？如果这种可能性存在，那么，这或许意味着画像除了表现蔡顺的故事外，同时也与丧礼的场景有关。《魏书·宣武灵皇后胡氏传》记："后幸嵩高山，夫人、九嫔、公主已下从者数百人，升于顶中。废诸淫祀，而胡天神不在其列。"（《魏书》，页 338）陈垣据此认为"胡天之祀，始于北魏"（陈垣：《火祆教入中国考》，《国学季刊》1 卷 1 号，1923 年，页 29～30）。但是言及祆教对于中原墓葬的影响，材料尚少，未敢过分估量之。我于此暂备一说，更待后证。

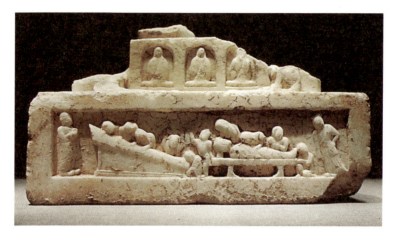

图 323　曲阳文物管理所藏造像基座（郑岩摄影）

更直接的一个例子是河北曲阳文物管理所收藏的一件北齐造像底座上的涅槃图浮雕①，画面右侧为恸哭的弟子们伏在释迦牟尼身上，左侧为弟子们伏在一具棺上（图 323）。虽然画面表现的是一特定的宗教题材，但的确可以与北魏蔡顺画像对读。

考虑到上述制作、颁赐、送葬等情况，这些葬具就具有了双重功能，即除了最终秘藏于墓室之中，还可能在安葬之前用于陈列和展示。也许只有在"被观看"的前提下，才能更好地解释画像风格之精妙、形式之多样。葬具上的画像造型准确，线条优雅，外表施以鲜艳的色彩和贴金。美轮美奂的画像除了表现道德或宗教的意义，还愉悦我们的眼睛②，这些跨越了千百年的图画至今能够打动我们，相信 6 世纪的人也应该有着与我们相近的感受。

葬具画像所预设的第一批观者可能并非死者的后人，这些画像不是童蒙读物的插图，对新孝子的教化应该发生在更早的时候，而不是在其父母的葬礼上。帝王将带有孝子图的葬具赐予逝者，包含着对于死者后人——新一代的孝子——的赞誉，因此新孝子们会急不可待地将这种荣耀展现给公众。即使是出资订制的葬具，他们

---

① 这件造像底座目前在河北博物馆展出。

② 类似精细优雅的风格，并且同样使用了多种技术和材料的另一个相近的例子是南朝大墓中的竹林七贤和荣启期彩绘模印拼镶砖画。砖画密封在墓室中，似乎与审美的眼睛无关，但是许多研究者推测，壁画是对于名家作品的复制。

也希望参加葬礼的人们看到上面的画像，因为精美的画像意味着新孝子们付出了更多的钱财，而这些钱财无疑是其孝行的证据。

的确，父母的去世，是那些意欲博取声名的新孝子们表演其孝行难得的时机。在南北朝正史"孝友"、"孝行"、"孝德"之类的列传中，传主的孝行常常体现于如何安葬和追悼逝去的父母，故"负土成坟"、"庐于墓侧"、"三年泣血"之类的套话比比皆是。如同郭巨故事一样，蔡顺的故事在六朝正史中也一再被抄袭①，甚至多处用词雷同，史书的作者套用旧有的文字来记录新的故事。这种抄袭、移植欺世盗名，但另一方面也建立了古代典范与现世人物之间的关联，古孝子是塑造新孝子形象的"模"与"范"，新孝子也因此成为古孝子穿越时空的复制品。

在葬具上刻画孝子图，又一次将孝的主题与墓葬结合在一起。与文抄公们的方式不同，这些葬具上的孝子图并不直接展现新孝子的形象，而是继续描绘那些古代的样板。也许在葬具和墓葬中描摹活人的形象，既不吉利，也缺乏恒久的价值；只有那些经受了岁月考验的古代孝子，才可以镌刻在坚硬石头上。接下来，从古孝子到新孝子的焦点变换，要在展示和观看中得以实现。

纳尔逊孝子棺两侧除了蔡顺故事，还刻画了其他人物，包括舜、郭巨、原毂、董永和王琳。如郭巨故事所见，这些画面多以两个或三个单元表现同一个故事，主人公在画面中多次出场。但蔡顺的故事却只有一个场景，虽然画面看上去大致可分为蔡宅和邻宅两部分，但实际上，这两个部分是共时性的关系——当邻居的房屋火势正旺的时候，蔡顺俯卧到了母亲的棺上。画面没有凸显故事的起承转合，而是一个相对静态的场景。"静态"来自房屋、棺的直线所形成强烈的块面感，这种视觉效果与其余部分山石、树木所形成的漫回流转的动感迥然不同，使得这部分画面成为一个视觉焦点。

上文在分析郭巨画像时，我们谈到了葬具画像的"两个层面"。结合纳尔逊孝子棺蔡顺画像独特的形式，我们可以继续发展"层面"的概念，对当时的"观看"作

---

① 邹清泉首先注意到这个问题，见《北魏孝子画像研究》，页109～110。这种例子极多，如《晋书·孝友·何琦》："及丁母忧，居丧泣血，杖而后起。停柩在殡，为邻火所逼，烟焰已交，家乏僮使，计无从出，乃匍匐抚棺号哭。俄而风止火息，堂屋一间免烧，其精诚所感如此。"（《晋书》，页2292，北京，中华书局，1974年）《宋书·孝义列传·贾恩》："元嘉三年（426年），母亡，居丧过礼。未葬，为邻火所逼，恩及妻桓氏号哭奔救，邻近赴助，棺椁得免。恩及桓俱见烧死。"（《宋书》，页2243）

图 324　孝子与孝子棺（郑岩绘图）

一种推测性的复原：第一，观者被各个局部戏剧性的故事情节所吸引，思绪进入画面所营造的虚拟时空中，而忘记了石棺的存在；第二，观者后退一步，故事的细节逐渐模糊起来，画面的整体性变得重要，孝子故事作为一个集合所具有的共同意义凸显出来；第三，如果观者的视野继续扩展，石棺作为一件"实物"的形象便得以呈现，更为重要的是，在丧礼中，观者可能还会看到新孝子就站立在石棺的旁边（图 324）。

在最后一步，"新孝子和石棺的关系"与画像中"蔡顺和蔡母之棺的关系"相平行，新孝子对应着蔡顺，真实的棺对应着画像中的棺，画中的场景在画外重现。在新孝子表演着古孝子故事的同时，古孝子的图画也成为新孝子映射在石棺上的影子。不管死者的后人是否真的富有孝心，至少在仪式和图像的综合作用下，他已经被装扮成一位孝子。

也许蔡顺画像只是一个特例，实际上，多数孝子图与新孝子的关联并不需要如此机械和复杂，孝子图所包含意义可以被轻易地转移到新孝子身上。石棺画像题榜上古孝子的姓名彰彰在目，无法剥夺其事迹的归属权，然而，新孝子俨然可以与这些古代样板相提并论，当人们称赞新孝子的德行时，用在古孝子身上的赞辞便可随时发挥作用，就像史书中将蔡顺的事迹套在新孝子身上一样。

当制作者和观者的兴趣更多地转向孝子图作为一个集合所具备的共同意义时，情节本身就不再重要。复杂的是，如果原有的人物身份、事件、年代、场合等被淡化，那么，一旦有其他的力量介入，故事就不再具备原有的控制力，图像的意义就会发生偏移。

（四）

另一种力量来自死者。

孝子们在丧礼中的表演是一次性的，庐于墓侧、"三年无改于父之道"，以及定期的祭祀，虽然可以使他们的孝行在一定程度上得以延续，但那些葬具终究要与死者一起进入地下世界。林圣智认为，孝子图中的人物可以作为生者与死者之间的连接，并代替生者在墓葬中侍奉墓主①。但是，孝子图并不同于随葬的陶俑。要探索它们在墓葬中的功能，仍然离不开对于图像本身的观察。

我们上文谈到郭巨故事的"变形"，实际上，这种现象并不罕见。町田章注意到江苏丹阳吴家村南朝墓竹林七贤与荣启期砖画中的人物都老人化，金家村和吴家村墓题记出现混乱，他认为这意味着将竹林七贤等"改变为理想境界的隐士和方士"，壁画成为"对神仙的礼赞"②。赵超曾研究南北朝时期竹林七贤被神仙化的问题③。我也讨论过南北朝墓葬中高士题材意义的转化，指出这些在南北朝社会受人尊崇的文化样板，在墓葬中被看作墓主升仙途中的同道者或伙伴，而丧失了其原有的意义④。元谧石棺画像所见人物坐在树下的图式并不是孝子特有的，南北朝墓葬中的高士画像也多是这种树下的坐像（见图43、229、232）⑤。我们尽管可以在南京西善桥墓的砖画中看到高士个人之间微妙的差别，但作为集合式的肖像（collective portrait）⑥，他们共同的特征十分明显，其求仙意义的表达，是通过在不断复制的过程中弱化每位高士的个性特征来实现的。在山东临朐海浮山北齐天保二年（551 年）崔芬墓壁画中所见的高士图，

---

① 林聖智：《北朝時代における葬具の図像と機能：石棺床囲屏の墓主肖像と孝子伝図を例として》。

② 町田章著，劳继译：《南齐帝陵考》，《东南文化》，2 辑，页 51，南京，江苏古籍出版社，1987 年。

③ 赵超：《从南京出土的南朝竹林七贤壁画谈开去》，《中国典籍与文化》2000 年 3 期，页 4～10。

④ 见本书第七部分。

⑤ 这种形式在康业墓中，还用以表现墓主的形象。郑岩：《逝者的"面具"——论北周康业墓石棺床画像》（修订稿），收入《逝者的面具——汉唐墓葬艺术研究》，页 219～265，北京，北京大学出版社，2013 年。

⑥ Audrey Spiro, *Contemplating the Ancients*, Berkeley：University of California Press, 1990, p. 98.

已经无法分辨每个人的身份，更无法讲述其独特的故事，我们看到的只是一些坐在树下大同小异的人物（见图136）①。这种趋向和元谧石棺孝子图所见非常相似。

　　穿插在深圳博物馆展出石棺床基座横栏郭巨画像间的一些细节也值得注意，如 C 区所见的人物（见图320），在早年洛阳出土的一套石棺床屏风②（图325）、分藏于日本天理参考馆和旧金山亚洲艺术博物馆（Asian Art Museum of San Francisco）的一套石棺床屏风③中都可以见到相近的例子，长广敏雄将后者称为"林间逍遥图"④，我怀疑是一些出入于山林间的高士或神仙。李小旋谈到，邓县学庄南朝墓画像砖中的郭巨妻高髻峨峨，身穿华服（见图67、313），与纳尔逊孝子棺上董永画像中的女仙无异。她将这一现象解释为对于汉代以来既有人物画模本的"传移"⑤。除此之外，脱离故事原有人物身份的变形现象，也应当有着意义层面的背景。孝子图中的这些变化，可能意在将故事中的人物转化为与神仙无异的角色，陪伴在死者左右，从而使得葬具和墓葬诗化为死者去往仙境的通道⑥。

　　在江苏丹阳鹤仙坳墓⑦、建山金家村墓⑧和胡桥吴家村墓⑨等大型南朝墓中，墓室后部有竹林七贤与荣启期画像，前部有大幅的仙人引导的青龙、白虎（见图47、48）。南朝大墓所见的龙虎，在元谧棺画像中也可看到（见图101、317）。后者的变化，不过是将竹林七贤与荣启期更换为各种孝子的形象，但二者树下人物的图式，以及与龙虎的组合，都十分相近，这些画面所衍生的意义也没有根本性的差别。

---

①　临朐县博物馆：《北齐崔芬壁画墓》，北京，文物出版社，2002 年。

②　王子云：《中国古代石刻画选集》，图5.7、5.9；这套石棺床其他相关的图版又见黄明兰：《洛阳北魏世俗石刻线画集》，页79～90，图87～98；周到主编：《中国画像石全集》，8 卷，页67～68，图86～87，该书图版说明称"原石流失美国"，但目前尚不知具体的收藏者。

③　长广敏雄：《六朝时代美术の研究》，图版29～34，页148，图41。

④　长广敏雄：《六朝时代美术の研究》，页148。

⑤　李小旋：《试论中国早期绘画中人物形象的再利用——以邓县南朝画像砖墓之郭巨故事图为例》，《中国美术研究》，16 辑，页25～33，南京，东南大学出版社，2015 年。

⑥　邓菲研究了宋金墓葬中孝子图与升仙的关系（邓菲：《关于宋金墓葬中孝行图的思考》）。这些晚近的材料与北朝葬具石棺床孝子图之间的关系还值得进一步探索。

⑦　南京博物院：《江苏丹阳胡桥南朝大墓及砖刻壁画》，《文物》1974 年 2 期，页44～56。

⑧　南京博物院：《江苏丹阳胡桥、建山两座南朝墓葬》，《文物》1980 年 2 期，页1～17。

⑨　同上。

图325　洛阳出土石棺床屏风人物画像（采自《中国古代石刻画选集》，图5.7、5.9）

图326　洛阳上窑石棺左侧男墓主升仙画像（郑岩绘图）

　　洛阳北郊上窑浐河东砖瓦厂出土的一具石棺的两侧刻画墓主骑龙骑虎，在仙人、乐伎、怪兽的呼拥下升仙的场景（图326、327，又见图268）①。这套画像表面上与孝子题材不同，但却可以通过元谧棺所见的龙虎、怪兽等共有的图像衔接起来，而孝子图的变形则是更为巧妙的一种衔接方式。这类驮载有神人的龙虎、怪兽在北齐崔芬墓壁画中也可以见到，只是与之相配的是屏风上的高士而已（见图136、138）。

　　龙虎是求仙者的坐骑，羽人是求仙者的引导者和护卫者，身份转换后的高士、孝子是求仙者的同道，而求仙者则是死者本人。孝子图最初主要指向死者后人的荣

———————————

①　洛阳博物馆：《洛阳北魏画象石棺》，《考古》1980年3期，页229~241。

耀，而转换后的画面又与死者的利益结合在一起。在1977 年洛阳出土的石棺床和深圳博物馆展出的石棺床屏风中，还可以看到孝子图与墓主的偶像并存。即使没有出现墓主的画像，这些葬具还是要和死者的遗体一同被掩埋在墓葬之中。

　　制作葬具画像的工匠可以在一项作品中强调与死者后人声誉相关的孝，而在另

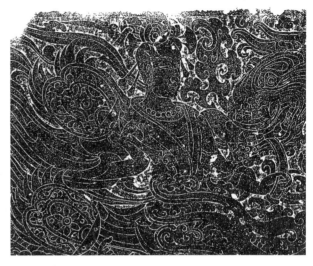

图 327　洛阳上窑石棺左侧女墓主升仙画像局部（采自《中国画像石全集》，8 卷，页 45，图 60）

一项作品上突出与死者利益相关的升仙，更可以在同一项作品中通过其巧妙的手法，取得"一语双关"的效果。这样，无论是死者的利益，还是其后人的荣耀，便都可以在这些葬具上呈现出来，同时也避免了不同题材图像之间的对立与分裂。

　　从思想史的角度来看，这里的孝道或神仙观念并没有多少超越前代的内容。无论孝子还是升仙，均是一些陈词滥调。孝子图固然是汉代以来就流行的题材，而升仙题材也缺少任何新鲜的发明。只要对比一下汉代的情况，就可以感受到北朝的升仙图像在思想方面的是何等苍白。虽然文献中并没有明确留下汉代关于死后成仙的系统的理论，但是在墓葬和祠堂中，却可以看到汉代人正通过各种艺术形式来建构一套与神仙信仰有关的图像体系。也许这些图像最初并非出现墓葬或祠堂中，但它们的确对丧葬产生了一定的影响。初步看来，这个图像体系大致包括三个方面：其一是以西王母为核心，以各种仙人为辅的神明系统；其二是关于仙境的想象与描述，包括仙岛、昆仑山、天门、楼阁等母题；其三是去往仙境的途径，包括天马、神鹿、玉女、六博以及部分车马行列。这个系统可能只是流行在某些特定的地区或社会中下层，也并未为所有的人接受，更没有最后完成和定型，但是这些尝试性的图像却生动鲜活，富有想象力和创造性。

　　与之相比，北朝葬具上所见的升仙画像却显得单薄、空洞，无非是四神、引导

的羽人、各种怪兽和乘龙骑凤的乐工等等，关于仙境的具体描述以及宗教性的偶像，均十分少见，更不见创造性的新母题。至于有的学者将这些图像看作道教美术，更是难以切中肯綮。实际上，这些图像缺乏制度化宗教中所具备的系统理论和相关仪式，我们只能从中看到传统思想的延续。关于死亡更为周密、新颖的理论和思想，可能要到那些石窟和佛教造像上去寻找。洛阳城内外寺塔林立，伊阙、巩县的石窟正在大规模地开凿，越来越多的人祈求死者的灵魂能够进入佛教经典细致描述、大量图像精心构筑的天堂，而对于死者肉身的安葬，则只是依据传统的礼仪照章办事而已。除了一些装饰性的莲花图案，佛教思想、教义和相关礼仪，并没有大量融入这些葬具画像中。至于所谓的祆教信仰，则只是有限地出现于这一时期进入中原的粟特等外来移民的墓葬中。如果说南北朝的工匠对于建构升仙图像系统还有一些贡献的话，那就是模糊了与高士和孝子题材绘画的边界，甚至在某种程度上将这些人物故事题材吸收到了以神仙信仰为核心的图像系统中。

与内容相比，更重要的是图像形式上的变化。在这些围绕着死亡展开的艺术创作实践中，身份卑微的工匠们通过对于形式的微妙调整，平衡着相关的各种利益，将沉闷乏味的主题表现得丰富多彩，各有千秋。至于构图中对于空间关系的探索，对于树木、山石这些新物象的描摹，疏密有致雍容条畅的线法，以及彩绘与贴金，更是在内容之外对于艺术语言的积极追求。可以说，这个时代特有的"艺术自觉"，不仅呈现于那些师承有序的大师身上，也不仅呈现于形形色色的绘画样式和理论中，而且，也一斧一凿，镌刻在这些深埋于黄泉的青石之上。

附录二

前朝楷模　后世之范

——谈新发现的南京狮子冲和石子冈南朝墓竹林七贤壁画

　　新近出版的《南朝真迹——南京新出土南朝砖印壁画墓与砖文精选》一书[1]，系统公布了南京地区一批南朝墓的新材料，包括2010年发掘的城南雨花台区石子冈雨花软件园A1地块内5号墓、2012年发掘的雨花台区铁心桥小村乌龟山1、2号墓、2013年发掘的城东栖霞区新合村狮子冲北象山南麓1、2号墓，其中4座墓出土竹林七贤与荣启期题材的模印拼镶砖壁画。就这些新发现的材料，本文抛砖论砖，仅谈一些初步的想法，期待其他学者玉成更为细致深入的研究成果。

　　乌龟山1号墓在封门墙中检出5块与竹林七贤与荣启期、龙、虎、天人等题材相关的模印砖。石子冈5号墓使用了竹林七贤与荣启期、龙、虎、狮子、天人题材的模印拼镶砖，但这些砖杂乱无章地与图案简单的花纹砖混用，未构成完整的画面（图328）。这两座墓长度都接近9米，说明墓主身份较高，发掘者认为其年代均为南朝中晚期。

　　狮子冲两座墓的发掘因故中断，未清理到墓底。其中1号墓（图329）东壁破坏严重，至发掘停止的层面以上，仅见树木枝干、人物衣带和龙纹局部线条；西壁发现比较完整的羽人戏虎和半套竹林七贤与荣启期壁画，后者的人物由外而内

---

[1]　南京市博物馆总馆、南京市考古研究所编著：《南朝真迹——南京新出土南朝砖印壁画墓与砖文精选》，南京，江苏凤凰美术出版社，2016年。

图 328　南京石子冈 5 号墓南壁壁画（采自《南朝真迹》，插页 1）

依次为阮咸、阮籍、山涛和嵇康（图 330）。2 号墓东西两壁残损严重，东壁有羽人戏龙壁画，西壁有羽人戏虎壁画，皆仅存部分片段，此外还在填土中检出带有"向"、"嵇"文字的残砖，应是向秀、嵇康的题名，故可知该墓也有竹林七贤与荣启期壁画。狮子冲 1、2 号墓分别出土"中大通式年（530 年）"和"普通七年（526 年）"纪年砖，据有的学者研究，其墓主为萧梁昭明太子萧统及其生母丁贵嫔①。

　　南京、丹阳地区曾多次发现装饰竹林七贤与荣启期模印拼镶砖壁画的墓葬，包括 1960 年发掘的南京西善桥宫山墓②、1965 年发掘的丹阳鹤仙坳墓③、1968 年发掘的丹阳建山金家村墓④和 1968 年发掘的丹阳胡桥吴家村墓⑤。这些大墓平面呈"凸"字形，由甬道和墓道组成，甬道前有封门墙，设一至两重石门，墓室长 6.85～10 米，甬道或墓室两壁装饰大幅拼镶砖画。宫山墓在墓室两壁装饰竹林七

---

① 许志强、张学锋：《南京狮子冲南朝大墓墓主身份的探讨》，《东南文化》2015 年 4 期，页 49～58；王志高：《再论南京栖霞狮子冲南朝陵墓石兽的墓主人身份及相关问题》，氏著：《六朝建康城发掘与研究》，南京：江苏人民出版社，2015 年，页 285～295。

② 南京博物院、南京市文物保管委员会：《南京西善桥南朝墓及其砖刻壁画》，《文物》1960 年 8、9 期合刊，页 37～42。

③ 南京博物院：《江苏丹阳胡桥南朝大墓及砖刻壁画》，《文物》1974 年 2 期，页 44～56。

④ 南京博物院：《江苏丹阳胡桥、建山两座南朝墓葬》，《文物》1980 年 2 期，页 1～17，图版贰～伍。

⑤ 同上。

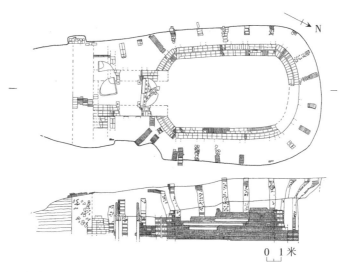

图 329　南京狮子冲 1 号墓平、剖面图（采自《南朝真迹》，第 64 页，图 6）

图 330　南京狮子冲 1 号墓西壁竹林七贤壁画局部（采自《南朝真迹》，插页 2）

贤和荣启期壁画（见图 43、229），长 240 厘米、高 80 厘米。根据题记，南壁由外
而内依次为嵇康、阮籍、山涛、王戎四人，北壁自外而内依次为向秀、刘灵（刘
伶）、阮咸、荣启期四人，画面两端和每个人物之间均有一树。鹤仙坳墓、金家村
墓、吴家村墓三墓除了竹林七贤与荣启期题材，还发现其他内容的壁画。以保存
较为完好的金家村墓为例，其甬道两壁为蹲伏的狮子（见图 44）和披铠武士（见
图 45），顶部为日月（见图 46）。墓室两壁上栏前段东侧为羽人戏龙，西侧为羽人
戏虎（见图 47、48），后段两侧为竹林七贤与荣启期画像。两壁下栏各有四幅画
像组成的仪卫卤簿，由外向内依次是甲骑具装、持戟侍卫、伞盖仪仗、骑马鼓吹

（见图 49）。鹤仙坳墓、金家村墓，以及新发现的狮子冲墓前方还有成对的石兽。此外，1961～1962 年发掘的南京西善桥油坊村罐子山墓毁坏过甚，只在第一重石门外的甬道两壁中部发现一大幅狮子拼镶画，而未见竹林七贤与荣启期壁画①。学术界一般认为这几座大墓的墓主为南朝帝王，此次发现的狮子冲墓再次证明这类墓葬的等级极高。

论者一般认为宫山墓所见竹林七贤与荣启期壁画最为完好地传达了画稿（或称"粉本"）原貌，而金家村墓和吴家村墓的构图与人物形象大体与宫山墓竹林七贤与荣启期画像一致，但细部有所改动，题记多有错乱。石子冈 5 号墓和狮子冲 1 号墓的情况更为复杂。发掘者仔细观察了石子冈 5 号墓的 6 块砖，发现这些砖与宫山墓砖"纹饰以及花纹在砖上的位置均相同"，因而推测二者"不仅是同一粉本，而且是同一模范制作出来的"②。耿朔、杨曼宁正在进行一项更为细致的研究，他们根据宫山墓壁画的布局，将石子冈 5 号墓竹林七贤与荣启期壁画的散砖进行了复位，初步的结果显示，石子冈 5 号墓大量的散砖确与宫山墓壁画出自同一套模具。此外，该墓还存在多组图像重复的砖，应是利用同一模板多次印制的结果。他们提出，石子冈 5 号墓拼镶砖的来源至少有两种可能：其一，修建这座墓的人可能得到了宫山墓砖不完整的模具，并继续利用这套模具制作多套砖；其二，更大的可能性是，他们通过某种渠道得到了原来制备好的多套砖，但均已不完整③。

在此之前，已经有多位学者讨论过南朝大墓中数套竹林七贤与荣启期壁画彼此之间的关系，其中何慕文（Maxwell O. Hearn）的一项研究尤值得重视。他以金家村墓出土嵇康像与宫山墓的拓本比较，注意到前者一部分砖的线条与后者完全一致。他推测这是利用了与宫山墓相同的一套不完整的砖，重新翻制模具，再将缺失部分的模具补全，然后用这套修复后的模具印制出整套壁画（图 331）④。进一步看，金家村墓补加的部分在制作时大致遵循了原有的线条，应是参照了原画稿或其摹本。

---

① 罗宗真：《南京西善桥油坊村南朝大墓的发掘》，《考古》1963 年 6 期，页 291～300、290。

② 南京市博物馆总馆、南京市考古研究所编著：《南朝真迹——南京新出土南朝砖印壁画墓与砖文精选》，页 9。

③ 耿朔、杨曼宁：《试论南京石子冈南朝墓出土模印拼镶砖的相关问题（暂定名）》，稿本。

④ Maxwell O. Hearn, "Seven Sages of the Bamboo Grove," James C. Y. Watt ed. *China: Dawn of a Golden Age, 200 – 750 AD*, New Heaven and London, Yale University Press, 2004, pp. 206 – 209.

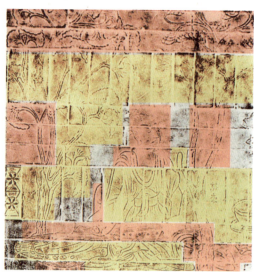

图 331   何慕文对丹阳金家村墓壁画的分析

左，南京西善桥宫山墓嵇康像   右，金家村墓嵇康像。红色为与宫山墓壁画重合的部分，黄色为补加的部分（采自 China: Dawn of a Golden Age, 200 – 750 AD, p. 207）

但新模具也有不少明显的出入，最为明显的是阮籍的身体前后翻转，致使左右手颠倒（图332）；此外，题记也多有错乱，如向秀题记误为"王戎"，刘伶误为"山司徒"，阮籍误为"刘伶"，王戎误为"阮步兵"。

吴家村墓竹林七贤与荣启期壁画使用的是一套全新的模具，虽然构图和基本母题没有大的变化，但与宫山墓原图并无重合部分，风格也有一定的差距，如人物大多显得年龄较大。町田章指出："金山村墓的描绘与宫山墓相近，看来在细部上有退化的倾向。吴家村墓则与宫山墓有显著的区别，如以金家村墓作为中介的话，也应是同系统的东西。"① 何慕文也提到，吴家村的模具是在金家村墓的基础上重新制作的②。

狮子冲1号墓西壁所见七贤壁画使用的也是重新制作的一套模具，但距离宫山墓的原画稿更远，其中阮咸大致保持了宫山墓的动态，嵇康左右反转，宫山墓中长啸的阮籍改为饮酒，宫山墓中饮酒的山涛改为手持麈尾。可能流传多年的画稿已经

---

① 町田章著，劳继译：《南齐帝陵考》，《东南文化》2辑，页43～63，南京，江苏古籍出版社，1987年。

② Maxwell O. Hearn, "Seven Sages of the Bamboo Grove," p. 208.

散乱，狮子冲 1 号墓中四人的次序与
宫山墓全然不符，题记也有错乱，其
中嵇康画像的题记误作"阮步兵"。
这种现象似可证明狮子冲 1 号墓的年
代晚于金家村墓和吴家村墓，也进一
步将后两座墓的年代确定在 530 年
之前。

　　综合上述情况，这些大墓所见的
几套竹林七贤与荣启期壁画之间的关
系，包括以下几种：

　　1. 宫山墓，全面地呈现了画稿的
原貌。

图 332　丹阳金家村墓阮籍像（采自
《六朝艺术》，图版 217）

　　2. 金家村墓，利用旧砖制作新模具，并补齐失去的部分。

　　3. 石子冈 5 号墓，继续使用宫山墓不完整的旧砖或模具，却未能修补完整。

　　4. 吴家村墓，在原画稿的基础上重新绘制新稿，制作新的模具。

　　5. 狮子冲 1 号墓，重新制作模具时所依据的原始资源相当有限，仅在构图和人
物动态上与原作类似。

　　出土模印拼镶砖壁画几座的大墓的年代问题，目前并没有得到彻底解决，
一般认为丹阳的三座墓年代为南齐。对于宫山墓年代学者们则持有不同的意见，
从最早的东晋说[①]，到后来提出的晋、宋之间说[②]、刘宋说[③]、梁代之后说[④]、齐
说[⑤]、齐至陈说[⑥]等，可谓言人人殊。如果我们更仔细地研究这几套壁画图像的关系，

---

① 中国科学院考古研究所：《新中国的考古收获》，页 94，北京，文物出版社，1962 年。

② 该墓发掘报告持此说。

③ 町田章和韦正皆认为该墓年代在刘宋中后期，见町田章著，劳继译：《南齐帝陵考》，页 60；韦正：
　《南京西善桥宫山"竹林七贤"壁画墓的年代》，《文物》2005 年 4 期，页 75～87。

④ 宋伯胤：《竹林七贤砖画散考》，《新亚学术集刊》4 期（1983 年），页 218。

⑤ 曾布川宽：《南朝帝陵の石兽と砖画》，《东方学报》63 册（1991 年），页 230～231。

⑥ 王志高：《简议西善桥"竹林七贤"砖印壁画墓时代及墓主身份》，《中国文物报》1998 年 12 月 30
　日，3 版；氏著：《六朝建康城发掘与研究》，页 329～331。

再结合墓葬位置、墓葬形制、随葬品等因素，或有可能在编年问题上取得新的突破①。此外，我在此提出其他几个值得注意的问题，供有兴趣的研究者讨论。

第一个问题是：那些原始的砖或模具价值何在？模印拼镶砖壁画的制作要耗费大量工时，罗宗真对于其制作程序进行了推想："估计是先在整幅绢上画好，分段刻成木模，印在砖坯上，再在每块砖的侧面刻就行次号码，待砖烧就，依次拼对而成的。"② 此外，发掘时还在这些砖上发现过彩绘的痕迹。要保证整套砖或模具的完整和次序的正确，是十分不易的。金家村墓和石子冈 5 号墓所见，正是这套砖或模具散失的结果。在金家村墓骑马鼓吹画像中，还出现了局部画像砖倒置的现象（图333）。

图333   丹阳金家村墓骑马鼓吹画像（采自《六朝艺术》，图版211）

---

① 基于何慕文等学者的研究，我倾向于认为宫山墓的年代早于其他几座装饰竹林七贤与荣启期壁画的墓葬。只有一种情况可以将这座墓葬的年代推到其他几座墓之后，即先用完整的模具制作出一整套画像砖，在保存很多年之后，砌筑在一座晚期的墓葬中。但是，很难想象这套砖会完好无损地按照原有的次序跨越一两个朝代保存下来，因此这种可能性较小，石子冈 5 号墓就是一个反证。

② 南京博物院、南京市文物保管委员会：《南京西善桥南朝墓及其砖刻壁画》，页41。

如金家村墓那样补加散失部分的模具，是一项相当复杂的工作。工匠需要首先将尚存的砖拼合起来，再在空隙部分补绘画稿，然后按照原有的工序制作出新模具，并尽可能地与原砖的线条衔接周密，以保证风格的统一。这样做，比另起炉灶、完整地制作一套模具可能更加困难。石子冈 5 号墓所见，则意味着工匠们知难而退，既未能补加失去的部分，也未重新制作一套新的模具。那些带有画像的砖固然十分散乱，但是，也许不能简单地理解为工匠将其当作普通的砖材使用，因为它们毕竟最终被砌筑在了墓室的墙壁上，仍以一种特定的方式确认了原有模具、砖材和图像的价值。即使那些不得已重新制作的整套新模具，也以原有的画稿为样板。对于原作局部的误解，可能只是因为缺少原始依据。实际上，包括狮子冲 1 号墓在内，新的模具都没有从根本上颠覆原作的母题、构图和风格。原始砖或模具似乎具有某种"神圣性"，不能被轻易更改和遗弃。

在模具复刻、翻印的过程中，"模"的字面意义得以强化，即作为一种标准而存在，并不断衍生出其化身。链条的部分环节有所中断，但工匠们仍努力坚守、修补、复建这根链条。贯穿这根链条的"神圣性"并非存在于作为工具的印模本身，也不寄身在脱胎于这些印模的材质平平的砖块中，而是其背后的画稿。由此衍生出第二个问题：原始的画稿有什么特殊的意义？

这套画稿已不复存在，从某种意义上讲，它已超越了某种具体的材质，只是借助于砖块，留下作为"痕迹"的图像。但我们可以凭借痕迹追踪其真身，正如许多研究者所指出的，西善桥宫山墓竹林七贤与荣启期壁画是目前所见这一时期绘画水平最高的作品，其画稿应出自某位著名的艺术家。的确，当时有不少重要的画家绘有七贤，如《晋书·顾恺之传》云："恺之每重嵇康四言诗，因为之图。"[1]《世说新语·巧艺》记顾恺之论画嵇康《送秀才入军诗》曰"手绘五弦易，目送归鸿难"[2]。见于唐人张彦远《历代名画记》所载，绘七贤的画家有东晋顾恺之、史道硕、戴逵，宋陆探微、宗炳，齐毛惠远、宗测等[3]。关于宫山墓画稿的具体作者，此前有顾恺

---

① 《晋书》，页 2405，北京，中华书局，1974 年。

② 刘义庆撰，刘孝标注，杨勇校笺：《世说新语校笺》，修订本，页 647，北京，中华书局，2006 年。

③ 张彦远著，俞剑华注释：《历代名画记》，卷五，页 98、107、120、124；卷六，页 126、131；卷七，页 137、146，上海，上海人民美术出版社，1964 年。

之①、陆探微②、戴逵③等推断，还有学者认为两壁的稿本并非出自同一人之手④。由于这些画家并无可靠的作品传世或见于其他考古发现，壁画中也无作者署名，所以这个问题终究难以论定。但是，这套作品的艺术水准的确无出其右者，上述几座大墓的砖和模具传承、修补、复制的现象，也有力地证明了画稿的权威性。

被宋人郭若虚誉称为"万古不移"之论的谢赫"六法"中有"传模移写"一法⑤，一作"传移模写"⑥。虽然张彦远认为此"乃画家末事"⑦，但从临摹开始，与古为徒，却是中国绘画最基本的学习方式。书法的学习也是从描红、临写入手。大量书画作品因缣素易灭而难以存留真身，也依赖于勾描、临写、摹绘等复制方式，得以保存下其图像。

谢赫称戴逵"善图圣贤，百工所范"⑧，一些名家作品为其他寂寂无闻的画家和工匠所临摹，是常见之事。我们固不必将谢说中的"模"简单地理解为模具，其本意应是一种比喻或引申，但是，在墓葬系统中，竹林七贤与荣启期壁画的制作确以其特有的技术和程序，实践了对于经典作品一次次的"传移"。

在南朝帝王陵墓发展的过程中，建山金家村、胡桥吴家村等墓增加了其他内容的壁画，但这些不同的题材在构图上和竹林七贤与荣启期壁画缺少有机的关联，在风格、水准上与之有明显的差异，如狮子（见图44）、羽人戏龙、羽人戏虎（见图47、48）画像中使用了一些长线条，人和动物的造型更为程式化。而卤簿仪仗（见图49）和守门武士（见图45）的造型则显然逊色许多，恰如张彦远所言"粗善写

① 南京博物院、南京市文物保管委员会：《南京西善桥南朝墓及其砖刻壁画》，页42。

② 林树中：《江苏丹阳南齐陵墓砖印壁画探讨》，《文物》1977年1期，页71~72；林树中：《再谈南朝墓〈七贤与荣启期〉砖印壁画》，《艺术探索》19卷1期（2005年），页11~23。

③ 金维诺：《我国古代杰出的雕塑家戴逵和戴颙》，氏著：《中国美术史论集》，页83~89，北京，人民美术出版社，1981年。

④ 巫鸿（Wu Hung）提到这个看法，见 Yang Xin, Richard M. Barnhart, et al. , *Three Thousand Years of Chinese Painting*, New Haven: Yale University Press, and Beijing: Foreign Languages Press, 1997, p. 46.

⑤ 郭若虚，黄苗子点校：《图画见闻志》，卷一，页14，北京，人民美术出版社，1963年；张彦远著，俞剑华注释：《历代名画记》，卷一，页23。

⑥ 钱锺书断句为"传移，模写是也"，见氏著：《管锥编》，页1353，北京，中华书局，1979年。

⑦ 张彦远著，俞剑华注释：《历代名画记》，卷一，页24。

⑧ 张彦远著，俞剑华注释：《历代名画记》，卷五，页123。

貌，得其形似，则无其气韵"①。但是，尽管如此，这些新增加的画面，都采用了线描的方式，力求与竹林七贤壁画保持一致性。

竹林七贤与荣启期画像在墓葬系统中的"传移模写"，固然与艺术自身的规律相一致，但绘画的理论和实践并不是主导这一过程的唯一因素。这是我要谈的第三个问题。诚如许多学者所指出的，这些壁画传承的背后，是一种丧葬的礼制。在这种制度中，其他题材的壁画可以增益，但竹林七贤与荣启期壁画却成为长期稳定的内容。就目前所见材料来看，这一题材在南朝只限于帝王一级的大型墓葬。在等级较低的邓县学庄南朝墓中②，墓葬两壁相应的方位出现的不是竹林七贤，而代之以孝子、南山四皓、王子乔和浮丘公等故事③，这些内容多是一砖一画，和竹林七贤与荣启期壁画不可同日而语。2011～2012 年发掘的浙江杭州余杭小横山南朝 1 号墓属于地方豪强的墓，其中虽然出现了画幅巨大的羽人戏龙、戏虎拼镶砖壁画④，但却不见竹林七贤与荣启期壁画。只有当这一题材影响到北朝墓葬时，才突破了南朝墓等级的局限，出现于诸如崔芬等中级官员的墓葬中⑤。

绘画成为墓葬制度的组成元素，也印证了这一时期艺术史的一个重大变化。在东晋南朝，艺术进入一个"自觉的时代"，许多帝王、世家大族、文士进入艺术领域，他们参与绘画创作，探索理论问题，也成为艺术作品的收藏者和艺术创作的赞助者，绘画艺术的社会地位得以大大提升。虽然两汉墓葬中多见壁画、画像石和画像砖，但采用这些艺术形式的墓葬多属社会中层，或集中于某个特定的区域，或与某种信仰相关联，而帝王一级的陵墓却少见绘画。南朝新建立的墓葬制度与汉代重要的差别之一，便是绘画成为其中重要的组成部分。同样的现象也见于北朝，在邺城为中心的东魏、北齐墓葬中，一致性的壁画题材和布局成为贵族墓葬规制的重要特征⑥。只是由于其技术与材料的差别，我们无法像对南朝大墓这样更精确地观察北

---

① 张彦远著，俞剑华注释：《历代名画记》，卷一，页 24。

② 河南省文化局文物工作队：《河南邓县彩色画像砖墓》，北京，文物出版社，1958 年。

③ 其中有些画像砖是在墓室堆积的乱砖中检出的，具体位置不详。

④ 杭州市文物考古研究所、余杭博物馆：《余杭小横山东晋南朝墓》，页 6～41，北京，文物出版社，2013 年。

⑤ 临朐县博物馆：《北齐崔芬壁画墓》，北京，文物出版社，2002 年。

⑥ 见本书下编，六。

朝墓葬壁画彼此的传承关系。

第四个问题涉及这组壁画的题材与意义。竹林七贤是魏晋时期的七位名士，按照《世说新语·任诞》所说，"陈留阮籍、谯国嵇康、河内山涛三人年皆相比，康年少亚之。预此契者，沛国刘伶、陈留阮咸、河内向秀、琅琊王戎。七人常集于竹林之下，肆意酣畅，故世谓'竹林七贤'"①。这些人物的政治立场和思想倾向彼此不同，但他们好酒谈玄、不拘礼法、清虚无为的特征却是一致的。至于传说中曾与孔子对话的隐士荣启期，则富有道家色彩。这些人物成为南朝上层社会的精神楷模而受到追捧，诚如韦正所言，"南朝玄学清谈的继续盛行，是七贤在时人心目中依旧新鲜生动的基础"。韦正还指出，刘裕出身低微，"刘宋皇室将竹林七贤画进墓室，与七贤同列，既可以满足对一流名士的倾慕，又可以掩盖自卑心理"②。这些背景，的确是七贤等图像能够进入上层社会的日常生活和礼仪系统的一个重要前提。但在另一个层面，竹林七贤与荣启期壁画能够在墓葬系统中延续下来，还应该与当时的丧葬观念相关。町田章③、赵超④、李若晴⑤等学者曾谈到竹林七贤的神仙化问题，我也曾对此做过讨论⑥。在我看来，这两个层面并不矛盾，前者从思想史、政治史入手解释了为什么竹林七贤会受到南朝帝王的追捧，后者从宗教、信仰的视角回答了这些题材之所以成为墓葬制度组成部分的原因。

以上四个问题，从"模"的本意出发，推进到其引申意义，即楷模、样板、模范、典范、范式……涉及技术、艺术、制度与观念等各个不同的方面。需要说明的是，这四个问题彼此有着内在的关联。模具和原砖的使用、修补、重制，体现出画稿的经典性；绘画经典化，反映了绘画艺术社会地位提升，从而成为上层建筑、意识形态的组成部分。反过来，也正是因为时代观念的变化，导致了人们对于艺术品

---

① 刘义庆撰，刘孝标注，杨勇校笺：《世说新语校笺》，页653。

② 韦正：《地下的名士图——论竹林七贤与荣启期墓室壁画的性质》，《民族艺术》2005年3期，页89～98。

③ 町田章著，劳继译：《南齐帝陵考》，《东南文化》2辑，页51，南京，江苏古籍出版社，1987年。

④ 赵超：《从南京出土的南朝竹林七贤壁画谈开去》，《中国典籍与文化》2000年3期，页4～10。

⑤ 李若晴：《升仙之路：试谈"竹林七贤与荣启期"画像砖的图像内涵》，《美术学报》2006年1期，页67～72。

⑥ 见本书下编，七。

的重视；对于杰作的珍重，又成为人们制作、使用、保存、修补模具和原砖的背景。

装饰竹林七贤与荣启期壁画的这些墓葬，至少跨越了南朝二至三个朝代，画稿的历史则有可能更为久远。改朝换代，伴随着政治动荡、军事冲突。那些拼镶程序极端复杂的砖或脆弱的模具，如何能够跨越不同的王朝，被认真地保存、修补？那些往昔的绘画经典，如何能够被彼此对立的统治者所共同珍视？那些前朝制定的葬制，为何能够在江山易色之后继续延续和发展？那些昨天所推崇的圣贤，为何在后世仍具有其精神和宗教的力量？对于这些问题，这篇小文无法一一给出答案，因为要全面、深入地作答，几乎需要重新写一部《南朝文化史》。

增订版补记

这本书是在我的博士论文基础上修改完成的，第一版2002年由文物出版社出版，2004年重印一次，早已售罄。文物出版社张玮女士提议再版，我感到甚为荣幸。这部小书出版后，得到学界同仁不少鼓励[①]，韩文版也在翻译中。但另一方面，我也感到不安。古人常言"悔其少作"，对于这部旧作，我虽说不上"悔"，但确有些遗憾。除了因为近年来我个人的研究有些小小的扩展，更重要的是，中国的田野考古发现日新月异，新材料大为增加，这本小书基本的框架以及总体方向虽没有根本性问题，但已有很多局限。

时移势易，我已不可能重新改写这本书。这次再版，除了校正文字中的技术性错误，内容基本未作改动，另外，考虑到原版只采用线图，难以全面反映原作的面貌，这次适当增加了部分照片。有些照片是近年来发表的，所以，参考文献中增加了部分刊有这些插图的新出版物的信息，以便于读者检索原报道。

本书初版之后，我陆续发表了为数不多的几篇主题相关的文章，主要有：

1. 《崔芬墓壁画初探》（2002 年）

2. 《北齐徐显秀墓墓主画像有关问题》（2003 年）

3. 《娄叡与娄叡墓》（2003 年）

[①] 刘未的评论，见中山大学艺术史研究中心编《艺术史研究》第 5 辑，页 518 ~ 524，广州，中山大学出版社，2004 年；林圣智的评论，见台北《新史学》十六卷一期，页 171 ~ 181，2005 年 3 月。

4.《逝者的"面具"——论北周康业墓石棺床画像》（2008 年，2010 年）

5.《考古发现的三国绘画》（2010 年）

6.《葬礼与图像——以两汉北朝材料为中心》（2013 年）

7.《北朝葬具孝子图的形式与意义》（2012 年）

8.《三国两晋南北朝墓葬壁画》（2016 年）

9.《前朝楷模　后世之范——谈新发现的南京狮子冲和石子冈南朝墓竹林七贤壁画》（2016 年）

其中第 1、2、4 三篇经过修订，重刊于文集《逝者的面具——汉唐墓葬艺术研究》（北京大学出版社，2013 年），第 5 篇重刊于《从考古学到美术史——郑岩自选集》（上海人民出版社，2012 年），有兴趣的读者可以参考。此次将 7、9 两篇略加修订附于本书。

此外，利用这个机会，我对 2002 年以后魏晋南北朝壁画墓的重要发现加以简单介绍，并在注释中列出这些新材料出处，以供有兴趣继续此类研究的读者参考。最后，在新材料和新研究的基础上，也附带就本书中一些明显的错误加以说明。

中国东北地区发现的曹魏至十六国时期的壁画墓新材料不多。刘未的论文提到辽宁省辽阳市的峨嵋墓、冶建化工分厂墓、玉皇庙 4 号墓、道西村墓等都有壁画，年代可能晚至两晋之际①，但未见较详细的考古报告。时隔半个世纪，北燕冯素弗墓完整的报告终于在 2015 年出版②，值得重视。

西北地区的甘肃和新疆有一些新材料见于报道。甘肃高台骆驼城的几批壁画墓值得注意，包括 1999 年和 2002 年发掘的许三湾古城一带的多座墓葬③、2000 年发掘的苦水口 1 号墓④、2001 年发掘的骆驼城 2 号墓⑤、2003 年发掘的南华镇 1 号墓⑥和

① 刘未：《辽阳汉魏晋壁画墓研究》，教育部人文社会科学重点研究基地吉林大学边疆考古研究中心编：《边疆考古研究》第 2 辑，页 232，北京，科学出版社，2004 年。

② 辽宁省博物馆徐秉琨主编、刘宁副主编：《北燕冯素弗墓》，北京，文物出版社，2015 年。

③ 俄军、郑炳林、高国祥：《甘肃出土魏晋唐墓壁画》，页 435～470，兰州，兰州大学出版社，2009 年。

④ 徐光冀主编：《中国出土壁画全集》第 8 卷，页 48～55，北京，科学出版社，2012 年；俄军、郑炳林、高国祥：《甘肃出土魏晋唐墓壁画》，页 171～478、479～486。

⑤ 甘肃省文物考古研究所、高台县博物馆：《甘肃高台骆驼城墓葬的发掘》，《考古》2003 年 6 期，页 44～51。

⑥ 甘肃省文物考古研究所：《甘肃省高台县汉晋墓葬发掘简报》，《考古与文物》2005 年 5 期，页 16～28。

2007 年发掘的地埂坡 1~4 号墓①等。这些墓葬的年代多在魏晋时期，较晚的墓葬出土有前秦建元年间（365~385 年）的砖铭、简帛和棺板题记②。在高台许三湾墓出土的画像砖上，还发现"采帛机"、"卧具"、"亭灯"、"炭卢（炉）"、"镜筬"、"相（箱）"、"合缯"等题记，殊为难得。顺便提到的是武威雷台墓，该墓斜坡墓道两壁有三组红色树状花纹，前、中、后三室顶部正中嵌彩绘莲花藻井，四壁有墨和白粉涂绘的几何图案③。我在本书中仍沿用旧说，将年代定为东汉。近几年来，不少学者认为该墓年代在西晋前后④。尽管仍有不同的意见，但我现在接受这种新的断代。

1991~1992 年发掘的敦煌佛爷庙湾 1 号西晋墓后室发现一幅宽 1.65、高 1.14 米的墓主宴饮壁画，墓中画像砖也多见墨书题记⑤。1999~2002 年，佛爷庙湾墓地又陆续发掘了数座魏晋至十六国时期的画像砖墓⑥。敦煌市博物馆收藏的部分西晋墓画像砖也得以发表⑦。此外，2001 年发掘的安西县旱湖垴 4 号墓⑧、2009 年发掘的敦煌李家墩村墓⑨，也在古敦煌郡范围之内。

---

① 关于 1、2 号墓的报道见甘肃省文物考古研究所、高台县博物馆：《甘肃高台地埂坡晋墓发掘简报》，《文物》2008 年 9 期，页 29~39。关于 3、4 号墓的简要报道见吴荭：《甘肃高台发掘地埂坡墓群魏晋墓葬》，《中国文物报》2008 年 1 月 16 日，2 版；吴荭：《甘肃高台地埂坡魏晋墓》，国家文物局编：《2007 中国重要考古发现》，页 84~91，北京，文物出版社，2008 年。

② 寇克红：《高台许三湾前秦墓葬题铭小考》，中共高台县委等编：《高台魏晋墓与河西历史文化研究》，页 27~35，兰州，甘肃教育出版社，2012 年。

③ 甘肃省博物馆：《武威雷台汉墓》，《考古学报》1974 年 2 期，页 88~109，图版壹~拾捌。

④ 何双全：《武威雷台汉墓年代商榷》，《中国文物报》1992 年 8 月 9 日，3 版；吴荣曾：《"五朱"和汉晋墓葬断代》，《中国历史文物》2002 年 6 期，页 46~49；孙机：《武威出土的铜奔马不是汉代文物》，《光明日报》2003 年 4 月 29 日，B3 理论版。

⑤ 殷光明：《敦煌西晋墨书题记画像砖墓及相关内容考论》，《考古与文物》2008 年 2 期，页 96~106，封三。

⑥ 李永宁：《敦煌佛爷庙湾魏晋至唐代墓群》，《中国考古学年鉴 2002》，页 391~392，北京，文物出版社，2003 年；2001 年发掘的一座见张瑞峰：《甘肃敦煌再次出土西晋画像砖》，《中国文物报》2001 年 8 月 19 日，第 2 版；殷光明：《敦煌出土画像砖综述》，中共高台县委等编：《高台魏晋墓与河西历史文化研究》，页 111；徐光冀主编：《中国出土壁画全集》第 8 卷，页 117~120。

⑦ 俄军、郑炳林、高国祥：《甘肃出土魏晋唐墓壁画》，页 513~529、537~556。

⑧ 甘肃省文物考古研究所：《甘肃安西旱湖垴墓地、窑址发掘简报》，《考古与文物》2004 年 2 期，页 3~12。

⑨ 资料未发表，有关介绍见殷光明：《敦煌出土画像砖综述》，中共高台县委等编：《高台魏晋墓与河西历史文化研究》，页 111。

在新疆地区，2004 年发掘的吐鲁番阿斯塔那西区十六国时期的沓尊钟及其妻令狐阿婢墓，正壁绘墓主与妻属坐于帐下，旁边有北斗、牛车、树木、葡萄园以及践碓、酿酒等①。2006 年发掘的阿斯塔那前凉 605 号墓正壁也绘有墓主及庄园画像②。2003 年在若羌县铁干里克东约 320 公里处发掘一座长斜坡墓道洞室墓③，年代约在三、四世纪之际，墓主为鄯善王国时期楼兰城附城 LE 城周围的贵族，墓葬前后室均有壁画，前室墓门左右侧绘人物和牛，东壁绘 6 人宴饮场面，写有佉卢文墨书题记，西壁绘对咬的骆驼，北壁绘人、马等；后室绘有星团状的莲花。2007 年在库车县友谊路发掘一批西晋至十六国时期的砖室墓④，其 2、3 号墓照墙砌有建筑构件以及天禄、四神等雕砖。这两座墓与 8 号墓墓室墙壁上还残存彩绘痕迹。这些特征显示出与河西魏晋壁画墓的关联。

关于南方地区的壁画墓，本书初版遗漏了 1981 年发掘的贵州安顺梅旗镇八番布依族村寨后山 1 号墓⑤和 1987 年发掘的浙江余杭庙山墓⑥。寨后山 1 号墓顶部有星象图，墓壁上有四神残迹，年代属六朝时期。庙山墓为"凸"字形带甬道券顶单砖室墓，长7.6 米，宽2.18 米，高2.57 米。墓室两侧有模印拼镶砖画，其上层为 8 组朱雀，下层自前而后为挎刀武士、两文士对谈、僧人等。后壁上下两层，共布列 6 组朱雀。

长江下游的模印画像砖、花纹砖墓也有新的发现。2000 年发掘的南京铁心桥王家山东晋墓除装饰花纹砖外，一块墓砖上还有阴线刻的胡人形象⑦。2003 年发掘的南

---

①　吐鲁番地区文物局：《新疆吐鲁番地区阿斯塔那古墓群西区 408、409 号墓》，《考古》2006 年 12 期，页3～11；李肖：《吐鲁番新出壁画"庄园生活图"简介》，《吐鲁番学研究》2004 年 1 期，页126～127。

②　鲁礼鹏：《吐鲁番市阿斯塔那晋唐墓葬》，《中国考古学年鉴 2007》，页 481，北京，文物出版社，2008年；徐光冀主编：《中国出土壁画全集》第 8 卷，页 210～211。

③　张玉忠：《楼兰地区魏晋墓葬》，《中国考古学年鉴 2004》，页 410～412，北京，文物出版社，2005 年。

④　新疆维吾尔自治区文物考古研究所：《新疆库车友谊路晋十六国时期砖室墓发掘》，《中国文物报》2007 年 12 月 28 日，第 5 版；新疆文物考古研究所：《新疆库车友谊路魏晋十六国时期墓葬 2007 年发掘简报》，《文物》2013 年 2 期，页 37～55。

⑤　熊永富：《安顺八番六朝星象图壁画墓清理简报》，熊永富、宋先世主编：《贵州田野考古四十年(1953—1993)》，贵阳，贵州民族出版社，1993 年，页 330～340。

⑥　杭州市文物考古所：《浙江省余杭南朝画像砖墓清理简报》，《东南文化》1992 年 3 期，页 123～126，图版贰。

⑦　贺云翱、邵磊：《南京市铁心桥王家山东晋晚期墓的发掘》，《考古》2005 年 11 期，页 51～56，图版陆。

京雨花台区姚家山东晋 3 号墓出土青龙、白虎、男女侍者等内容的画像砖①。1987～
1988 年发掘的浙江嵊州四村大坟山吴永安六年（263 年）95 号墓②和太平二年（257
年）101 号墓③、1989 年发掘的嵊州莲塘村东晋元康四年（294 年）106 号墓④、1990
年发掘的嵊州浦口街道四村东晋太康十年（289 年）和十一年（290 年）墓⑤、2005
年发掘的江苏江宁山水华门工地南朝墓⑥、2006 年发掘的江宁胡村南朝墓⑦、2006 年
发掘的南京雨花台尹家巷东晋墓（M3）⑧、2006 年发掘的南京雨花台 84 号南朝墓⑨、
2006 年发掘的南京雨花台区尹家巷 3 号东晋晚期墓⑩、2009 年发掘的嵊州上高村东
晋永嘉四年（310 年）墓⑪等也都出土有画像砖。其中，江宁山水华门工地墓装饰有
莲花、忍冬纹画像砖，以及模印侍女的壁龛砖。江宁胡村墓出土神兽、天人和男女
侍者画像砖，并以画像砖及其他花纹砖等在后壁砌出三座佛塔的外形。南京雨花台
84 号墓出土贵族男女分别骑马、乘牛车出行的画像砖，画面以阳线构成，别具一格，
同时，该墓也出土模印侍女的壁龛砖。在嵊州所发现的花纹砖中，从吴天纪四年
（280 年）开始出现的佛像，一直延续到梁天监二年（503 年）。雨花台区尹家巷 3 号
东晋晚期墓在墓室前部和甬道残留的部分墙壁上见有画像砖，一类两端侧各模印侍
女和"十"字圆弧纹，两长侧模印侍男，余面皆同前类；另见一种纹饰模印于砖之

---

① 南京市博物馆、雨花台区文化广播电视局：《南京市雨花台区姚家山东晋墓》，《考古》2008 年 6 期，
　　页 26～35。
② 张恒、陈锡淋：《古剡汉六朝画像砖》，页 24～26，杭州，浙江人民出版社，2010 年。该书资料丰富，
　　对于未注明发掘年份的墓葬，以及个人收藏的画像砖，此处略而不论。
③ 张恒、陈锡淋：《古剡汉六朝画像砖》，页 26～27。
④ 张恒、陈锡淋：《古剡汉六朝画像砖》，页 35～37。
⑤ 张恒、陈锡淋：《古剡汉六朝画像砖》，页 34～35。该书未将两墓出土的材料分开介绍。
⑥ 许长生：《南京江宁开发区发现大型南朝画像砖墓》，《中国文物报》2006 年 3 月 31 日，第 2 版。
⑦ 南京市博物馆：《南京市江宁区胡村南朝墓》，《考古》2008 年 6 期，页 51～57。
⑧ 南京市博物馆：《南京雨花台尹家巷东晋画像砖墓》，南京市博物馆编著：《南京文物考古新发现》第
　　三辑，北京，文物出版社，2014 年，页 104～107。
⑨ 南京市博物馆、雨花台区文化广播电视局：《南京市雨花台区南朝画像砖墓》，《考古》2008 年 6 期，
　　页 43～50。简报认为是南朝梁、陈时期的墓葬，韦正认为可以早到南齐，甚至更早一些。见韦正：
　　《六朝墓葬的考古学研究》，第 323 页，北京，北京大学出版社，2011 年。
⑩ 南京市博物馆：《南京雨花台尹家巷东晋画像砖墓》，南京市博物馆编著：《南京文物考古新发现》，第
　　三辑，页 104～107，北京，文物出版社，2014 年。
⑪ 张恒、陈锡淋：《古剡汉六朝画像砖》，页 39～42。

端侧，为带圆圈的"卐"字图案。另外，南京六朝博物馆展出有标注为雨花台区景明佳园、六合樊集等地点出土的画像砖。

近年来，在南京和杭州又有较重要的发现，2010～2013 年发掘的 4 座南朝墓发现模印砖壁画或砖材①，2011～2012 年发掘的杭州余杭小横山墓地中的多座南朝墓也发现画像砖和模印砖壁画②。南京的 4 座墓均为"凸"字形带甬道单砖室墓，其中雨花台区石子冈雨花软件园 5 号墓墓室中使用大量模印壁画砖，包括龙、虎、狮子、天人、竹林七贤等，但这些砌筑在墓壁上的砖十分散乱，没有拼合为完整的画面。在雨花台铁心桥街道小村乌龟山 1 号墓封门墙中捡出 5 块模印画像砖，包括竹林七贤、龙、虎、天人等内容。南京栖霞区狮子冲 1、2 号墓规模巨大，可能是帝陵。出于保护的目的，未清理完毕而暂停。其中 1 号墓西壁上半部发现了相对完整的羽人戏虎和半幅竹林七贤模印砖壁画，2 号墓东壁发现持幡仙人以及羽人戏龙的一部分，西壁可能也有类似画像。两墓中的部分画像砖上带有题记，更重要的是两墓分别出土了带有"普通七年（526 年）"（M2）和"中大通弍年（530 年）"（M1）的纪年砖，发掘者推定墓主分别为梁昭明太子萧统（M1）及其母丁贵嫔（M2）。

余杭小横山墓地 112 座东晋晚期至南朝的墓葬中，有 20 座南朝墓出土了画像砖，内容有太阳、四神、千秋万岁、凤鸟、狮子、飞仙、鹤、莲花化生、宝瓶莲花、仙人乘龙虎、门吏、持刀仪卫、力士、侍女等，部分带有题记；有 9 座墓发现了模印砖壁画，其中 1 号墓有羽人戏龙、羽人戏虎、玄武、化生等，另外几座墓葬中有挂刀武士、飞仙等，多带有题记。

此外，2012 年清理的南京仙林区大浦塘东侧储备地块南朝墓（XDCM1）是一座带斜坡墓道的"凸"字形带甬道单砖室墓③，甬道与墓室全长 14.2 米，根据出土的残墓志，推测墓主可能为齐梁时期的宗室贵族。此墓最重要的发现是甬道残存的石门，

① 南京市博物馆、南京市雨花台区文化局：《南京雨花台石子冈南朝砖印壁画墓（M5）发掘简报》，《文物》2014 年 5 期，页 20～38；南京市博物馆：《南京市雨花台区铁心桥小村南朝墓发掘简报》，《东南文化》2015 年 2 期，页 50～60，彩插三～四；南京市博物馆总馆、南京市考古研究所：《南朝真迹——南京新出南朝砖印壁画墓与砖文精选》，南京，江苏凤凰美术出版社，2016 年。
② 杭州市文物考古研究所、余杭博物馆：《余杭小横山东晋南朝墓》，北京，文物出版社，2013 年。
③ 李翔：《南京市仙林区大浦塘东侧储备地块墓葬发掘》，江苏文物局主编：《江苏考古 2012－2013》，页 132～135，南京，南京出版社，2015 年。该石门目前在南京六朝博物馆展出。

其半圆形门拱正面浮雕人字栱，底部阴刻神兽纹，门柱正面阴刻神兽纹及花草纹，内侧面阴刻花草纹及武士像，保存完好的东部门扇正面阴刻高约 1 米的武士像，造型与门柱内侧面武士像相同。以前发掘的南朝大墓虽多有石门，但均风化严重，不能辨认是否带有线刻图案，因此该墓的发现揭示了南朝大型墓葬一种以前未尝辨识的装饰类型。从已披露的资料看，砌筑墓壁的墓砖中包括莲花纹画像砖。

　　南方其他区域的画像砖墓较重要的有 1999 年发掘的湖北谷城肖家营 40 号墓[①]、2007 年发掘的湖北襄阳麒麟村墓[②]和 2015 年发掘的襄阳柿庄 15 号墓[③]等，均为南朝墓葬。肖家营 40 号墓出土的画像砖有仕女、仙人、瓶花、双龙、青龙、朱雀以及各种莲花纹等题材。麒麟村墓出土的画像砖与襄阳贾家冲墓有较多共性，有墓主骑马出行、墓主乘平肩舆出行、郭巨埋儿、孝子侍饮、王子乔吹笙、飞仙等内容。柿庄15 号墓出土大量画像砖，画像题材包括郭巨埋儿、千秋像、武士像、四神、供养人、侍女、博山炉，以及莲花、瓶草、忍冬花纹等。据悉襄阳地区还曾发掘过清水沟 1 号墓、吴家坡 56 号墓、杜甫巷 82 号墓、杜甫巷 88 号墓、肖家营 M1（2010 年），三岔路 2 号墓等南朝画像砖墓，不过这些材料都尚未正式报道。

　　2012 年在江苏扬州国防园附近建筑工地发掘一座南朝墓，为凸字形单室砖墓，所出土的画像砖包括莲花化生、朱雀、人首鸟身等题材，已整体搬迁，收藏保护于汉广陵王墓博物馆。2013 年在扬州西区发掘一座前后室画像砖墓，据称时代也为南朝。这两座墓的材料尚均未发表。

　　中原地区的壁画墓近年来公布了湾漳墓[④]、娄叡墓[⑤]、安伽墓[⑥]等重要墓葬比较完整的资料，新的发现也层出不穷。正在发掘的洛阳伊滨区西朱村曹魏大墓，据说发现有壁画残迹，这意味着我们对于中原曹魏墓壁画原有的认识需要改变。2003 年

① 襄樊市考古队、谷城县博物馆：《湖北谷城县肖家营墓地》，《考古》2006 年 11 期，页 15~37，图版壹~柒。
② 杨一：《襄城区麒麟村南朝画像砖赏析》，《襄阳日报》2009 年 2 月 13 日，B3 版。
③ 张亚婷：《我市一南朝时期墓葬出土上万块画像砖，墓主人或与梁武帝有关》，《襄阳晚报》2015 年 11 月 17 日，8 版。
④ 中国社会科学院考古研究所、河北省文物研究所：《磁县湾漳北朝壁画墓》，北京，科学出版社，2003 年。
⑤ 山西省考古研究所、太原市文物考古研究所：《北齐东安王娄睿墓》，北京，文物出版社，2006 年。
⑥ 陕西省考古研究所：《西安北周安伽墓》，北京，文物出版社，2003 年。

发掘的西安长安区羊村二十所雷达测试中心西晋墓也发现壁画残迹①。北魏平城时代的壁画墓在山西大同有较多发现，包括 2002 年发掘的迎宾大道 16 号墓②、2005 年发掘的沙岭太延元年（435 年）任侍中、平西大将军等职的破多罗氏父母墓③、2008 年发掘的全家湾和平二年（461 年）散骑常侍选部尚书安乐子梁拔胡夫妇墓④、2009 年发掘的云波里路墓⑤、2009 年发掘的文瀛路墓⑥和 2011 年发掘的陕西靖边统万城周边五座墓葬⑦等。

　　迎宾大道 16 号墓是一座单砖室墓，壁画保存不佳，有门吏、宴饮、车马、狩猎等内容。破多罗氏父母墓为单室墓，坐东朝西，东壁绘墓主夫妇像，周围绘大树、车马、人物等，南壁绘庖厨、宴饮，北壁绘牛车出行，上部残留有神兽和瑞禽，西壁左右两侧各绘一武士。墓室顶部已毁。甬道两侧各绘一守门武士和人面兽身的神怪，顶部绘伏羲、女娲等。特别值得注意的是，该墓的墓主夫妇像、牛车出行图，与高句丽墓葬壁画有着明显的联系。

　　梁拔胡夫妇墓为长斜坡墓道单室墓，坐北朝南，墓门门楣上有朱彩图案，甬道两壁绘镇墓神兽，甬道东侧有和平二年的题记，墓室北壁绘墓主正面像及侍者，东壁绘山林狩猎，西壁绘农作、庖厨等。云波里路墓为长斜坡墓道单砖室墓，坐东朝西，墓室顶部已毁，四壁和甬道以红、黑、蓝三色绘壁画，人物服饰具有鲜明的鲜卑民族特色。墓室东壁绘墓主夫妇屋宇内的正面坐像，残留的右侧屋宇内绘两位侍者，屋宇以外绘宴饮的宾客和乐工。南壁以"V"字形的河流为界，中央绘山峦之间

---

① 刘呆运、李明：《长安区二十所西晋及隋墓》，《中国考古学年鉴 2004》，页 380～381，北京，文物出版社，2005 年。

② 大同市考古研究所：《山西迎宾大道北魏墓群》，《文物》2006 年 10 期；更详细的报道见古顺芳：《大同北魏墓葬图像资料研究》，页 3～4，山西大学硕士学位论文，太原，2006 年。

③ 大同市考古研究所：《山西大同沙岭北魏壁画墓》，《文物》2006 年 10 期，页 4～24。

④ 国家文物局主编：《2009 中国重要考古发现》，页 106～111，北京，文物出版社，2010 年；山西省考古研究所、大同市考古研究所：《山西大同南郊全家湾北魏墓（M7、M9）发掘简报》，《文物》2015 年 12 期，页 4～22。

⑤ 大同市考古研究所：《山西大同云波里路北魏壁画墓发掘简报》，《文物》2011 年 12 期，页 13～25。

⑥ 大同市考古研究所：《山西大同文瀛路北魏壁画墓发掘简报》，《文物》2011 年 12 期，封二、页 26～36、60。

⑦ 陕西省考古研究院等：《陕西靖边县统万城周边北朝仿木结构壁画墓发掘简报》，《考古与文物》2013 年 3 期，页 9～18，封二、三，图版 1～4。

两人及马匹在树下休憩，左右为山林间的狩猎场面。西壁近墓门处残留一人物的腿和足。甬道南壁残留侍女的衣裙及龙和凤鸟等。文瀛路墓也是一座长斜坡墓道单砖室墓，坐北朝南，保存部分壁画。墓室东北部券顶绘星象图，其下为彩绘的横枋、斗栱及人字栱。北侧棺床立面绘胡人牵驼和执杵托举的力士，棺床前的踏步平面绘莲花，立面绘火焰纹。西侧棺床立面绘火焰纹及一力士，已残。两棺床间的矮墙立面绘一侍者。甬道东壁绘卷发三目长耳、手执兵器的神人。云波里路墓和文瀛路墓的年代可能都在迁洛之前的太和年间（477～494 年)①。

1991 年发掘山西怀仁大运公路东七里村丹扬王墓资料有新的报道。该墓由前、后室及左、右侧室组成，墓道口两侧绘有壁画，均为三头六臂的神人形象。墓室内发现较多人物、瑞兽、莲花、忍冬图案的花纹砖②。关于该墓墓主，学者们有不同的看法③。

部分平城时代的北魏墓葬具上见有图像装饰。上文提及的大同沙岭墓、迎宾大道 16 号墓、1986～1987 年发掘的大同湖东 1 号墓④、1988 年发掘的大同南郊张女坟电焊器材厂墓地 185、229、238、253 号墓⑤、1997 年发掘的大同智家堡村北沙场墓⑥，以及近年发掘的大同安留庄墓⑦、大同二电厂 27 号墓⑧等均出土彩绘漆木棺，画像内容包括墓主像、庖厨、狩猎、出行等。大同西京博物馆收藏的带有壁画的太安四年（458 年）解兴石堂最近见于报导，其题记自名为"石堂"⑨。对比下文提到的北周史君墓石堂相同的铭文，可知这类房屋形葬具在当时被称作"石堂"。同时被简要介绍的还有和平元年（460 年）毛祖德之妻张智朗石堂和北魏广远将军妻母之

---

① 张庆捷、刘俊喜：《大同新发现两座北魏壁画墓年代初探》，《文物》2011 年 12 期，页 52～54。

② 怀仁县文物管理所：《山西怀仁北魏丹扬王墓及花纹砖》，《文物》2010 年 5 期，页 19～26，封二。

③ 王银田：《丹阳王墓主考》，《文物》2010 年 5 期，页 44～50 转 77；李梅田：《丹阳王墓考辨》，《文物》2011 年 12 期，页 55～60；倪润安：《怀仁丹阳王墓补考》，《考古与文物》2012 年 1 期，页 62～67。

④ 山西省大同市考古研究所：《大同湖东北魏一号墓》，《文物》2004 年 12 期，页 26～34。

⑤ 山西大学历史文化学院等：《大同南郊北魏墓群》，页 84、86、316～319、323～325、332～334，彩版 2～7，北京，科学出版社，2006 年。

⑥ 刘俊喜、高峰：《大同智家堡北魏墓棺版画》，《文物》2004 年 12 期，页 35～47。

⑦ 古顺芳：《大同北魏墓葬图像资料研究》，页 14～15。

⑧ 古顺芳：《大同北魏墓葬图像资料研究》，页 16。

⑨ 张庆捷：《北魏石堂棺床与附属文字——以新发现解兴石堂为例探讨葬俗文化的变迁》，北京大学中国考古学研究中心编：《两个世界的徘徊——中古时期丧葬观念风俗与礼仪制度学术研讨会论文集》，页 233～249，北京，科学出版社，2016 年。

墓中带有壁画的两块石板①。

2010 年发掘的大同陈庄墓是北魏迁都洛阳之后的墓葬，该墓为长斜坡墓道双砖室墓。石门板外面以红、白、黑三色各绘一手拄环首长刀的武士。前室正壁近后甬道口部以红色绘束莲柱和交龙。墓室四角以红色绘柱子，四壁上下及墓顶四披结合处绘边框，墓顶中心绘莲花。后室四角以红色绘柱子，四壁上下绘边框，墓顶中心绘莲花，四披绘天象图②。

洛阳北魏晚期的石葬具新报道的材料有日本大阪府和泉市久保惣纪念美术馆藏北魏正光五年（524 年）匡僧安墓石棺床③、深圳博物馆入藏的 6 具从海外回流的比较完整的石棺床④、首都博物馆入藏的一套石棺床⑤和中国国家博物馆入藏的一具石堂⑥等。

2006～2007 年发掘的磁县县城南天平四年（537 年）皇族徐州刺史元祐墓⑦和 2007 年发掘的磁县孟庄元氏墓⑧是东魏壁画墓的重要发现。元祐墓为带长斜坡墓道的土洞墓，坐北朝南，墓道北端过洞上方有彩绘的建筑。墓室四壁的壁画保存不佳，其北壁绘墓主像，其背后立七扇屏风。东壁南段绘青龙，北段绘一官吏。西壁绘白虎和一官吏。南壁墓门两侧各有一人物。墓室北、东、西壁还绘有梁柱和人字栱等建筑构件。此外，2005 发掘的河南安阳固岸东魏武定六年（548 年）谢氏冯僧晖墓出土一具石棺床，其围屏刻画墓主夫妇像、鞍马、牛车以及孝子故事等⑨。这项新材

———————————

① 张庆捷：《北魏石堂棺床与附属文字——以新发现兴石堂为例探讨葬俗文化的变迁》，页 234、247～248。

② 山西省考古研究所、大同市考古研究所：《山西大同市大同县陈庄北魏墓发掘简报》，《文物》2011 年 12 期，页 27～46。

③ 《久保惣纪念美术馆》，内部发行，印行时间不详，图 13。

④ 赵超：《由深圳博物馆〈"永远的北朝"石刻艺术展〉谈北朝石床与石屏风》，稿本。

⑤ 滕磊：《一件海外回流石棺床之我见》，《故宫博物院院刊》2009 年 4 期，页 22～32。

⑥ 吕章申主编：《中国国家博物馆百年收藏集萃》，页 740～747，合肥，时代出版传媒股份有限公司安徽美术出版社，2014 年。

⑦ 中国社会科学院考古研究所河北工作队：《河北磁县北朝墓群发现东魏皇族元祐墓》，《考古》2007 年 11 期，页 3～6。

⑧ 徐海峰、佟宇喆、王法岗：《磁县北朝墓群 M001 号墓》，《中国考古学年鉴 2008》，页 161～163，北京，文物出版社，2009 年。

⑨ 河南省文物考古研究所：《河南安阳固岸墓地考古发掘收获》，《华夏考古》2009 年 3 期，页 19～23，彩版一五～二〇。

料证明，我在讨论"邺城规制"时所谓东魏以后孝子图消失的说法是不正确的。

本书写作时正在进行的山西太原王家峰墓发掘工作至 2002 年结束。根据墓志可知，墓主是死于北齐武平二年（571 年）的司空武安王徐显秀①。此外，北齐墓的新发现还有 2001 年发掘的太原龙堡村武平三年（572 年）北肆州六州都督仪同三司□憘墓②、2008 年发掘的山西朔州水泉梁北齐墓③、2009 年发掘的磁县刘庄北齐修城王高孝绪墓④和 2013～2014 年发掘的山西忻州九原岗北朝墓⑤等。

徐显秀墓的壁画保存相当完好，其墓室北壁绘墓主夫妇像和男女侍从，东壁绘牛车，西壁绘鞍马，墓顶绘天象、神兽，墓门两侧和甬道绘门吏，墓道两壁为仪仗鼓吹和神兽。这是北齐壁画墓的又一项重要的发现。朔州水泉梁墓墓道和甬道中无壁画，墓室北壁绘墓主夫妇帐下的坐像，东西壁除了绘鞍马、牛车，还以较小的尺度分别绘出行和归来的马队，南壁绘鼓吹，顶部绘天象和十二辰，甬道绘守门武士及出行和归来的马队。朔州在北齐时属北朔州广安郡招远县，墓主可能为北朔州地区军政官员。该墓壁画绘制较为粗率，但从题材和布局看，与邺城及并州的共同性十分明显。忻州九原岗墓墓道和照墙上的壁画保存较好，墓道两壁的壁画分为上下四层，绘风伯雷公、仙人、奇禽异兽，狩猎和仪仗行列等，照墙上绘华丽的门楼。

在山东地区，1997 年发掘的临朐县魏家庄刘宋元嘉十七年（440 年）砖室墓出土人物持伞扇、车马出行等内容的画像砖⑥。1998 年清理的安丘小北部墓是一座石室墓，墓中发现有守门武士、四神等画像石，其中玄武两侧的小龛各刻一持花和持角

① 山西省考古研究所、太原市文物考古研究所：《太原北齐徐显秀墓发掘简报》，《文物》2003 年 10 期，页 4～40、封面、封二、封底；太原市文物考古研究所：《北齐徐显秀墓》，北京，文物出版社，2005 年。

② 渠传福：《徐显秀墓与北齐晋阳》，《文物》2003 年 10 期，页 52。

③ 山西省考古研究所、山西省博物馆、朔州市文物局、崇福寺文物管理所：《山西朔州水泉梁北齐壁画墓发掘简报》，《文物》2010 年 12 期，页 26～42。

④ 河北省文物考古研究所张晓峥、张小沧：《河北磁县发现北齐皇族高孝绪墓》，《中国文物报》2010 年 1 月 15 日，第 4 版；张晓峥：《河北磁县北齐高孝绪墓》，国家文物局主编：《2009 中国重要考古发现》，页 100～105，北京，文物出版社，2010 年。

⑤ 山西省考古研究所、忻州市文物管理处：《山西忻州市九原岗北朝壁画墓》，《考古》2015 年 7 期，页 51～74。

⑥ 宫德杰、李福昌：《山东临朐西晋、刘宋纪年墓》，《文物》2002 年 9 期，页 30～32。

杯的人物，估计该墓的年代也应在南北朝时期①。2000 年发掘的临朐下五井东村墓是一座北朝画像石墓，墓中发现浮雕的四神②。

新发现的北周壁画墓有 1999～2000 年发掘的陕西咸阳北原天和六年（571 年）冀国公宇文通墓③、2003 年发掘的西安井上村大象二年（580 年）凉州萨保史君墓④和 2004 年发掘的西安上林苑住宅小区基建工地天和六年（571 年）曾任车骑大将军大天主等职的康业墓⑤等。其中只有宇文通墓部分壁画保存下来。史君墓出土带有汉文和粟特文墓志的房屋形葬具，自铭为"石堂"。其四壁有彩绘浮雕，其中南壁雕守护神，西、北、东壁主要表现墓主从生到死的经历。康业墓出土的石棺床上发现阴线刻的屏风画像，为各种不同形式的墓主形象。此外，2005 年西安北郊南康村保定四年（564 年）婆罗门李诞墓石棺⑥以及 2004 年在纽约展出的一套石棺床⑦，也有十分丰富的画像。

近年来学者们关于魏晋南北朝壁画墓的研究成果也十分丰富，难以一一列举。其中综合性的专著比较重要的有刘未⑧、苏哲⑨、李梅田⑩、韦正⑪、孙彦⑫和郭永

① 李景法、付万刚：《山东安丘小北郚画像石墓》，《鉴定与鉴赏》2016 年 3 期，页 56～61。

② 宫德杰：《山东临朐北朝画像石墓》，《文物》2002 年 9 期，页 36～40。

③ 陕西省考古研究院：《壁上丹青——陕西出土壁画集》上册，页 171～174，北京，科学出版社，2009 年。

④ 西安市文物保护考古所：《西安市北周史君石椁墓》，《考古》2004 年 7 期，页 38～49，图版柒、捌、玖；西安市文物保护考古所：《西安北周凉州萨保史君墓发掘简报》，《文物》2005 年 3 期，页 4～33；西安市文物保护考古研究院杨军凯：《北周史君墓》，北京，文物出版社，2014 年。

⑤ 西安市文物保护考古所：《西安北周康业墓发掘简报》，《文物》2008 年 6 期，页 14～35。

⑥ 程林泉、张小丽、张翔宇、李书朔：《陕西西安北郊发现北周婆罗门后裔墓葬》，《中国文物报》2005 年 10 月 21 日，第 1 版；程林泉、张翔宇、张小丽：《西安北周李诞墓初探》，中山大学艺术史研究中心编《艺术史研究》第 7 辑，页 299～308，广州，中山大学出版社，2005 年。

⑦ Annette L. Juliano and Judith A. Lerner, "Stone Mortuary Furnishings of Northern China," *Ritual Objects and Early Buddhist Art*, Brussels, Gisele Croes, 2004, pp. 15–23, plates from pages 24–57.

⑧ 刘未：《辽阳汉魏晋壁画墓研究》。

⑨ 蘇哲：《魏晋南北朝壁画墓の世界——絵に描かれた群雄割拠と民族移動の时代》，東京，白帝社，2007 年。

⑩ 李梅田：《魏晋北朝墓葬的考古学研究》，北京，商务印书馆，2009 年。

⑪ 韦正：《六朝墓葬的考古学研究》，北京，北京大学出版社，2011 年。

⑫ 孙彦：《河西魏晋十六国壁画墓研究》，北京，文物出版社，2011 年。

利①等学者的著作。此外由罗世平、廖旸②以及贺西林、李清泉③合著的两部通论古代墓葬壁画的专著，也有相关章节涉及这一时段的壁画墓。《中国美术分类全集》之《中国墓室壁画全集·汉魏晋南北朝》卷④，也收录了部分新材料。

　　与本书相关，还有两项新的研究值得一提。一项是曹汛对波士顿美术馆收藏的北魏石室的研究。他主张将墓志中墓主的名字释作"宁想"而不是此前学者们所主张的"宁懋"，这样便可与其字"阿念"互训⑤。另一项研究是韦正对于甘肃酒泉丁家闸5号墓年代的重新讨论。在新材料的基础上，他主张该墓的年代为魏晋，而不是十六国时期⑥。这两项研究都值得重视。

　　我关于青州傅家北齐画像石的研究，也有几个需要说明的问题。其一，这批画像石长期以来在青州市博物馆被镶嵌在展室墙壁中展出，在这种情况下，除了可以约略观察到边缘侧面的情况外，无法观察到其背面。2004年12月，我承纽约大都会博物馆亚洲部邀请，赴该馆参加为配合"走向盛唐"（Dawn of the Golden Age）文物展所举办的演讲会，看到展览中借展的青州傅家第一石和第二石。由于展出环境改变，我得以观察到两石的背面，发现其背面皆未经打磨，粗糙不平。因此，傅家画像石原报告对其性质的推测或许不宜轻易否定，即这批石刻很有可能是墓室的墙壁。本书推断为石棺构件，显然证据不足。好在这一点并不影响主要问题的讨论。考虑到北朝时期屡有石堂出土，我关于此类葬具象征意义的讨论，或仍有一定价值，故予以保留。此外，2014年，青州市博物馆又公布了编号为004520的一块残石，是一块石板的下部，残存的画面上除边饰花纹外，还有一帔带的末端和一只赤裸带环的右脚⑦。

　　其二，文中提到青州当地北朝时期少见阴线刻的技术，这一论断也失之轻率。2001年，上海博物馆展出的一件青州龙兴寺北齐背屏式造像的背面，即有流畅的阴

① 郭永利：《河西魏晋十六国壁画墓》，北京，民族出版社，2012年。

② 罗世平、廖旸：《古代壁画墓》，北京，文物出版社，2005年。

③ 贺西林、李清泉：《中国墓室壁画史》，北京，高等教育出版社，2009年。

④ 贺西林、郑岩主编：《中国墓室壁画全集·汉魏晋南北朝》，石家庄，河北教育出版社，2011年。

⑤ 曹汛：《北魏宁想石室新考订》，王贵祥主编：《中国建筑史论汇刊》第4辑，页77～125，北京，清华大学出版社，2011年。

⑥ 韦正：《试谈酒泉丁家闸5号壁画墓的时代》，《文物》2011年4期，页41～48转74。

⑦ 青州市博物馆：《山东青州傅家庄北齐线刻画像石》，页40～42，济南，齐鲁书社，2014年。

线刻，但资料至今未见发表。另外，在山东北部博兴县的北朝佛教造型中，也曾见阴线刻画像的例子。对此李少南①和赵超②皆有专文讨论。

其三，书中根据画像中墓主的面相认为死者并非西域人，而可能是内地的鲜卑人或汉人。但这种方法在研究北周康业墓画像时并不适用。不过，康业墓尚不是判断傅家墓墓主身份直接的材料。在目前看来，我对傅家墓主族属的推断仍不失为较慎重的假说，但新材料的确再次提醒我们，对于古代墓葬画像的复杂性要有充分的认识。

借本书再版之际，我再次向我的老师杨泓先生表达深深的谢意，并祝愿他身体健康，学术之树常青！感谢文物出版社的诸位朋友，特别是初版的责任编辑李红女士和本版的责任编辑周燕林先生！感谢耿朔君提供的新资料！

郑　岩

2016 年 3 月 26 日

---

① 李少南：《从博兴出土的石刻线画略谈北朝线刻艺术》，《考古》1989 年 7 期，页 653～656。

② 赵超：《从北魏永安二年张昙祐等造像上的线刻画看石刻线画的发展》，《考古与文物》2010 年 6 期，页 73～78。